女友達ってむずかしい?

クレア・コーエン 著
安齋奈津子 訳

BFF? : The truth about female friendship
by Claire Cohen

河出書房新社

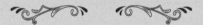

女友達ってむずかしい？

友人たちに。

プロローグ

通勤電車で毎日のように、同じ女性グループの隣に座っている。

三十～四十代くらいのおしゃれな女性たちで、どんなことにも自信を持って取り組んでいるのが、はっきりわかるタイプの人たち。

でも、私がいいなと思ったのはそこじゃない。笑い声と、虚勢を張らない気さくな雰囲気に惹かれて、私はイヤホンを片方外し、この人たちの会話に耳をすませた。

仕事のこと、そこまで言うかというくらい手厳しいこともある、率直なアドバイス。スマートフォンを壊してしまったある女性は、使わないのが一台あるから貸してあげるという仲間の申し出に、傍目《はため》にもわかるくらい感激していた。

「はい、これ。私は使わないから！」

かと思えば、どうしようもないおしゃべりを三十分もしていることもある。

よくよく聞いていたところ、この女性たちが、子どもを同じ学校に通わせているママ友だとわかり、ママ友通勤チームだよねと、ふざけあっているのも聞こえてきた。だけど、彼女たちのあいだに、宿題の提出期限を教え合ったりするだけではない、もっと深い絆があることは明らかだ。

彼女たちの友達づきあいに、ほんのちょっとだけ浸らせてもらっている、この朝のひとときには、特別ななにかがある。自分が進む方向はこっちでいいんだな、という気分になってくる。まあ、ぶっちゃけてしまうと、私はこの人たちの関係に好奇心をそそられているのだ。

なぜかというと。

子どものころから、そして大人になってからも、女性と人間関係を築くことに苦労してきたから。

それがどれだけ難しいことか、私は身をもって知っている。

義務教育時代、大学時代、そして大人になってからも、その難しさは変わらない。私はなかよしグループにすんなり入っていけるような娘ではなかったし、完璧な〈BFF（ベスト・フレンド・フォーエバー）〉――つまり〈生涯の大親友〉と呼べる女友達を見つけられるような娘でもなかった。自分もそうだったと、いまこれを読んでいる方も思っているかもしれない。

同性との友達づきあいが苦手だと感じている女性は、大勢いるのだ。

それなのに私たちは、「女の人との友達づきあいが得意じゃないんだよね」なんてことは、声に出して言わない。一筋縄ではいかない女性同士の友達づきあいをなんとか上手くこなさなくちゃと、ついがんばってしまう。なかなか友達ができなくて悩んでいた、年若いころを振り返って、あれはきつかった……と思わずため息をついてしまう。自分がどこかへんなんじゃないかと疑ったり、過去の傷をなめたりすることに、長い時間を費やしてしまう。

でも、それが本当にあるべき姿なんだろうか？

女性は「同性の友達づきあいは恋愛より下」という価値観で生きていくのが「あたりまえ」なんだろうか？　いや、必ずしもそうじゃない、別の考えかたがあるんじゃないかと、意見を交わし合うことはできるだろうか？

私がなんの不安もなく友達とつきあえるようになったのは、三十代になってからだ。とくに、女性の友達についても若いころにこんな本があったら、私はもっと早いうちに、自分に合った友達づきあいの仕方を学べていたはずだと、心の底から信じている。もっとハッピーに過ごせただろうし、さまざまな場面で出くわしたいろんな問題に、もっと自信を持って上手く対処できたはずだと思っている。

つまり、私たち女性には、なんらかの助けが必要ということだ。

〈オンワード〉という研究所[1]が二〇二一年七月に行った調査では、三十五歳以下の成人の五人に一人が、「親しい友達がひとりだけいる、あるいはひとりもいない」と回答した。これは十年前と比べて三倍増えている。〈オンワード〉がいうように、私たちは「孤独の時代」を迎えているのだ。

英国統計局によると、英国の成人の四百二十万人が「自分はつねに、もしくは往々にして孤独」としていて、新型コロナウイルス感染症が世界的に大流行する以前、この数値は二百六十万人だった。「孤独なことが時折ある」と答えた人たちも含めると、英国の成人の四人に一人が孤独であり、孤独を感じているのは男性より女性のほうが多い、というのが英国統計局の結論だ。

孤独担当省が実施した〈孤独対策キャンペーン〉の概算によるともっと数値が高く、イングランドの成人のおよそ半数（四十五パーセント）が、「時折またはたびたび孤独を感じている」。

社会的な孤立は失業者、貧困者、移民の人々にとりわけ大きな影響を与えるものだけれど、社会的な孤立に上手く対処できない、ということについては、皆平等だ。これは誰にでも、あらゆる年齢の人に襲いかかる。

慈善団体〈チルドレンズ・ソサエティ〉が二〇二〇年に発表した報告書[2]では、英国の十～十五歳の若者は、過去数十年でもっとも不幸な状態にあるとされており、その大きな理由として、友達との関係が希薄であることがあげられている。

たしかにこれは、Z世代にもっとも多く視聴されたストリーミング配信シリーズのひとつが、アメリカの大ヒットドラマ『フレンズ』だという事実とつながる。『フレンズ』はこの若者たちがまだ生まれていない一九九四年に放映開始されたシリーズだけれど、この事実は興味深いというより、なんだかもの哀しい。史上もっとも孤独な新しい世代が、見ていてほっこりする、すてきな友情の描かれた作品を探し求めているのだ。自分がそんな友達をつくってずっとなかよしでいるのは、ものすごく難しくて大変なことだから。

さて、ここで、女性同士の友達づきあいである。

友達づきあいは性質上、女性同士のほうが濃くて親密なものになるということは、これからお伝えしていくけれど、人間関係が育まれていくプロセスもまた、女性同士ではより波乱を含んだものになりうる。友達づきあいのなかで試行と失敗をある程度繰り返すのは、あらゆる成長過程の一部である。これは間違いない。

だけど。

女性同士の友達づきあいで、あんなにきつい思いをしなくちゃいけない必要はないと、私は心から信じている。だからこそ、閉ざされた扉の向こうでなにが起きているのか、真摯に語り始めることが、これまでにも増して重要になっているのだ。

いまこそ、じっくり見つめ直してみてはどうだろう。

本当の友達が誰なのかを。

自分にふさわしいつきあいができていれば、女性同士の友達づきあいほど、人生を豊かにしてくれるものはないのだから。

女性同士の友達づきあいを、今後、どんなものとしてとらえるか。
女性同士の友達づきあいを、今後、どのようなものとして定義するか。
女性同士の友達づきあいを、これからどう慈しみ、そして楽しむか。
これまでの価値観を変えるために、私たちがいますぐできることがある。

女性同士の友情がこれほど豊かだった時代はないし、これからはもっと大きなものになっていくはずだと、私は信じている。人生で出会う女性が、一番と言わないまでもかなり重要な存在となる未来に、私たちはもう足を踏み入れている。

何世紀ものあいだ、私たちにつきまとっていた女性性という標識は、変化しつつある。この変化と合わせて、女性にとってなにより大切な相手との関係についても、見方が変わるときがいずれくるだろう。つまり、多くの女性たちにとって、同性の友達とのつきあいが、もっと目に見えやすく重要度の高いものにレベルアップしていくのだ。

こうした事象はもう、始まっていると言っていいだろう。それを示しているのが、進むいっぽうの晩婚化と出産年齢の高齢化だ。

私たちが女性として果たすべきとされている役割、つまり、男性たちが求める恋愛対象として選ばれることを最優先すべし。という価値観は、徐々にだけれど疑問視されつつある。

ほんとに私たちは、そういう生き方を望んでいるの？
私たちはそれ以外に、どんな人生を送れそう？

友人たちのなかには、子育てをサポートしてくれる強力なネットワークがあるとわかった上で、安心してひとり親になった人たちがいる。かたや、家族はいらないと、笑顔で言い切る友人たちもいる。出産しないなんて「女性のあるべき姿ではない」という価値観がまだ強かった数年前には、とてもじゃないけど言えなかったことを。

オックスフォード大学の進化人類学者アンナ・マシャン博士は、こんなことを話してくれた。

「友情はとてつもなくパワフルな絆です。これからの時代を生きる女性たちにとっては、ますます重要になっていくでしょうね。だからこそ、友達づきあいというものを、あらためて評価し直す必要があるんです。友達づきあいが『生存に欠かせない人間関係』という女性は、今後増えていきますから。友達との絆は、安定感や安心できる愛着をもたらしてくれますし、人生の決断や健康にも影響します。恋人や夫はいらない、子どもはいらないということなら、生きていく上で支えとなるのが友達。友達づきあいは、女性たちにとって、これまでになく重要性を増しています。そのことに、私たちは気づかなければいけませんよね」。

それって、ものすごく愉快なことなのでは?

恋愛対象を見つけるという手段に頼らなくても、ずっと幸せに暮らすことができるなんて。本当にそういう世の中になったら、恋愛や結婚は、あくまでプラスアルファのものとなる。人生でめざす最終目標じゃなくて。いわば、女性同士の友情という大きなケーキの上にトッピングされた、さくらんぼみたいなものになるのだ。

女性の人生のなかで、同性の友達に感じている愛情を、恋愛対象の相手に感じている愛と同じカテゴリーのものとして考える。

これって、すごく素晴らしい発想だ。

そろそろ、こんな価値観が生まれてもいい頃合いだし、恋バナと同じくらい、同性の友達について話すことが「普通のこと」になれば、女性同士の友達づきあいがもっと大きな存在に、そしてもっといいものになっていくような気がする。

というわけで、私は女性たち全員に、女性同士の友達づきあいの「本当のところ」をそろそろ語り始めてほしいと思っている。

私は女性が多い家庭に育ち、ふたつの女子校出身で、全国紙で女性向け記事の編集者をしているくせに、女性の友達を信頼して心を開くということがなかなかできず、自分は女性同士の友達づきあいに〝向いていない〟と思い込んでいた時期があった。ひょっとしたら、いまこれを読んでいる方も、女性同士の友達づきあいを上手くこなせないと思っているひとりなのかもしれない。

まるで物語に登場するような「運命の」友達になれそうだと思った相手が、実際にそうなるとは限らない。そのことに気づくまで、私は長い年月を要した。人というのは、それはもう、ワイルドすぎるくらいに予測がつかないものだし、まったく予想もしていなかった相手が最高の友達になった、なんてことだって起こりうるのだ。

ところが。

こういった物語は、私たち女性には売りつけられていない。

学校に通い始めた瞬間から、私たちが少しずつ与えられていくのは、〈BFF（ベスト・フレンド・フォーエバー）〉と呼ばれる関係、つまり〈生涯の大親友〉という刷り込みだ。

女の子には必ず、〈心の底から通じあってる親友——ソウルメイト〉がいるもの。秘密をなんでも打ち明けられちゃう、いつだって味方してくれる相手が。

ところが、これはほとんどの女性にとって、実現不可能なことなのだ。

だから私たちは、非現実的な〈女性の友情〉像を追い求めて、長い時間を費やすことになる。自分に一番ぴったり合う友達を探すだとか、いまいる友達に感謝するなんてことはせずに。

これを読んでいるみなさんはどうなんだろう。私は「完璧な」女性同士の友情というものが存在する、というふりをすることにうんざりしているのだけれど。

女性は必ずなかよしグループに属さなきゃいけないなんて、嘘。

自分以外の女性たちがみんな、ドラマ『セックス・アンド・ザ・シティ』の四人組みたいにブランチしてるなんて嘘だし、映画だったら『ブリジット・ジョーンズの日記』のブリジットと親友みたいに巻煙草を一緒に吸うとか、『ため息つかせて』の女友達グループみたいに、みんなでカーラジオに合わせて熱唱するだとか、『ガールズ・トリップ』の親友グループ〈フロッシー・ポッセ〉みたいに、ホテルでパジャマパーティーをするだとか、これはドラマだけど、『ガールズ』みたいに、ヘンなアパートメントに女性たちが集まって、それぞれの恋愛についてああだこうだ言いあうとか。

どれも、みんな嘘。

こういう〈女性の友情〉モデルが悪いというわけじゃないし、これぞ真実だと、胸をうずかせる女性もいるだろう。

でも、私の経験から言わせてもらうと、こうした友情モデルは恋愛からの解放をうたいつつも、じつは、恋愛に対する期待と同じように理想化された、ひとつの型に過ぎない。この友情の理想形を受け入れている女性がいるにしても、その人だって、自分には電話する相手なんかひとりもいないんだと思いながら、家でひとりぽつんとしているときがあるはずだと、私は思っている。

ついでに言わせてもらうと、女性は〈BFF（ベスト・フレンド・フォーエバー）――生涯の大親友〉じゃなかったら、あとは全員が敵、なんていうのも嘘。

女性は「ややこしくて」「おおげさに反応しすぎで」「同性相手にマウントを取りたがる」ものだというのも、同じく嘘。こういうステレオタイプは、女性なら全員が一度は聞いたことがあるんじゃないかと思う。

恋愛ものより女性同士の友情ストーリーのほうが、ポピュラーになりつつあるのかもしれないけれど、そこには必ず、お決まりのパターンと世俗的な刷り込みもセットで付いてくる。

女性の友情にまつわるこうした諸々の俗説は、心理学者のシグムント・フロイトが二十世紀初期に発見した「聖女か悪女か」コンプレックスを別の形にしたものに過ぎない。女性は清純か堕落しているか、いずれかのみ。私たちは聖女か娼婦、どちらかなのだ。いい娘か悪い娘、どちらかなのだ。だから、女性同士の人間関係は、〈生涯の大親友〉か意地悪な娘のどちらかだけ、というわけだ。

こういう刷り込みの発生源は、女性を所定の場所に押し込めておこうとする、あの伝統的価値観である。どんな「種類」の女性であるか、男性たちが見分けやすいように、私たちを箱に入れて小さな分類ラベルをきっちり貼る。

こういう背景から、女性同士の友情はおよそ二百年前まで、社会的に受け入れられるべきものとして認められてさえいなかった。女性たちは、人類が四足歩行を始めた時代から友達づくりをしていたかもしれないのに、その絆は十八世紀になるまで、まともなものと見なされていなかったのだ。どういうわけか。

シドニー大学の歴史研究家にして、『友情：その歴史（Friendship: A History）』（未訳）の編者でもあるバーバラ・カイン教授は、こんなふうに説明してくれた。

「男性だけのものだという思い込みが、非常に長く続いたんです。友情を築くためには独立していることが条件だけれども、女性は独立できるだけの力も知的能力もないのだと。それほど高い志を持っていない、ともされていました。女性には独立や友情が必要だと思われる論理的な妥当性がなかった、ということなんです」。

十八世紀になってようやく、これが変わった。ロマン主義によって突如、深い感情を持つことが洗練された行為と見なされ、手紙を書くことがもてはやされるようになった。これは、男性より女性のほうが得意とされている分野である。

十九世紀に入ると、女性たちは家庭の外で友達をつくり始め、友達と一緒になにかを行い、自己という感覚を持つようになった（ということらしい）。改革運動や政治団体に加わり、参政権にも関わり始める。依然として、法的には男性に所有されてはいたものの、その男性とは関係のないところで、女性たちが人間関係を築く機会が飛躍的に増えたのだ。

カイン教授は、英国の作家ジェーン・オースティンを、女性の友情が正常化された大きな転換点と見ている。オースティンによって、女性同士の友情という概念が、当世風の流行小説の中心に据えられたのだ。

カイン教授が例にあげた『高慢と偏見』で、エリザベス・ベネットの友人シャーロットは、エリザベスの忌み嫌う不快な男性ミスター・コリンズと結婚するが、ふたりの友情はそれからも続いていく。

「因習にのっとり制限されたなかではあるものの、ある種の意義と重みが授けられた状態で、女性同士の友情が存在しているさまが、見られるようになったんです」。

この本を書くために調査を行い、女性たちの素晴らしい友情をいくつも知った私には、女性たちが絆を築くために発揮する強靭さや能力に疑いを持つなんて、ありえないことのように思える。

これからもずっと心に残るだろうインタビューのひとつが、ホロコースト生存者たちの体験談だ。「収容所内の姉妹」を意味する「ラーガシュヴェスター（lagerschwestern）」という独自の言葉があるが、これは、悲劇的状況のなかで最大限に助け合おうとした、血縁関係のない女性グループのことを表している。「ラーガシュヴェスター」と呼ばれる女性たちは、第二次世界大戦中、収容所内で警備兵の目を盗んでレシピを教え合い、のみとり櫛《ぐし》や貴重品だった口紅を回し合った——生死を分ける〝選別〟が行われる前に。健康そうに見せることができれば、重労働を課されるので、結果的に、死のガス室送りにならずに済む可能性が高くなるからだ。

私が驚いたのは、生理について教えるシスターフッドのような関係まであったことだ。初潮を迎えたものの、相談できる母親がいなくて戸惑っている少女に、年長の女性が親身になっていたという。また、栄養失調と心的ストレスで生理が止まっていた女性が大勢いたが、ある女性が血のついた下着を貸してやり、小心者のドイツ兵たちにレイプされないようほかの女性たちを助けたという、驚くべきエピソードまである。これは見事に成功したそうだ。

女性の友情にまつわるこんなにも素晴らしく繊細な逸話が、過去にも現在にもあふれているのだから、いつまでもステレオタイプにとらわれているなんて、もはや常軌を逸しているんじゃないだろうか？

「親友」はひとりじゃなきゃだめだとか、人生の遅い段階で新しい友達をつくるのは無理だとか、一度友情に亀裂が入ったら修復できないだとか。

女性の友達づきあいにまつわる根強い刷り込みや思い込みは、女性にも男性にも毒をもたらす。私たち女性を押し止《とど》め、対立させて、すぐあきらめるように仕向ける。こういうことは、私の人生にもずっとつきまとっている。自分はだめな子なんじゃないかと思い込まされた時期があったし、不安をあおられたし、自分の立ち位置がわからなくて、居場所のない迷子みたいな気持ちになったこともあった。きっと、読者のみなさんにも、いくらか覚えがあるんじゃないかと思う。

だって、そういうことが起きるのが、友達づきあいってものだから。

私たちは全員が、同じレベルの友情専門家だ。つまり、誰にだって、語るべき体験談がある。傷ついたことやドラマチックな出来事、ラブストーリー並みの蜜月関係に、どんな友達づきあいにも起こりがちな浮き沈み。

親密な友達がひとりいるだとか、いろんなところにいろんな友人たちがいるとか、軽い知り合い程度のつながりのグループだとか、どんな関係であっても、私たちは日々、こっちで合っているのかと不安になりつつ、白黒はっきりしないグレイなエリアを歩んでいる。

こんなふうにして、私たちは、女性同士の友達づきあいについて語り始めなくちゃいけない。

女性同士の友達づきあいを複雑で厄介なものにしている、ほとんど可視化されていない、色々な事情や背景を言葉で明らかにする。そこに耳触りのいいラベルを貼りつけて終わりにするんじゃなく、もっと深いところまで切り込んでいく。

たとえば女性同士の友達づきあいは、恋人とのつきあいと同じで、順調な時期はちゃんと祝うべきだし、順調と言えない時期は、上手くいってないとはっきり言葉にしたほうがいいということ。そうは言いつつも、女性同士の友情を存続させているのは、結局のところ、些細な出来事の積み重ねだったりするということ。思いやりある手紙やメッセージ、手をぎゅっと握ること、優しさのあらわれた行動や、そんなことで？　と思うような意外な謝罪。どれも女性同士の友情に欠かせないもので、広く知らしめるだけの価値がある。

いまのところ、私たちは、女性同士の友情の素晴らしさを上手く語ることができずにいる。私もそのひとりだ。

女性同士の友情が持つ本当のパワーに気づき、「本当のところはどうなのか」というところまで掘り下げて語るには、どうすればいいのか。

その道筋がようやく見えてきたのは、私自身が調査を行い、心の探求をいくらか重ねて、つらい体験を過去にたくさんくぐり抜けてきたからだ。

私の場合、本当の友達が誰なのか、そして、自分自身がいい友達になるためになにが必要なのかという、さらに大切なことを理解するまでに、三十年以上かかった。

そこに至るまでに、女性に対する信頼を木っ端《こ　ぱ》みじんに打ち砕かれ、時間をかけて築き直さねばならなかった。再構築に挑んだ時期のひとつが、自己実現を果たした影響力ある女性たちにインタビューを行い、記事を書いていたころだ。

この女性たちは「サポートネットワーク」なるものを築き、私には理解しがたい活動をしていた。私はこうした「シスターフッド」環境に身を置いていながらも、いったいどうすれば女性というものを信頼できるのかさっぱりわからず、女性に愛情を感じるなんてとんでもないという精神状態だったので、自分が裏切者《インポスター》になったような気分を味わっていた。

なぜかというと、女性同士の友情は、核心部分にラブストーリーがあるから。大勢の女性にとって、女性同士の友達づきあいは、人生の大恋愛なのだ。

考えてみてほしい。

とても親しい友達を、恋人と別のものにしている理由ってなんだろう？

そこにすべてがあらわれている。

誠実さ、無私の心、優しさ、寛大さ、仲間意識。笑いと涙。共通した価値観。

これはすべて、恋人との関係にも求められるものばかりだし、突き詰めればどれも、同じベッドで眠ることよりはるかに重要だ。

じゃあ、友達との関係がだめになったときは、どんなことが起きるか？

その心の痛みは、どんな失恋にも劣らず、深い傷を残す。

だから私は、この本で自分の体験談を、そして自分以外の女性たちの体験談をお伝えしたいと思っている。女性同士の友情が持つあらゆる側面に、私たちが気づけるように。自分自身についても、もっと理解を深められるように。

本書を執筆するため、私は九〜九十二歳の女性たち（および一部の男性）から体験談を聞かせてもらい、これ以外にも、大勢の女性たちと対話を重ねた。心理学者、人類学者、言語学者、歴史家、予測困難な女性同士の友情の傾向を見極めるサポートをしているコーチング業の方々から、知恵を拝借した。なかでも、この上なく親密な友情体験や痛ましい出来事を語ってくれた女性たちには、謙虚な気持ちと共に、心からの感謝を送りたい。

お話を伺うなかで、女性同士の友達づきあいを言葉で表現するのは難しい、と気づいた女性たちが大勢いた。

　メールでのアンケートや対面インタビューなどの形式を問わず、女性同士の友達づきあいのある側面を、細かくそして深く吟味するよう強《し》いられた回答者たちは、そんなことをするのは初めてだというケースがほとんどだった。ところが、ひとたび話し始めると、解放されたような気分になった、というケースもまたほとんどだったのだ。知恵の拝借元である専門家の方々でさえ、心理学やサイエンスについて話し終わるや、待ってましたとばかりに、自身の友達づきあいについて語ってくれた。

　友達づきあいは人生の中心にあるものだ。友達がいる、友達が欲しい、友達を通してもっと友達を増やしたいなど、どんな状況であるかは関係なく。そして、あらゆる人の体験談が、次々と別の体験談を生む。

　自分の友達づきあいのことを話すと、精神的に解放される。

　友達が少ないと思っている人も、もっとなかよくなりたいと思っている相手がいる人も、満たされているけど、心のどこかに元クラスメイトとのあれやこれやがこびりついたままの人も。言葉を使って表現することで、これから同じような体験をする大勢の女性たちや、これまでに同じような経験をしてきた大勢の女性たちが、自分自身と友達づきあいについて理解を深めていくことにつながっていく。

　こうした女性たちや私自身の体験談を通じて、みなさんに伝えたいのは希望だ。

「完璧な」女子のなかよしグループに入っていなくても、親友と呼べるただひとりの存在がいなくても、そして、すべての感情をいっぺんに味わうことはできないまでも、女性同士の友達づきあいは、ハッピーで楽しいことがいっぱいの、相互的な関係になりうるものだ。そんな関係が築かれるまでにする苦労は、するだけの価値がある。

　自分の人生で起きたあらゆる出来事の一つひとつを、はっきり把握しているわけでないにせよ、そして登場する人物は当然ながら各人のケースで違っているにせよ、女性同士の友達づきあいで起きる状況や感情はどれも、非常によく似通ったものだと、私は確信している。

読者のみなさんが、女性同士の友達づきあいをこれまでとは違った価値観で見るきっかけとして、本書が役に立てればと願っている。女性同士の友達づきあいに対する心情がいい方向に変わり、人生で関わる女性たちに、これまでとは違った安心感や誇らしさを抱けるようになってもらえるといいなと願っている。

そのレベルにたどり着くまでには、なかなかハードな試練が待っているかもしれないし、読者のみなさんもそのお友達も、目をそらさず、正面からがっつり取り組まなければならない。私自身がそうせねばならなかったように。

本題に入る前に、男女間の異性同士の友情を対象外にしている背景について、軽く触れておいたほうがいいかもしれない。

男女間の友情というテーマはきっと、一度くらいはどこかで、みなさんの話題にのぼったことがあるんじゃないだろうか。友達づきあいは男女でスタイルが違うだとか、そういう話題が。

ひょっとしたら、男性となかよくなるほうが簡単だと思っている女性がいるかもしれない。私がむかしそうだったみたいに。私は長いこと、自分を「男友達とつるむほうが得意なサバサバ系」だと思い込んでいた。三年前に、自分の結婚式会場で周囲を見回し、そうじゃないんだとようやく気づくまで。

私は異性間でも素晴らしい友情を築くことは可能だと、心から信じているし、女性のなかには、同性愛者の男友達が重要な存在だという人が大勢いることもわかっている。

それでもやっぱり、本書で男女間の異性同士の友情を対象外にしたのはなぜか。

理由のひとつめは、女性同士の友情には、ほかにはない特別感があると思っているから。女性同士の友情には、男性の友達では満たせない感情的欲求を満たしてくれるところがある。女性同士なら、女性であるとはどういうことか説明しなくて済むからだ。暗黙の了解があるから、男性にわざわざ女性目線で説明しなくちゃいけないことも省くことができる。だからこそ、絆を築くまでにかかる時間が短くて済むのだ。

ところが、女性同士で交わす会話では、女性同士の友達づきあいが話題にされることはあまりないんじゃないだろうか。私たちの人生のなかで、女性同士の友達づきあいという穴があいてしまっているように思えるから、そこを埋める作業をそろそろ始めたい。これが、男女間の異性同士の友情を本書で対象外にしようと決めた、ふたつめの理由である。


ここでひとつ、お断りしておきたい。

私にとって、女性同士の友達づきあいがすべて簡単に運んだなんてことは、一度たりともない。いまだってそうだ。

すべてが簡単だなんて、とんでもない。

女性同士の友達づきあいは、いまもこれからもつねに現在進行形で、親密さとたえまない努力によって関係が決まり、一般的には、不快なものにしないために注意が払われる。

その答えをすべて知っているなんて、とてもじゃないけど、私には言えない。

女性同士の友情は、私たちが大衆文化から売りつけられている物語のおかげで気楽なものになっている、なんてこともない。フィクションの世界では、〈生涯の大親友〉か意地悪な女の子グループのどちらかしかいないという、あの手の設定（喧嘩して仲直りする、敵が最終的に友達になるか強い絆で結ばれたなかよしグループになる)に加えて、最近では「あけすけでリアルな関係」なんていう、新しいパターンの女性同士の友情も誕生している。

私には、こういうタイプのストーリーも、いまひとつぴんとこない。

映画『Animals』『レディ・バード』『ガールズ・トリップ』『ブックスマート 卒業前夜のパーティーデビュー』はどれも、近年の大きな分岐点として歓迎されたタイトルだ。大勢の読者のみなさんと同じく私も、女性同士の友情で芽生える愛情(とむかっとする瞬間)について、「本当のところ」らしきものが描かれるようになってきてよかったなと安堵している。それでもやっぱり、〈生涯の大親友〉を持つことのパワフルさがフォーカスされている点については、不安を感じざるをえない。

『Animals』で、登場人物ふたりがおたがいの目の前で放尿して、便器をのぞくあの場面は(「もっと水を飲まなくちゃだめだね」)、別の意味でなかなか得がたい女性同士の友情の理想を描いているのでは?生々しくて笑っちゃうくらいあけすけ、というやつなのでは?

たしかに、私たちにとってあたりまえの女性同士の友達づきあいの日常が、最高の映画にならないことはわかる。くたびれてよれよれになってる女性ふたりが、いつ食事に行こうか相談していて、テキストメッセージのやりとりがだんだんそっけなくなっていくなんていう作品が、興行成績記録を更新したりするだろうか。

でも、あのむかしからある、決まりきったパターンの女性の友情ストーリーを何度も繰り返し見たり読んだりすることに、ちょっとうんざりしてる、なんてことはないだろうか?

こういう状況は、あまりにも長く続きすぎている。

一九四〇年の書籍『友情の証(Testament of Friendship)』(未訳)で、ヴェラ・ブリテンはこう書いている。

「ホメロスの時代から、男性同士の友情は栄華と拍手喝采に満ちていたが、女性同士の友情は……称えられることはめったになく、嘲笑や軽視の対象で、本来の姿とは異なる解釈をされてきた」。

私はここに、「当然のものとして認められてこなかった」を加えたい。

現実世界で暮らしている私たちの人間関係では、家族、パートナー、子どもが優先されることが多い。人生で忙しい時期には、友達づきあいがまっさきに切り捨てられる。友達はないがしろにされやすい。恋愛のパートナーだったら、何か月も会わず連絡も取らないなんてありえなくても、恋愛関係に発展する可能性のない《プラトニックな》友達が相手なら、ありえるかもしれない。

友達というのは、人生で大変なことが起きている時期に、ほったらかしにされやすい存在だ。じつは私も、この本を執筆中に友達のアレクサから連絡をもらい、コーヒーを飲みながら近況報告でもしようと誘われたときは、断りたいと一瞬思った。いますっごく忙しいの、ごめん、と。でも、そんなのおかしいだろ、とすぐに気づいた。女性同士の友情について執筆しているときに、友達のために二十分も割けないなんて。こういうちょっとしたご機嫌伺いというのは、女子旅だとか一緒にトイレに行くだとかと同じくらい、絆を深めるために大事なのだ。

それなのに、どうして友達は、まっさきに切り捨てられてしまうのか？

学術研究においても、友情は依然として優先順位の低いテーマだ。研究が行われるとしても、統計が中心になりやすい。学校や大学に友達が何人いるか、人生を通じて人数がどのくらい変化するか。かたや、友情に関わる感情の研究だとか、友達からのサポートの重要さ、どのくらい友達に価値が置かれているか、友情から生まれる愛情については、あまり扱われていない。

それよりはるかに多いのが、男女の恋愛に関する研究だ。「男性の目から見て魅力的な女性になるためには？」（答え：ハイヒールを履く、[3] 化粧をするだとか）[4] なんて質問に出くわす可能性のほうが、ずっと高いのだ。

そんな状況ではあるものの、これまで行われてきた研究から、友情が健康を維持するために中心的な役割を果たすことがわかっている。

じきに私たちが身をもって知ることだけれど、女性同士の友達づきあいは、長生きにもつながる可能性があるのだ。これは重く受け止めて、心から喜ぶべきことだろう。長い人生の中心で、女性同士の仲間意識やつながりは幸せを生む。本当にたくさんの幸せを。これは絶対に、女性はおたがいにとって恐ろしい存在だ、なんていう物語じゃない。

女性同士の友情は、私たちが自分の世界を構築し、自分という人間に成長していく過程をサポートしてくれるものだ。女性の友達はさまざまなレベルで共感し、刺激や感動を与えてくれるし、どんなことが可能なのかを示してくれる。

女性同士の友達づきあいは、恋愛にとてもよく似ている。恋愛を長続きさせる方法がわかっているのだから、女性同士の友情を深めて、もっといいものにしていくために、私たちができることだってあるはずだ。

私自身のこれまでの女友達とのつきあいを振り返ってみると、「けっこう波乱万丈になりうるよ」と、どうして誰も教えてくれなかったんだろう、と思ってしまう。こういう関係は上手くいかなくなるだとか、〈生涯の大親友〉という刷り込みにこだわりすぎてたら、幾人もの女性をぞんざいに扱うことになってしまうだとか。読者のみなさんにも、後悔していることや、もっと早く知りたかったと思っていることがあるかもしれない。

だからこそ、女性同士の友情の複雑さや現実を、いま明らかにすべきなのだ。

友達よりも自分のほうが大きく成長したときに起きること、大人になってから新しい友達をつくって友情を続けていく方法、毒友《フレネミー》と距離を置くべきとき、友達から切り捨てられるとあんなにつらくなる理由、〝あり〟だと思ってなかった意外な相手との友情がもたらすパワーや、笑いあえる関係について。

こうした内容をすべてまとめて、「本当のところ」を描いた一冊として、みなさんにこの本を贈りたい。ポジティブな一冊として。女性同士の友情というのは、ポジティブな物語なのだから。

ただし、簡単に手に入るとは限らない、ということはお伝えしておこう。

第1章 死ぬまでずっとお友達？

——女の子には必ず親友がいる？

俗説：子どもでも大人でも、女性には心の底から通じあえる、プラトニックな女性の親友がいなくちゃだめ？

「私たち、友達やめたほうがいいと思うんだけど」親友のアナの声らしきものが、固定電話の受話器から聞こえている。

「えっ？」私は聞き返した。

「クレアとはあ、もお、友達でいたくない」アナはまた繰り返した。若い子がよくやるような、わざと間延びした口調で。親に向かってこんなふうにしゃべることはあっても、親友にはしないものだ。〈心の底から通じあってる親友《ソウルメイト》〉、英語でいうところの〈BFF（ベスト・フレンド・フォーエバー）——生涯の大親友〉に対しては。

私はわっと泣きだした。

　十六歳の夏、アメリカのカリフォルニアから帰ってきたばかりの私は、旅行中にあったことをひとつ残らず親友に話したくてうずうずしていた。なのに、ユニバーサル・スタジオでジュラシック・パークのアトラクションに乗ったところまでたどり着くまもなく、アナに心を引き裂かれてしまったのだ。親友になってから、三年目の出来事だった。

　アナと知り合ったのは、私が十二歳で転校したとき。転校先の学校では、もうなかよしグループができあがっている時期だったから、そのなかに入っていくのは楽じゃなかった。前髪をおろした茶色のボブへアといかにも高級住宅街の女の子っぽいしゃべりかたから、すぐに「お嬢」と呼ばれるようになっても、やっぱり、女の子たちの輪には入っていけなかった。あれはちょうど、スパイス・ガールズがデビュー曲『ワナビー』をリリースした二か月後のことだった。

　そんなころ、私が惹きつけられたのがアナだった。髪が長くてふわふわで、爪がきれいで付け根の白いところが完璧な半月形。耳のピアスは本物のダイヤで、先生たちにはぞんざいに接しているのに、成績はつねに優秀。まさしく、私のあこがれそのもの。時間はかかったけど、推しが同じだという理由で、私とアナはやっとなかよくなれた。私たちが好きだったのは、ハンソンというアメリカのロックバンド（当時はメンバー全員が長髪）だ。

　推しのことだったら、ふたりで何時間でもしゃべっていられた。歌詞を覚えて、ノートだとか腕だとかにボールペンでなぐり書きしたり。アナがクラスで一番早く、自宅でインターネットを使い始めたときは、あのピーピー鳴りながら世界を広げてくれる未来的な端末機の前で、一緒にチャットルームに入り浸り、推しの情報収集にいっそう励んだ。ロンドン公演のチケットが手に入ったときは、ラブレターをしたためるべく、ふたりで何度も読み返しては書き直した。きちんとしたラブレターにふさわしく、A4サイズの罫線入り便箋に万年筆を使い、清書を担当したのは私より大人っぽい字を書くアナ。文章のまわりを囲むようにして、ピンクのハートもいっぱい描いた。

あの手紙のコピーは残っていないけれど、だいたいこんな内容だったと思う。

アイザック、テイラー、ザックへ

私たちはロンドンに住んでる十三歳の女の子です［著者注：同年代だからいちゃつく相手としてぴったりだし、もっとすごいことをするのも可。アメリカと英国では「もっとすごいこと」の中身が違うかもしれないから、その内容によるけど］。三人の大大大ファンです!!!

全曲オリジナルなんてすごすぎるし、アルバムはぜんぶ持ってます、クリスマスアルバムも含めて［毎年十二月に耳から血が出るほど家族に聞かせてた］。

ジェリービーンズの〈ジェリーベリー〉が好きだそうですね。だから、〈ジェリーベリー〉のマスコット人形の風船《バルーン》を贈ります。何味が好きですか？　私たちはバターポップコーン味とすいか味が好きです［ほんとは嫌いだったけど、グミの〈ハリボー〉がまだない時代だった］。

楽屋にファンを呼ぶことはありますか？　ぜひぜひ、みなさんに会いたいです！［抱いてください、未経験です］

心から愛をこめて
アナ&クレア×××［ここは公平にアルファベット順で］

これなら、どんなMTVビデオミュージック・アワード受賞ミュージシャンだって食いついてくるはず。

こうして迎えたコンサートの夜、私とアナはおこづかい全額をつぎこんで〈ジェリーベリー〉のマスコット人形の大きなバルーンを買い、手紙を結びつけて、ステージに向かって投げつけた。落ちたのは警備員とバンドメンバーたちのあいだの暗くなってる空間だったけど、それはどうでもよかった。風船を投げたあと、私とアナはずっと腕を組んで一緒に跳びはね、会場の外に運転係のアナのパパを待たせておいた。私は最高にハッピーで、アナも最高にハッピーなんだと思っていた。彼女から別れを切りだされるまでは。

あれはあまりに衝撃的すぎて、ティーンエイジャーだった私の心は、粉々に砕けてしまった。

同じ経験をしたことのある人なら、わかってもらえると思う。学校を中心に回っている小さな世界が崩れ落ちてしまった、あの感覚を。次の日、〈生涯の大親友〉が隣にいてくれる安心感を失った状態で、教室に入っていかねばならないあの恐怖心を。ちらちら見られて、「友達として最悪なんだろうね、あの子。なにやらかしたんだろ？　なんかやばいから、友達に切られちゃったってことでしょ」なんて思われてたらどうしよう、というあの不安な気持ちを。

とはいえ、私がこういう見方をするようになったのは、あれから何年もたってからのことだ。「別れた」だけれど。「破局」という言葉は、友達との仲が壊れたときに自然には浮かんでこない。本来ならそうあるべきなのだったのだから。これまでの人生で私が一番傷ついたのは、なんといっても、同性の親友たちから切られたとき
親友だと思っていた女性から、私がとてつもない精神的ダメージを喰らわされたのは、学生時代だった。

この時期は、空気や水や食料と同じくらい親友が欠かせないものだと、心理学者アブラハム・マズローが

自己実現論で述べている。

けれども、友達との関係があっさり壊れてしまうのは、学生時代に限ったことではない。大人になってからも起こりうるし、恋人との関係がだめになったときと同じくらいつらい――場合によってはもっとつらい気持ちにさせられる。

私は英語で「BFF（ベスト・フレンド・フォーエバー）」と呼ばれている関係、つまり〈生涯の大親友〉というやつが、諸悪の根源だと思っている。

幼い少女たちが学校へ通い始めた瞬間から少しずつ刷り込まれていく、あれのことだ。親から「一番のなかよしは誰？」と聞かれるアレだ。本を読んでも、テレビを見ても、女の子の登場人物には必ず親友がくっついている。女の子には心からつながりあえる特別な女の子、なにがあっても絶対に離れることのない、特別な女の子がひとりいるのがあたりまえ。英国では〈お友達になろう、お友達になろう、なにがあっても離れないお友達に〉なんていう、子ども向けの歌まである。

そしてこの時期に、いわゆる〈女子の掟〉が登場する。女性の友達同士のあいだで「やっていいこと」「やっちゃいけないこと」という暗黙の了解が、幼い少女たちの頭に刷り込まれていく。「私の味方になってくれたから、私も味方になってあげる」。

これは、学校を卒業して社会へ出たら、ぴたりとなくなるようなものじゃない。〈女子の掟〉破りをした大人の女性が吊るし上げられているところを見たことがあるけれど、その理由は、軽い知り合い程度のある女性の元恋人といい感じになっているからだとか、意見の食い違いがあったときに親友の味方をしなかったからだとか。

こういう考えかたをしていると、自分の自由な意思で真の女友達を見つけ、同性と意義ある関係を築くことが妨げられてしまう。つまり、『女の子だから』というただひとつの理由に縛られて、同性の特定の相手に忠誠心を強いられる、なんてことがない関係を築きづらくなってしまうのだ。

親友は「支え合って友情を育む」というイメージがあるものの、考えてみると、現実にはものすごく独占的な結びつきでもある。相手に尽くすのがあたりまえ、だから深く考えなくてよし。そんな刷り込みのせいで、「この人と本当に友達でいるべきなのかな？」という危険信号をスルーしてしまったことのある女性が、はたして何人いるだろう？

〈生涯の大親友〉という価値観の刷り込みは、「なんでこの娘と友達なんだろう？」「どうやってこの娘と友達のままでいて、もっといい関係にしていけばいいんだろう？」という疑問を抱かないように、女性たちを幼いころから誘導している。そして、『女の子は友達をつくるものだから』、あの娘と友達なんだよ」と、ただ一方的に言い渡す。

たしかに、そういうものかと思い込んで親友をつくっておけば、安心感や所属感を得られるけれど、上手く立ち回って地雷を踏まないようにしなくちゃ、というプレッシャーも付いてくる。そして、不安が生まれるのだ。「あの娘は親友になってくれる？」「私よりもほかの娘を気に入っちゃったらどうしよう？」「あの娘に親友を盗まれちゃうかも？」「どうすればあの娘に勝てる？」。

こうした刷り込みは、少女と大人の女性だけに限られたものだ。「親友」という言葉は、そもそも男性がよく口にする表現ではない。

そう考えている進化人類学者のアンナ・マシャン博士が、友情に関する初期の研究でアンケートを実施したところ、女性回答者の八十五パーセントから「自分には女性の〈生涯の大親友〉がいる」という答えが返ってきたそうだ。私にはずいぶん多すぎるように感じられるが、博士が伝えたいのは、このデータには〈生涯の大親友〉という刷り込みと女性の生物学の両方が関わっている可能性がある、ということのようだ。

「八十五パーセントはかなり高い割合です。『親友はいますよ。ええ、もちろん。私は孤独でかわいそうな人間じゃないので』と言わなければならないプレッシャーが、多少あるのかもしれませんね」というのが、マシャン博士の解説だ。

そのいっぽうで、女性は男性がやらないような形で、親しい友人を重要視するところがあるのだという。

「女性が友情に求めがちなのは、心からつながれる感情的な親密さです。そこから、女性でいるために絶対欠かせないなにかを得ているんですね。かたや男性は、友達に感情的な親密さを求めないので、距離が非常に近い〈なかよし二人組〉という関係は必要とされません。もっと人数の多いグループに惹かれる傾向があります」。

女性である私たちは、完璧なパートナーを見つけなくちゃ、完璧な仕事を、完璧な家を、完璧な家族を、という特大のプレッシャーを自分に強くかけ、そのすべてをジャグリングのように上手くさばくことを期待されている。私はここに、「女友達と完璧な関係を築かなくちゃ」というプレッシャーも加えたい。

心の底から通じあえる同性の親友をつくらなくちゃ。話しているときにいらっとするとか、むかっとさせられることとなんかめったになくて、私の秘密をぜんぶ知ってくれている相手と。

つい、うっとりさせられてしまう考えだ。

でも、現実には？

女友達との関係は完璧なんてものとは程遠い、というのが普通だろう。

「女友達との完璧な関係」という理想像は、白馬に乗った王子さま（あるいはお姫さま）願望と同じくらい毒をもたらす。

私たちはなぜ、おもちゃの人気キャラクター〈マイリトルポニー〉の世界なら完璧な〈生涯の大親友〉が見つかるよ、親友さえ見つかれば人生は魔法にかけられたように完璧なものになるよと、幼い少女たちに思い込ませようとするのだろう？　こういう刷り込みをすべての少女や女性がそっくりそのまま受け入れているわけではないものの、大勢がなんの疑問もなく受け入れている。ひょっとしたら、自分がそのひとりだと気づいてさえいないかもしれない。

「幼少期に、家族以外にも自分にとってものすごく重要な存在がいるのかもしれないと気づいたときに、お友達というのは『自分そっくりな子』なんだという刷り込みに出くわすんです」と語っているのは、ケンブリッジ大学の心理学者テリ・アプター教授。

「『あの娘は私の姉妹、双子の片割れ』という刷り込みを受け入れる少女たちがいるんですね。刷り込まれたあとにどうなるかというと、成長し変化する段階でジレンマに陥ります。『これって、あの娘はもう親友じゃないってこと？』『私は変わらなくちゃいけないの？』『どうすればいいの？』という具合に」。

友達との関係は変化していくもの。

そう考えると、誰もが不安になる。

女性が年若いころに〈生涯の大親友〉という理想に取りつかれていると、そのためにあらゆるものが費やされかねない。友達が別の世界へ行ってしまうんじゃないかという不安は、自身のアイデンティティ確立と密接に結びついているのだ。〈生涯の大親友〉を失いかねない状況を受け入れられるか？　自分が変わることを選び、友達でいられるようにがんばる？　これって、もう親友じゃいられなくなっちゃう状況ってこと？

単純に考えれば、〝成長過程で〟、友達との関係の外の世界へ「出ていきなさい」と外からやんわり圧力をかけられているときに、どう変わればいいのか見極めるのが難しいこともあるし、相手と距離ができて離れていくのは、ある意味で〈生涯の大親友〉になることに失敗したとも言える。これは、年齢を重ねれば上手く対処できるようになるものではない。友達が新しい世界に挑めるように少し距離を置きつつも、本当は遠くに行ってほしくない、出会ったときの関係のままでいたい、という衝動を抑えなければいけないのだから。

例えば、友達も自分もシングルで、似たような楽しさや苦しみを味わいながらシングルライフを送っているときに、ふと「これがずっと続くわけじゃないんだよな」という疑念が頭をかすめる。そんなある日、友達に恋人ができて取り残され、「あの娘にとって、私の優先順位はどのくらい？」「私とあの娘にはまだ共通点がある？」と、ひとり思い悩むことになる。そして、テリ・アプター教授が指摘するように、「『裏切られた、あの娘は変わってしまった』という気持ちになる」のかもしれない。

この本を執筆するため、私は大勢の女性たちから体験談を聞かせてもらったが、女友達との関係の変化について、その変化をきっかけに関係がどう深まるかについて、一番よく知っているのはローレンかもしれない。

ローレンはある女友達とシェアハウスをしていた時期に、性別移行しようと決心し、それがふたりの絆を深める結果になったいきさつを話してくれた。その女友達はシス、つまり、生まれ持った性別と自分で認識している性が一致している女性だ。

「自分の性別に違和感を覚えるようになったころに、彼女とシェアハウスをしていました。友達や家族より先にシェアハウスメイトにカミングアウトするのは、よくあることなんです。それまでとは違う服装を試してみたくなるものだし、自分の部屋以外でも楽しみたいですからね。ある夜、ふたりで庭に寝転がって星を見上げ、性別のことや、私の人生につきまとっていためまいのような恐ろしい感覚について語りあったときのことを、私も彼女も鮮明に覚えています。

　シェアハウスをやめたあとも、連絡を取り合っていました。自分の性別が『どっちなのかわからない』から『男じゃないとわかった』、そして『女だとわかった』とはっきりしたときに、私はあることに気づきました。心理状態やホルモン、社会規範の面で変化したせいだったのか、よくわかりませんが、自分の弱さを自然に受け入れられるようになったんです。恋愛対象外の相手に『とっても好き。会えなくて寂しい。知り合えてすごくうれしい』なんてことをもっと気楽に、あまり怖がらずに伝えられるようになりました。それまでは、好意を抱いている相手にもなかなか言えなかったのに。一般化したくはないけれど、男性同士では言葉による愛情表現はしないものだと思っていましたから。

　自分の性別を確信してからは、愛情表現をすることや、弱さや素《す》の姿を見せることに、不安や精神的なためらいを感じなくなりました。いい意味でその影響を最初に受けたのが、彼女との友情だったんです。プラトニックな友情だとはっきりわかっているから、おたがいに、それまで口にするのが怖かったようなことも話せるようになったんです」。

♧

親友なんてものは存在しない。

というふうに、私は全否定しているわけじゃない。

親友がいるのは幸運に恵まれたごく少数の人たちだけ、というのが私の意見だ。

ローレンのような人たちの体験談に耳を傾けさえすれば、きっとわかっていただけるんじゃないかと思う。ファッションデザイナーのジャスティン・タバックもまた、同性の親友と尊い絆で結ばれている幸運な女性のひとりで、母親同士が産前学級で知り合って以来、彼女とは五十年間〈生涯の大親友〉なのだという。

「産まれたころからのつきあいだと言うと、うそでしょ？　ってなります。私たちはまったく違うタイプだけど、価値観がとてもよく似ているから、ずっと友達でいられるんでしょうね。私はこう思うよと意見を伝えあって、手厳しいアドバイスもします。結婚、離婚、育児、仕事の悩み、死別など、人生のあらゆる段階で導きあってきました。こういう友達がいるのはものすごくラッキーだし、どれだけ特殊で珍しいことか、年齢を重ねるごとにしみじみ感じるようになってます。彼女は私の『姉妹』そのものですから」。

「姉妹みたい」な関係という言葉は、親友がいると話してくれた少数の大人の女性たちに、依然として猛威をふるっている。そのひとりである三十八歳の活動家ニムコ・アリには、キャリー・シモンズという親友がいる。キャリーはボリス・ジョンソン元英国首相の妻だが、世間の注目を浴びる以前から、ニムコと親友だったそうだ。

「キャリーは著名人になっても変わらず、私たちの関係も変わりませんでした。それは私にとって、ものすごく大きな意味のあることです。親友たちのなかでキャリーが特別だとは思っていませんが、誰よりも姉妹みたいに感じられるというのも確かなんです。守られているなと、一番強く感じさせてくれる相手なんでしょうね。愛と言うと重たいけど、キャリーには姉妹愛のようなものを感じています」。

私がインタビューした女性たちのなかには、〈生涯の大親友〉がいることを、恥ずかしそうに認めた人たちが少数いた。ある女性は「『親友』って言葉がなんだか気恥ずかしくって。健全な精神を育んでいます、と宣言しちゃってるような気がするんです」と前置きしてから、彼女のいない人生なんて想像できない、という親友について語ってくれた。

親友が持つ二重拘束《ダブルバインド》。〈生涯の大親友〉がいるとなんだか気恥ずかしいし、いなくてもやっぱり恥ずかしい。

私たちはそろそろ、認めるべきなのかもしれない。

すべての人に合うわけがない、たったひとつの基準を私たちみんながこぞってめざしていて、そのために、ありとあらゆる労力が費やされているのだということを。テレビや映画、本の世界で繰り広げられる友達との熱い関係を、現実世界にいる私たちが持とうとするのは、とてもとても難しいことなのだ。

ある三十代の女性は、次のように語ってくれた。

「子どものころからずっと、親友が欲しくてたまりませんでした。テレビの影響が大きかったですね。どの女の子にも必ず、〈生涯の大親友〉がくっついていましたから。だけど、あれがテレビの世界で成り立っているのは、現実世界ではありえないからでしょうね。人間はもっと複雑ですから。人は成長するし、相手に差し出せるものがその時々で変わる。だから私は、親友をつくることは可能だけれど、その関係が一生続くとは限らないと考えています。可能性としてはかなり低い。現実にはなかなかないでしょうね」。

〈ＢＦＦ（ベスト・フレンド・フォーエバー）――生涯の大親友〉という言葉は、もう忘れる。

それよりも、〈ＢＦＦＮ（ベスト・フレンズ・フォー・ナウ）――いまなかよくつきあえる複数のいい友人たち〉という関係をめざすほうがいい。

私はそんなふうに思い始めている。

書籍『私、地雷を踏んじゃった？（What Did I Do Wrong?）』（未訳）の著者であり、友情の専門家でもあるリズ・プライアーは、こう語っている。

「『親友』という言葉は親友のいない人に重いプレッシャーをかけるので、ベストな表現ではありません。それに、親友というのは、私たちの文化でさかんに言われているほど一般的なものではないと思いますよ。親友というのは贈り物で、誰もが手にするものじゃないと、母がよく言っていました」。

私の見たところ、親友という概念には欠陥がある。ひとつのヒエラルキーしか想定していないからだ。なにをもって「親友――ベストフレンド」、すなわち「一番の友達」とするのか？　私は私でいるのがベストな状態だし、あなたはあなたでいるのがベストな状態。でも、私とあなたがいつもおたがいの一番いいところを引き出しあえるわけではない。それに、〈プラトニックな精神的結びつき〉という名前のバスケットに、自分の持っている卵をすべて入れてしまったら、かなりのプレッシャーを感じるはずだ。ほとんどの友情には、いつかひびが入るのだから。つまり、負担が大きすぎる。自分が友達に求めるすべてのものを、ひとりの親友が満たせるわけがない。ひとりの恋人が、自分の「すべて」を満たせるわけがないのと同じように。たったひとりの相手に感情的に満たしてもらえると思うなんて、幻想に過ぎないのだ。

こうして、「親友」という刷り込みが、親友づくりに失敗しただとか、親友にがっかりさせられたというような、さらなる思い込みを生む。こういう流れで、相手を管理したい、所有したい、という欲望が色濃く反映された〈女子の掟〉ができあがるというわけだ。

ところが、これがはっきり言語化されたことは、いままで一度もなかった。

だから私たちは、ただひたすら前へ突き進んで、欠陥のある〈女性の友情モデル〉を無理やり上手く機能させるために、必死にがんばってしまっている。これじゃあ、女性の親友との関係が往々にしてバッドエンドや悲しい結末を迎えてしまっても、仕方ないというものだ。

これって、大人の恋愛によく似ているのでは？

恋愛で「運命の相手が自分を完全に満たしてくれる」という考えは、元をたどれば〈生涯の大親友〉という概念に行き着く。ほとんどの人がいずれ、恋愛に「運命の相手」なんてものはいないと悟る。なのに、「運命の相手」と呼べる女性の親友が見つかるはずだという幻想に、私たちがいまだにしがみついているのはどうしてなんだろう？

私は女性の親友だけじゃなく、男性にも幾通りかのパターンで傷つけられてきたけれど、どの痛みもそれぞれ違っていて、この上なく苦しい思いをさせられた。私の心はきっと、継ぎはぎだらけになってるだろう。ばらばらに壊れるたびに不器用に縫い合わされて、不恰好な縫い目が線路さながらに交差しているはずだ。

それでもまあ、心を引き裂かれた相手が恋人であれば、新しい相手を見つけることで、心の痛みや悲しみを紛らわせることができる。それが、悪い結果につながることがあるかもしれないにせよ。

ところが、相手が女友達となると、それほど簡単に替えがきかない。

ワインを何杯か引っかけ、出会いを求めて、熱気みなぎるクラブへ繰りだすなんてわけにはいかない。夜ふけに古くからの友達に電話して、会いにきてくれるか確かめるなんてこともできないし……。なによりも違っているのは、私が恋人と別れたときは必ず、みんなが「大丈夫？」と声をかけ、寄り添ってくれたこと。

じゃあ、女友達との関係がだめになったときは？

誰からも、なにも言われなかった。

恋人と比べて女性同士の友情がどんな位置づけをされているか、私たちが知るべきすべてがここにあらわれている。

♧

どれも取るに足りない子どもじみた恨み辛《つら》みだと、一蹴することはできる。

でも、女性が同性の友達から受けた痛みは、本人が思っているよりずっと長く、心に突き刺さっているのだ。親友に見捨てられることは、近親者以外の人と意義ある関係を築き始めた時期、つまり、まだ感情が発達しきっておらず、愛、憎悪、愛情や安心感を求める気持ちのみで人と関わっている発育段階において、もっとも深く傷つけられる体験のひとつと言える。

人生が二度と元に戻らないほどの体験だと言うと、おおげさだと思われるかもしれないけれど、初めて〈生涯の大親友〉から見捨てられたあの経験は、同性の友達に対する不信感という連鎖反応を引き起こし、私がそこから回復するまでに数十年の歳月を要した。

女子校時代、隣の席にクインという女の子がいた。隣の席のクラスメイト。五歳の少女たちにとって、いかにも運命の親友になれそうな状況だ。私はクインの家に行くのが楽しくてたまらなかった。私の部屋よりも広いクインの部屋で、一緒にお遊戯《ゆうぎ》の振りつけを考えて、キャベツ人形で遊んで。母親同士が友達だったから、ふたりがおしゃべりをしているあいだに、私たちが一緒に遊んでいられたのもよかった。クインこそ〈生涯の大親友〉だと、私はすっかり信じ込んでいた。だから、あの関係がクインにめった打ちにされた日のことを思いだすと、二十五年以上たったいまでも胸がうずくのだ。

あれは一九九三年、転校生が入ってきたとき。その娘は私にないもの、すなわち神秘性を備えていた。彼女の両親は離婚していて、当時、私たちの知り合いに離婚した両親を持つ子はいなかった。これでは、私に太刀打ちできるわけがない。

そんな折、クインの家で恒例のホームパーティーが開かれた。おもてなしの手腕が発揮された、素晴らしい催しだった。ふんだんに用意されたお酒に、デヴィッド・ボウイの音楽に合わせて踊ったり、煙草を吸ったりしている大人たち。私たちはソファの後ろに隠れ、目を見開いてその様子を眺めていた。私はクインの親友として、一番前や中心にいるはずだったのに。

だから、クインが運動場で転校生に心変わりしたときのことを、私はこれからもずっと思いだすのだろう。

「パパとママがパーティーをするんだけど、あなたも来る?」

それから、思いもよらない展開になった。

「クレアも来るけど、クレアのママと私のママが友達だから、来るだけなの」

涙がこみあげてきて、目がじんわり熱くなり、表情がぐちゃぐちゃになった。私はなにが起きたのか理解できず、実感できたのは、これがいままでに体験したことのないつらい出来事だということだけ。ひょっとしたら、お尻にトゲが刺さったときも、同じくらい痛かったかもしれないけど。私はクインの〈生涯の大親友〉に戻りたかった。だけど、どうすればいいんだろう? 私の小さな人生において、自分は「だめな子」なのかと思ってしまったのは、このときが初めてだった。

これは数多くの女性の身に起こる出来事だ。

作家でポッドキャスト配信者でもある三十五歳のパンドラ・サイクスは、こんな体験を語ってくれた。

「寄宿学校にいた十一歳のときに、四人のなかよしグループのひとりから、仲間外れにされました。『もう友達じゃない』というようなメモが、私の部屋のドアの下に差し込まれていたんです。傷つきましたね。すべてを失ったような感覚というか。あれは将来に強い影響をもたらす体験です。子ども時代に起きるあらゆることがトラウマになりえますから、友達に捨てられる経験もきっと、トラウマになる可能性があるでしょうね」。

子どものころに受けた傷をいまも抱えていて、それが破片のように深く刺さったままだという話を自分以外の女性から聞くと、私はおかしくなくらいほっとする。きのうの朝食がなんだったかも思いだせないのに、ふとした瞬間にぱっと脳裏によみがえり、一つひとつを痛いくらい鮮明に思いだせる。そんな記憶があるのだ。

次に紹介するのは、ジェーン・ルノンの体験だ。

「十三歳のときに、私が教室へ入って行ったら、親友が別の席に移動してしまっていたんです。恥ずかしくてたまりませんでしたね。自分がなにかまずいことをやらかしたか、しくじったような気分になってしまって。このことは親に話さなかったし、誰にもまったく打ち明けてません。ただもう、あまりにひどい出来事だったから」。

ジェーンは二〇二〇年、『タトラー』誌で〈最高のパブリックスクール校長〉に選ばれた。そのときにジェーンが校長を務めていたウィンブルドン・ハイスクールは、偶然にも私の出身校でもある。この学校に通っていた五歳から十二歳にかけて、私は将来に強い影響をもたらす親友体験をいくつかした。ジェーンは〈生涯の大親友〉という概念が「カルト信仰」化されていると考えており、年若い女性たちにはそろそろ、別の価値観を身につけてほしいと願っている。

「女の子を育てるあらゆる手段や場所で、『なかよしのお友達をつくらなくちゃだめ』という考えが植えつけられています」。

ジェーンの意見では、「性別による子ども保育の考察」に、問題視すべき根源がある。

「『女の子はお人形で遊ぶもの』というあれです。それに加え、女性性において重要視されるべきことが、円滑な人間関係と密接に結びつけられすぎているんです。『女の子はお友達をつくるのが上手』というあれですね。

それに、『大親友』という概念は商業化されています。それをさらに煽っているのがSNSです。親友を持たなきゃだめという価値観が、カルト信仰のように崇められているのが現状なんです」。

次に紹介するのは、ウェブサイトおよびポッドキャスト『The Midult』を運営している、エミリー・マクミーカンの意見。

「私の娘たちは、四歳のころから〈生涯の大親友〉という概念を激しく売りつけられてきました。破壊をもたらしかねないくらいにね。無限に湧いて出てくるTシャツやらブレスレットやら。とんでもない毒です。娘のひとりには親友がいますが、もうひとりはスムーズにいかず、自分になにか問題があるんじゃないかと思い込んでいます。女性たちを全員まとめて〈生涯の大親友〉という型に押し込めるのは、実際にはとても難しいことなんです」。

徹底した〈生涯の大親友〉信仰と、大親友の女性たちがもたらしあうパワーをわかりやすく示してくれたのが、学校のお友達エルジーについて教えてくれた九歳のローズだ。

「エルジーは親友だけど、優しいときもあるし、優しくないときもあります。『このゲームをやっちゃだめ』って言われるときもあるし、やらせてくれることもあるし」。

ローズはもうすぐ引っ越して、転居先の学校に転入する。エルジーとはこれからも連絡を取り合うの？

それとも、新しい学校でお友達の輪を広げたい？

「私は親友がひとり欲しい。友達が大勢いたら、私と遊びたがる人がたくさんいることになるでしょ。だけど、大勢の人が私と遊びたがっても、私ひとりじゃ全員と遊ぶことはできない。そうすると、私と遊びたいのに遊べなくて、悲しい思いをする人がいるかもしれないから」。

大人になってからの社交生活について、私が感じている罪悪感をこれほど巧みにまとめてくれたコメントはない。

それじゃあ、エルジーとは〈生涯の大親友〉でいられると思う？

「たぶん、無理」。

なんてこと。将来に強い影響を及ぼす〈生涯の大親友〉との別れが、まもなく訪れようとしているのだ。

♧

親友信仰は、十年単位の歳月をかけて築かれていく。私が学校に通っていた九〇年代は、誰が自分の親友かということがいつも話題になっていた。おたがいに褒めあって、通学鞄や蝶々のヘアクリップを真似しあうとか。ふたつくっつけるとひとつの形になるネックレスを買って、それぞれのパートを身につけ、絆と深い愛情を世間に示すとか。こうやって、ふたりはひとつのハート、太陽、月の片割れを分け合う同士、永遠の友情を誓うお揃いのテディベアを持っている間柄だとアピールするのだ。

なんともかわいらしくて純真無垢と思えるかもしれないけれど、こうしたネックレスに込められている意味は、必ずしもいいものだと限らない。当事者たちは尊いものと感じていたとしても、そこに含まれない少女たちは疎外感を覚え、傷つけられるかもしれないのだ。あれは〈生涯の大親友〉という演目のパフォーマンスショーで、これはふたりだけの世界だと声高に告げ、ほかの人をわざと締めだすものだ。その結果、女性同士の友情が、底の浅いステータスシンボルじみた見せびらかしのようなものに変貌してしまう。

それに、ああいったお友達アイテムは、持ち主にとってもだんだん価値が薄れていくことがある。お揃いのジュエリーを持っていても、ふたりが離れてしまえば、かつて特別な絆を声高に叫んでいた分だけよりいっそう、強い挫折感をかきたてられることになるかもしれない。

お友達アイテムは、〈心の底から通じあってる親友《ソウルメイト》〉のようにつながりなさいと、少女たちにプレッシャーをかける。贈り物として購入されたものであれば、きわめて強い受動的攻撃性が生まれ、受け取った側にそのつもりがなくても、「あなたは贈り主の〈生涯の大親友〉」だと一方的に宣言されてしまう。これもまた、少女たちの心を傷つける結果につながりかねない。私のある知人は、学生時代に新しい親友ができたときに、その親友が元親友に陰陽ネックレスの片割れを返していたと言っていた。なんとも残酷な仕打ちではないか。

私もこういうお友達アイテムを持っていた。シルバーのハートの片割れのネックレスで、それぞれにイルカの模様が入っていた。これを友達のイジーと一緒に買ったのは、別々のクラスになってしまい、友情が危うくなり、安心できるなにかを求めていたときだった。そのときは効果が発揮されたものの、私たちが成長するにつれ、そのネックレスは年月という試練にさらされた、子どもっぽいなかよしアピールの象徴とも思えるものに変貌した。私は結局、このネックレスを小さな箱にしまった。この箱はいまも取ってあるけれど、あれはいわば、かつて心の底から信じていた親友という理想を閉じ込める、象徴的な行為だった。

あのころの日記を読み返すと、こっぱずかしくなるだけじゃなく、〈生涯の大親友〉（場合によっては予備として二番目、三番目の親友）を持つことを私たちがどれだけ重要視していたか、本当にびっくりさせられる。

一九九五年二月十日（金）

イジーに電話して、セーターと絵具を間違えて持って帰ってきちゃったと伝えようと思ったのに、近所のサリーがまたずうずうしく押しかけていたらしく、「いま話せない」と言われた。イジーの親友は私なのに。

一九九五年五月六日（土）

マデリンから「クレアは二番目の親友」だと言われた。イジーはちょっと疎外感を味わってたみたい。キアヌ・リーブス最高！

一九九五年九月二十八日（木）

中学生になった。イジーと別々のクラスになってしまい、友達でいられなくなるんじゃないかとすごく不安。私とイジーは親友だ。明日は体育の授業がある。

我ながら傑作。

大作家のサミュエル・ピープスもヴァージニア・ウルフもこれには及ばない。大英図書館の重要文書部門からの連絡が待ち遠しい。この日記を一九九三〜八年の英国の記録として保管したいと要請されても、おかしくはないはずだ。

一九九六年の最初の二ページがくっついていて、読めないのがもどかしいけれど、これはたぶん、二十世紀最後の四半期になっても滅びることを拒んだ物質のせい。私には〈コピーデックス〉の仕業《しわざ》だとしか考えられない。くっついた二ページを光で透かしてみると、〈私の親友一覧〉だとか、リアノンやローレンという名前が読み取れる。ところが、このふたりについてはまったく記憶がない。

ひょっとしたら、当時の友人たちに付けたコードネームだった可能性がある（妹たちに日記を読まれてるんじゃないかと異常に心配していた）。そうでなければ、子どもじみた空想の世界から召喚された、妄想上の〈生涯の大親友〉だったのか、むかしなつかしいテレビドラマの登場人物だったのかもしれない。

SNS時代がくる以前に、親友というものをカルト信仰のように崇めまくっていたのは、テレビドラマだった。『ブロッサム』では、ブロッサムにシックスがいた。『モエシャ』のモエシャにはキム。『バフィー〜恋する十字架〜』のバフィーにはウィロー。『Daria』のダリアにはジェーン・レイン。映画『クルーレス』のシェールにはディオンヌ。『シスター・シスター』のティアとタメラは双子で親友でもある（私の妹たちも双子だ）。ここでいったん、整理しよう。私たちが崇める対象には、テレビドラマの役柄としてだけでなく、現実世界でも親友だった俳優たちも含まれていた。『フレンズ』に出演してたコートニー・コックスとジェニファー・アニストン。映画『チャーリーズ・エンジェル』のドリュー・バリモアとキャメロン・ディアス。ついでに、グウィネス・パルトロウとウィノナ・ライダーも。

あのころ私がフラストレーションを感じていたのは、こういう「完璧な」女性の友情のお手本を次々と見せられつつも、同時に、「女の友情って壊れやすいよ」というメッセージも受け取っていたことだ。私たちが学校に通い始めるその瞬間から、少女は「取るに足りない存在」で「取っ組み合いの喧嘩」をして「くだらないこと」で仲たがいするもの、というイメージで描かれる。幼い少女が友情につまずくきっかけとなった言動について、立ち止まってよく考えてみようという風潮はなく、フォーカスされるのは少女の反応のほう。たいていは、親や教師に「くだらない」と一蹴されておしまい。

さらには、「毒友《フレネミー》」なんていう、「友達」と「敵」を組み合わせた造語まである。相手を正面で抱きしめつつ、後ろで背中を刺すような女友達のことを揶揄《やゆ》する言葉。「裏表がある」と表現されることもある。でも、少年や大人の男性がこういう言われかたをするのを聞くことは、きっとないはずだ。

幼い娘を持つパンドラ・サイクスはこう語っている。

「『幼い少女は意地悪になることがある』なんてよく言われますけど、その意味はわかります。大人と比べると、幼い子どもはあからさまにひどいことをしますから。だけど、それは性悪なせいじゃなくて、幼い少女だからなんですよね」。

つまり、幼い少女は、大人がやっているなんだかおもしろそうなやりかたで人と接してみて、主導権を握るというのがどんなものか発見するのだ。

そんな話をしていたときに、私の夫は六歳のころ、女の子は「結局仲たがいして」「恨みを持つ」ものだと、教師から聞かされたことを思いだした。

じゃあ、男の子はどうなの？

腹を立てるのは五分間だけで、そのあとは「上手く折り合いをつける」らしい。

女性同士は腹心の友か敵かどちらかしかない、というのもまた、私たちの人生にたえずつきまとっている思い込みだ。

じゃあ、少年や大人の男性はどうなの？

男はのんきだよ。スポーツか酒で絆が生まれる。

腹立たしいが、「スポーツか酒で絆」には、いくらか真実が含まれている。いわゆる一般化というものだ。インタビュー対象者のなかでも学術界の方々は、一般論をすぐさま引き合いに出していた。それでもおおむね、「女性は感情的な親密さを軸とした友達づきあいをしたがる」ことについては、意見が一致していた。

それでは、男性の場合はどうだろう？

オックスフォード大学の進化人類学者ロビン・ダンバー教授によると、「酒をくみかわす相手がそこにいれば十分」なのだそうだ。

「年若い男性は、匿名性の高い社交グループの世界で生きており、メンバーのアイデンティティ、つまり友人たちのアイデンティティをそれほど重視していません。誰か相手がそこにいればいいのです。人間関係について、そういう観点では深く考えていないんですね。道を渡りながら、サッカーボールを後ろへ蹴ったり前へ蹴ったりするだけ。そうすることで友情をほんの少し保護して、壊れづらくしているのではないでしょうか。ですが、そのいっぽうで、少年たちは感情的なサポートを犠牲にしています。これは少女たちが、友達づきあいから受け取っているものですね。

八歳か九歳のころを思い返してみると、女の子の友達づきあいはとても個人的で、一対一の関係だったでしょう。フリーダからパーティーに呼んでもらえなかったら、まるで人生が終わったような気分になる、というように」。

あるいは、私とクインのときのように、お呼ばれされないほうがましだった、という気分になるのだ。

♧

私は〈生涯の大親友〉から初めて絶交された苦い体験のせいで、「自分がだめな子だから？」と思い込まされてしまい、二回目の絶交体験では、〈二番手ポジションの子〉に転身を遂げた。受け身で従属的、ご機嫌取りに必死な子に。

あれは一九九五年。中学生になって、いきなり友達のイジーと別のクラスに放り込まれてしまい、新しいクラスで〈生涯の大親友〉を見つけなければならなくなったときだ。

マデリンは豪華なペンセットを持っていて、私と同じく英国のウィリアム王子に夢中だった。それならば、ぜひとも〈心の底から通じあってる親友《ソウルメイト》〉にならなくっちゃ。問題は、私以外にも、マデリンを親友だと思っている女の子がふたりいたことだ。

私たちはきっと、なかよし四人組と思われていただろう。けれども、実際には、三人でじわじわと闘いを繰り広げ、マデリンの隣の席や、マデリンのペンセットを一緒に使わせてもらうチャンスをいつも競っていた。あれは消耗戦で、いま振り返ると、なぜあの娘たちのことを友達だと思っていたのか、我がことながらさっぱりわからない。マデリンは三人を競わせるというより、注目されていることを楽しんでいた。そりゃあ、誰だってそうなるだろう。

ところがある日、マデリンが重大な決断を下した。「クレアは親友じゃない」。私は目に見えないラインをいくつか越えてしまったのだ。三人ともしゃべってくれなくなり、同じ席に座るのもだめ。私は締めだされてしまった。それからというもの、学校ではきりっとした表情を崩さず、午後に母の迎えの車に乗るなり、わっと泣きだす日々を送った。大粒の涙を教科書にぼたぼたこぼし、「自分はだめな子なんだ」と痛いくらい思い知らされた。

というわけで、私は変わることにした。自分にできる限りのいい子にならなくちゃ。誰かの冗談に声をあげて笑い、相手の言うことをなんでも「そうだよねえ」と肯定する子。その筆箱かわいいね、と褒めてあげる子。友達の恋愛をサポートしてあげる典型的ないい子で、二番目の立ち位置で満足し、自分の感情や要望を後回しにする。これは、ジュディ・ブルームの『神さま、わたしマーガレットです』（偕成社刊、一九八二年）なんかの本に書かれていたことだ。マーガレットは新しい環境に適応したいがために、自分とは違う人格を演じようとする。マーガレットには向かないやりかただったけど、自分だったら上手くできるかも？

私がこんな自己縮小行動に走っていたころ、郊外の町でなにひとつ不自由なく育った子どもにとって、最悪とも言える出来事が起きた。転校だ。私は仲間外れにされていたし、これから入学する双子の妹たちのことも考えねばならない。私は友人たちに絶交されていても、自分が知っているただひとつの学校から離れたくなかった。「そのうち、ましになるから」（私がいい子になれれば）と親を説得にかかった。「ねえ、いいでしょ？」

しかしすでに、決断は下されていた。それから一年間くらい、私は毎晩、枕を涙で濡らしていた。新しい環境に慣れなければというプレッシャーが重くのしかかり、目立ちたくないところで悪目立ちしていたらしかった。演劇の授業を受けていたから、ちょっと早口で歯切れがいい。体が発育していない。私はずっとやせっぽちだったのだけど、新しいクラスメイトたちからあれこれ言われるまで、それがよくないことだと思っていなかった。

「胸がぺったんこ」

「ブラジャーつけなくていいじゃん？」

「ちょっとだけ化粧すれば、なんとかなるって」

「拒食症っぽいよね」

学校の廊下では、女の子たちが近寄ってきては、お尻を突いてきた。私服登校の日には、新しい友達？のひとりが、H&Mのペールオレンジのフレアパンツに包まれた私の脚（きれいだった自覚あり）を見て、むかついたらしく、私の頰を思い切り引っぱたいた。真っ赤な手形が浮きでてくると、「ただのジョークだってば」。

自分が変わりさえすれば、新しい学校で〈生涯の大親友〉をすぐにつくれるはず。そんなふうにほんの少しでも思っていたのだとしたら、あれは手荒い目覚めのきっかけとなった。

これでおわかりいただけると思う。冒頭で紹介したアナとの友情が、私にとってどれだけ大きな意味を持っていたのかを。アナからの絶交が、どれだけ深い傷を残したかを。私がようやくアナとなかよくなれたのは、できるだけ好感を持ってもらえるように振舞い、気に入ってもらえるよう必死にがんばる、という努力を一年以上続けたからだった。私から見た限り、私とアナは〈生涯の大親友〉だった。やっと私にも、素晴らしい人生が手に入ったのだ。

あのころ、いつも湿っぽいコーニッシュの海岸沿いの保養地にばかり行っていた我が家が、初めての海外旅行先に選んだのは、アメリカのカリフォルニアだった。帰国後、きらきらと黄金のように輝く土産話が山のようにあった。ソファに仰向けに寝そべり、クリーム色のベイクライト製の固定電話機を胸にのっけて、コードを指にぐるぐる巻きにしながら、私はアナの自宅の電話番号をダイヤルし、久しぶりに親友の声を聞いた。

ところが、なにかが違っていた。

いまはほかのグループの娘たちと遊んでいると、アナからおごそかに告げられた。

その娘たちは聴いてる音楽が違うし、「クレアだったら『そんなのだめ』って言いそうなことをやってる」。すすり泣いているうちに、電話を切られた。新学期になってから、アメリカのお土産をアナのロッカーに入れておいた。ペーパークリップを再利用したノート。お礼はひとこともなかった。

私の胸に引っかかっていたこと、つまり、夜眠る前にいつも頭のなかでぐるぐるしていたのは、「クレアだったら『そんなのだめ』って言いそうなこと」というアナの言葉だった。それが具体的にどんなことなのか、わからなかったから。私はだめな子だからアナの親友になれなかった、に加えて、私はどこか子どもっぽいのかも、という思い込みにもとらわれてしまった。問題をはっきり見極められないようなお子さまだから、自分を変えることができないのだと。

〈生涯の大親友〉という刷り込みについて、私の友人たちの多くが、「どれだけ非現実的なことかもっと早く気づかせてもらいたかったし、大人になったいまでも、この刷り込みが問題を起こす原因になっている」と答えてくれた。

二十七歳のサメーハ・シャイフは、学校や大学で親友をつくることに躍起になっていた。「『末永く続く』という思い込みをずっとしていて、それが私のアキレス腱になりました。素晴らしい人たちに出会ってきたのに、〝多く〟を期待しすぎてしまったんですよね」。

カイラは三十九歳になったいまでも、〈生涯の大親友〉という刷り込みに囲い込まれていると感じている。

「あなたは私の親友だよと言っている友達がいるのだけど、正直、もやっとします。あの人は私の親友じゃないから。『あなたひとりだけ』っていう関係が嫌なんですよね。大人になったらもう親友という言葉は使うべきじゃない、というのが率直な思いです」。

こうしたすべてを九歳の私に教えてあげていたら、役に立っただろうか？　それとも、痛い目に遭いながら身をもって学ぶほうがいい？

私が確信しているのは、「親友は永遠であるべき」と思い込んでいなかったら、あんなことをした自分をゆるせなかっただろうな、と思える言動を過去にいくつかしてしまったこと。そして、親友たちとの関係が終わったときに、あれほど傷つくことはなかったかもしれない、ということ。

同性とのつきあいをもっと広い視野でとらえるように少女たちが育てられていたら、そもそも、私の友達づきあいがあんなふうに終わることもなかったかもしれない。アナは新しいグループの娘たちとつきあいながら、私と友達でいることもできたはずだ。

だからこそ、私たちの子どもには、ひとりの相手にすべてのエネルギーを注ぐのでなく、色々なところに友達を大勢つくったほうがいいと伝えるべきだろう。大人になってからの人生に備えられるように。

友達づきあいについてコーチングしている作家のシャスタ・ネルソンによると、これからは、〈生涯の大親友〉という刷り込みを別の視点から見るようにすればいいのだそうだ。

「私がおかしいと思っているのは、『親友』というレッテルは相手に授けるものではない、ということです。すでに築かれている友情の確認、これが親友なんですから。私たちは『私は誰かの親友なの？　私の親友は誰？』とつぶやきながら、さまよっているようなものなんです。『親友は何人いてもいい』と言わず、親友とは量でなく質だと考えているんですね。親友をひとり以上持つことは可能です。親友というのは、相手との関係が意義あるレベルに達したという意味に過ぎないんですから。親友とはただひとりの相手を探しだすもの、自分もそうやって選ばれるもの、という思い込みは、膨大なダメージをもたらしていると思います。こんなの、おかしすぎますよ」。

「親友とは量でなく質と考えられている」というシャスタの指摘は、とても的確で素晴らしい。両者が望んでいれば、いい友情はいずれ親友という関係に発展するかもしれない、ただそれだけのこと。こんなふうに考えれば、かなり多くのプレッシャーが取り除かれるはずだ。

ここでもうひとつ紹介したいのが、さきほど登場してもらったロビン・ダンバー教授の所見だ。

女性が「私には親友がいる」と言う傾向には、あるパターンが確認されているそうだ。年若い時期、そして高齢に近づくと、女性は「私には親友がいる」と言う可能性が高くなるという。

「中年期に低くなってまた盛り返すというのが衝撃でしたが、ざっと観察したところでは、高齢女性にもこの傾向が見られました。その理由については、生殖に適した時期は人と一緒に物事を行おうという気持ちが起こりにくい、という事実が大きく関わっているものと考えています」。

この意見は見方のひとつだろう。

別の見方としては、中年期に差しかかると、〈生涯の大親友〉という刷り込みが少しずつ薄れていくのかもしれない。たしかに、仕事や家族、旅行、税金の申告や家探しといった、日常の諸々にエネルギーを吸い取られている時期だけれど、「完璧」とは程遠いものだと判明しつつある友情に対して、こんなはずじゃなかったと疲れている頃合いでもある。そして、さらに年齢を重ね、友達がこの世から去っていく段階に入ると、人生で得た知恵をたずさえて、また友達探しをしたくなる。これはまさしく、九十一歳のへルガ・ルビンスタインが語っていたことだが、この女性については、ぜひまたあとでお伝えしたい。

私たちの人生にはきっと、〈生涯の大親友〉という刷り込みがもっとも必要とされる時期が二回あるのだろう。人づきあいの世界に足を踏み入れる子ども時代と、またひとりになったことを実感させられる人生の終盤に。

♧

結局、アナと離れたことで、私はいい方向に進んだ。自分の好きなようにいろんな人と一緒にランチできたし、学校裏の公園で色々な娘たちと一緒に過ごすことができて（露出狂に数で勝るようグループで行動していた）、アナ以外の人との友情が少しずつ芽生えたのだ。

そのひとりがマリーだった。私たちは数学の特別講義の受講生で、同じクラスから出席している最下位のふたりだった。マリーはちょっと怖そうに見えた。ハイヒールにボマージャケット、映画『スライディング・ドア』のダークバージョンのグウィネス・パルトロウみたいなレイヤーの入ったショートヘア。でも、だんだんと、ちょっと怖そうなだけの子じゃないとわかってきた。おもしろくて優しくて、インディ・ミュージックが好き。私はマリーのことを、一緒に方程式に苦しめられているただの級友ではなく、友達だと思うようになっていった。

一年後に六年生に進級すると、環境がまたがらりと変わった。新しい娘たちが入ってきて、それまであったマリーとの絆がほろりと緩んだのだ。あれはフレッシュなスタートという感じだった。新しいクラスメイトたちは、体育の授業に苦しむ私たちの姿を見たことがないし、絶交されたとても恥ずかしい過去を知らないのだから。

マリーと私は新しく入ってきた娘と三人組になり、私の友達づきあい（私にも友達づきあいが！）を取り巻く環境は激変した。フルハムの学校に通う同学年の男子グループと知り合い、金曜の夜にパブへ繰りだすようになったのだ。私たちは毎回、まんまと店にもぐりこむことができた。〈スラッグ・アンド・レタス〉のとある気のきいた店舗では、めいっぱいおしゃれしたティーンの少女三人があらわれると、見て見ぬふりを決め込んでくれたから。二〇〇一年当時の流行というと、ツイードのパンツに厚底サンダル、〈ベイ・トレーディング〉で買ったストラップタイプのトップス、といったスタイルだろうか。

というわけで、歴史の授業中にメモを回して、金曜の出来事をこと細かに分析しあっていた私たちは、一八八九年から一九八九年のドイツ経済史について、なにひとつ聞いちゃいなかった。三人でライブに繰りだした翌日は、マルボロライトの匂いをさせながら、ふらつく足取りで学校へ向かった。

新しい友達はほかにもいた。学校の共有スペースでおしゃべりした娘たち、一般教養科目をさぼった仲間たち、地元のカフェで一緒にランチした娘たち。あの娘たちは私にとってすべてであり、何者でもなかった。みんなのことは好きだったけど、自分の立ち位置がどうもはっきりせず、飽きられてしまうんじゃないか、自分がなにかやらかしてしまうんじゃないかと不安だった。

あのころはわかっていなかったし、やっと気づいたのはしばらくたってからだったけど、当時の私は、偶像化されたひとりの相手に縛られない友達づきあいがどんなものか体験していた。つまり、〈生涯の大親友〉という刷り込みから逃れた先にある世界を味わっていたのだ。

こういうふうに考えてみると、〈心の底から通じあってる女性の親友《ソウルメイト》〉を見つけるとか、「選ばれる」とか、〈女子の掟〉に従って生きるとかいうことが、疑わしいものに思えてくる。女性の人生を「こうあるべき」と縛りつけている、諸々の非現実的な規範と同じものなんじゃないかと。

ようするに、私たちはみずから進んで、プレッシャーを増やしているのだ。

ここはもう難しく考えず、率直に認めてしまってもいいのでは？

〈BFF（ベスト・フレンド・フォーエバー）——生涯の大親友〉がいる人なんて、ほんのひと握りだけ。それでいいんだってことを。

だから、たったひとりの親友という関係にこだわらず、人生の各ステージでいろんな女友達とつきあっていけばいい。自分の心のある部分を解き放ち、感情面での欲求をいくらか満たしてくれる女性の友達と。

女性のほとんどがいずれ、身をもって気づくはずだ。自分が望んでいるのは、いろんなところにいろんな友達を持つこと。そっちのほうが、ふたりきりの窮屈なカルト信仰じみた関係より望ましいと。女性たち全員がこのことにもっと早く気づけば、女友達との関係は、もっとうんとパワフルになるんじゃないだろうか？（時間の節約にもなるし）

長年の思い込みを振り払うには、何年もかかるかもしれない。〈生涯の大親友〉という刷り込みがどんなものかわかってきたとしても、心のどこかにこびりついた声が「友情を壊すつもりなの？」としつこくささやきかけてくるかもしれない。そして、あの罪悪感に襲われるのだ。

「あの娘の連絡先を見つけて、日付が変わる前に誕生日カードを送らなくちゃ」とか、「友達の娘／息子さんの誕生日を忘れちゃったから、生まれたときにもらったメッセージを探さなくちゃ」と焦りながら、WhatsAppをスクロールダウンしているときに。本当に〈心の底から通じあってる親友《ソウルメイト》〉だったら、こういう情報は心のなかにしまってあるから、探さなくてもすぐわかるはずなのに……。

　軽いつながりの友達のことをふと思いだしたときに、罪悪感を覚えさせられる理由のひとつがこれだ。私たち女性が幼少期から売りつけられている、期待と完璧さがワンセットにされた重たい関係。あんなものは真実じゃない。

　アナと絶交した数か月後、同じ学校に通っていた、賢者的なところのある娘がこう言ってくれた。

「いまのクレアのほうがずっといいよ、なんか、相手が上で自分は下でいいみたいな、子分肌じゃなくなったもん」

　これはあとになってから身についた知恵なのだけれど、その場そのときの教訓として、もっと早く学んでおきたかった。

第2章 友達づくりのマニュアル

——女友達は恋人や夫ほど深く理解してくれない？

俗説：女友達は恋人や夫みたいな存在にはなれない？

ヴァジャイナル・スチーミングという、膣にスチームを当てる美容法。卵型の翡翠を使った膣収縮。ボーンブロスという骨で出汁《だし》をとったスープ。カリフラワー。どれも、女性の健康と幸福をさらにアップさせるという触れ込みの美容健康アイテムだ。疑似科学を中心とした、こういう過激な流行の健康増進法は、途切れることなく次々と誕生しているような気がする。最高の人生を生きるためのアイテムとして。

冒頭にあげられたものを試したことのある方もいるかもしれない。デジタルデトックスやらヒュッゲスタイルのインテリアやら、私たちは、長生きすることやよりよい人生を送ることに躍起になっているけれど、じつは、このふたつの願望を満たすために役立つものが、暮らしの身近なところにある。

友達づきあいだ。

友達がいると心と体の健康にいいというのは、研究で明らかにされている。友達づきあいは血圧を下げる、体重が増えるのを防ぐ、[5]免疫力を上げる、[6]心疾患から守る、[7]風邪をひきづらくする、[8]などに役立つ。さらには、ストレスレベルを下げ、[9]気分をよくし笑わせてくれるし、[10]誰もが望む幸福感をもたらし身体的な痛みを和らげてくれるエンドルフィンを分泌させる。[11]二〇一六年に『タイム』誌の見出しになったように、「友達はモルヒネよりいい」のだ。

そして、友達がいないことは、健康に悪い影響を積極的に及ぼしかねない。

米国のブリガム・ヤング大学で心理学と神経科学の教鞭をとるジュリアンヌ・ホルト＝ルンスタット教授は、社会的なつながりを持たないことで、死亡リスクが二十六パーセント増加する恐れがあることを発見した。これは一日十五本の喫煙と同レベルの有害さで、早死にを予測する要因として、空気汚染の影響や運動不足より優れており、肥満より健康に悪い。

だから、友達がいれば、空気のきれいなところで暮らしている非喫煙者のマラソンランナーと同じということになり、最適なBMI値を維持できる。ところが、友達がいないのは、毎朝ビッグマックを食べているのと同じということになる。

BFF（ベスト・フレンド・フォーエバー）と呼ばれる関係の女友達、つまり〈生涯の大親友〉がいてもいなくても、友達は人生において重要な存在だ。ここにあげた健康上のメリットのいくつかはすべての人々に当てはまり、それ以外のいくつかは女性のみに特有のものである。

そして、これとあわせてお伝えしたい研究結果がもうひとつある。

「戦うか逃げるか」という、人間の生存本能についての研究結果だ。これは主たる原動力として、どの人間にも備わっているとされている本能だ。ところが、これが女性にも当てはまるかどうかについては、二〇〇〇年になるまで研究が行われていなかった。この生存本能が明らかにされたのは一九三〇年代、研究対象は男性のみだったのだ。

もしかしたら、一九三〇年代の研究にはバイアスがかかっていたのか？　女性は男性とは違うやりかたで、ストレスに対処するのだろうか？　そんな疑問を抱いた、カリフォルニア大学シェリー・テイラー教授は、女性は男性とは違うやりかたでストレスに対処することを突き止めた。

不安を感じたときにオキシトシンというホルモンが放出され、女性を元気にしてくれるエストロゲンと混ざることで、危機的状況に陥った女性はたいてい、男性とは異なる行動パターンを取ることになる。女性によく見られるこのパターンを、教授は「いたわり友好的になる」と名づけた。これは子孫を守り（子孫がいる場合）、自分以外の女性たちと密接な愛着関係を築こうとする本能である。[12]

だから私たちは、ひどい状況に陥ったときに引きこもらず、友達や母親に電話するのだ。これは女性同士の人間関係の根本にある原理である。別の言いかたをすると、私たちは追いこまれて弱っているときにストレスや危険に対処する手段として、女性の友達を積極的に求めている。

「男性は『戦うか逃げるか』、女性は『いたわり友好的になる』で、ストレスと折り合いをつける可能性がいくぶん高い。この事実は、世界中で平均寿命に性差があることの説明につながるかもしれません」。テイラー教授はそう結論づけている。

よく考えてみると、これってすごいことなのでは？

女性同士の友情は、私たちの遺伝子コードに、根源的なものとして書きこまれているのだ。

進化の歴史を見てみると、強力な社会的サポート構造を築いている女性のほうが、生存率が高くなることがなんとなくわかる。女性たちが共に幼い子どもを育て、支え合ってきたのは、大陸や文化を問わず共通している。私たちが火を囲んで物語を伝え、独自の共同体を築いているあいだに、男性たちが夕食用の獲物を狩る、というあれである。

その名残は、現在もいくつかの社会で確認されている。沖縄県は女性の平均寿命が九十歳で、世界一の女性長寿地域だが、その秘密のひとつは模合《もあい》にあると考えられている。若いころから五人組の友達グループをつくり、仲間内で生涯助け合う社会的な互助システムが沖縄にはあるのだ。

女性の連携のパワフルさは、みなさんご存じの〈#MeToo〉運動からも見てとれる。ポーランドやアメリカ、アルゼンチン、メキシコの中絶制限法に反対するデモ。女性の性的暴行や殺人に対する集団抗議と怒りの表明が、スペインやインド、アルジェリア、オーストリア、南アメリカ、キルギスタン、フランス、シエラレオネ、コソボ、南アフリカ、そしてロンドンのクッパム・コモンで行われている。

女性であることは危険になりえるし、女性同士の友達づきあいは慰めになりえる。

体験談を聞かせてくれた女性たちは、支え合いながら人生最悪のときを切り抜けてきた。家庭内の虐待、殺人、離婚、依存症、うつ、認知症、不妊、がん、孤独、悲しみ。抱きしめ合い、料理をそっと差し入れる。弱っていることを包み隠さずオープンにする。

この本で紹介している大勢の女性たちの体験談は、びっくりするほど共通点が多かった。女性同士の友達づきあいには、なにか秘密のマニュアルでもあるのかと思ったくらいに。私たち全員がついやってしまうテクニックだとか、従いたくなるようなプランでもあるんだろうか？

『私たちが愛する理由（Why We Love）』（未訳）の著者アンナ・マシャン博士は、女性の友情について長年調査してきた進化人類学者で、女性にとって同性間の友情がどんな意味をもたらすのか、誰よりも詳しく知っていると言っても過言ではない。

博士はこの研究を始めてすぐに、あることを発見して「びっくりした」。異性愛者の女性は、恋愛対象の男性を含めた誰よりも、女性の友達に対して感情面で親密さを感じやすく、自分自身をさらけだしやすく、共通点を持ちやすいのだそうだ。

恋愛こそがすべての答え。

というあの価値観がしぶとく根づいているこの世の中で、じつは重要なつながりやサポートが女性同士の友達づきあいからきているなんて、たしかにびっくりな発見だ。

恋愛相手が自分を「完全なものにしてくれる」。それがあたりまえだと、私たちは考えている。恋愛相手に「あなたは私の親友だよ」と言ったりもする。

ところが、科学的な見地では、恋愛のパートナーは同性の友人たちほど感情的に満たしてくれないし、深く理解してもくれないのだ。

これは私にとっても、大きな気づきだった。

恋愛こそが永遠の幸福につながる道だという、散々教え込まれてきた「真実」には、女性同士の友情という手ごわいライバルがいたのだ。

マシャン博士は、さらにこう説明してくれた。

「脳スキャン研究により、女性はきわめて肯定的な意味で友人に親密さを感じることがわかっています。脳の報酬系が強く活性化し、感情的反応を司る扁桃体の活性が弱くなる。つまり、女性は親密な関係に恐怖やストレスを感じません。ところが、男性は否定的反応を強く示します。扁桃体の動きが激しくなるのは、恐怖のあらわれです。男性は男友達とこんな親密な会話はしたくない、という気持ちになるんですね」。

というわけで、女性は一般的に、女友達とバーで向かい合って座り、目を合わせてじっくり話をすることが多い。かたや男性は、集団でバイクに乗るなど、進み続けるほうを選ぶ可能性があるそうだ。

女性同士の友達づきあいは、こんなふうに、心と体に健康をもたらしてくれる素晴らしいものなのだ。だが、しかし。

人間関係を「愛情」で順位づけするとしたら、女性同士の友達づきあいは、はたしてどのあたりにランクされるだろうか？

女性同士の友達づきあいについてどう感じているか、はっきり言葉で表現するのがなぜこんなに難しいのか、マシャン博士に尋ねてみた。

「それが私たちの抱えている問題なんです。研究調査のインタビューで『ペットの犬に愛情を感じていますか』と尋ねると、『もちろん』という答えが返ってきます。次に『友達に愛情を感じていますか』と尋ねると、『うーん。どうだろう』となるんです。友達に『愛』という言葉を使うのを、ものすごくためらってしまうんですよね。とってもおもしろいことだと思いますよ。地中海沿岸の国々の人たちは、『友達のことを熱烈に愛してる』という表現を使います。これは文化的なものなのでしょうね。ペットの犬には嬉々として愛という言葉を使うのに、友達に使うべきかどうかについては、考える必要があるというのは」。

これは本当にびっくりだ。

私たちは、恋愛こそが人生を決定づけるもの、という固定観念に強く縛られすぎていて、目の前にあるものを見逃しているのだ（そして、友達よりペットに高い地位を与えている）。

女性は男性を中心に据えて人生を築くものだと教え込まれ、初恋のスタートと共にこれを実践している。好きになった男性のなんてことない発言や、目が合った瞬間のことを、あれはなんだったの？　と、あれこれ考えることにかなりの時間を費やす。自分の頭のなかに想像上の男性を棲まわせて、その男性たちの視線を意識して生きることを覚えていく。週末はスウェットパンツ姿でテレビを見るだけなのに、全身脱毛をするとか。カフェで本を広げているのに、頭のなかでは、色気漂う謎めいた女性を演出できているか考えているだけだとか。シャワーを浴びながら目をつむって頭をそらせ、ちょっとセクシーなシャンプーのコマーシャルみたいなことをやってみるだとか。

作家のマーガレット・アトウッドは、『寝盗る女』（彩流社刊、二〇〇一年）でこう書いている。

「あなたは女を眺めてる男を頭のなかに棲まわせてる女なの」。

あの内なる視線、あの内在化された男性のまなざし。

異性愛者の女性が、女性同士の人間関係に十分な価値を置いていないとはどういうことか。そのすべてが、ここによくあらわれている。

みなさんがきっと経験してきたように、女性はおとぎばなしを読んで育つ。つまり、恋に落ちて結婚する、それこそが夢を叶えることだと、いまでも思っているのだ。

経験者から言わせてもらうと、たしかに恋も結婚も素晴らしいものだけれど、私にとって人生最大の達成体験でないことも確かだ。それでも、恋愛相手や配偶者は「私の片割れ」というような言葉で呼ばれるし、誰かの結婚式で家族や友人一同がスパイス・ガールズの『トゥー・ビカム・ワン』を歌うような機会があるときは、私もそういう言葉を使っている。

ここでまた、アンナ・マシャン博士の意見を聞いてみたい。

「こんなにも大きな愛を阻害してるなんて、馬鹿げてますね。人間には大きな脳があり、そのおかげで、私たちはさまざまなスタイルでさまざまな人と愛を体験できる。これはものすごく幸運なことなんです。なのに、恋愛こそが一番強いものと考えて、ほかの愛を低く評価している。実際にはそうでもないのに。社会を構成している私たちは、全面的に恋愛を重視していますが、私はそこが不快なんです。おかしな話ですから」。

女性同士の友達づきあいで感じる愛情。

そんな愛について、そろそろ、きちんとした話し合いを始めるべきなんじゃないだろうか。

女性同士の友達づきあいが、私たちの人生でどのあたりの位置を占めるのか、あらためて考え直すために。もっと自然に抵抗なく、同性の友達に愛情を伝えられるようになるために。

そんなことができるようになったら、女性同士の友達づきあいは、どれだけ気楽で安心できるものになるだろう？

「愛情表現する」という一文が記されている『女性同士の友情マニュアル』があっても、なにもおかしくないのでは？　少なくとも、私たち全員が、自分の立ち位置を理解できるようになるはずだ。

引き続き、アンナ・マシャン博士の意見を紹介したい。

「恋愛相手や我が子に言うものだと刷り込まれているんですね、私たちは。恋愛相手や我が子に『愛してる』と言うのは許容範囲。だけど、許容範囲外の相手に使うのは、なにかへんだと思ってしまう。ですが、私たちは友達と一緒にいるときに、『自分はここにいたいのか？』と日常的に自問自答しています。つまり、友達と一緒にいるのは、その友達に対する愛情を自分で選んだ結果ということですね。選ばれた愛情のほうがパワフルだということに、議論の余地はありません」。

友達に対する愛情というのは、条件次第で決まる愛だ。みなさんは友達と話すたびに、会うたびに、個人的なことを共有するたびに、「この友達に投資しよう」と意識的に判断しているのだ。

日系米人作家のハニヤ・ヤナギハラはこう語っている。

「私たちの人生で友情ほど過小評価されている人間関係はない……法的にあるいは血縁や金銭でつながることのない関係だけれど、愛という暗黙の了解でつながっている」。

それでも私たちには、友達に感じる愛情を語るにふさわしい言語がないのだ。

もちろん、愛を与えたり受け取ったりする方法は、人によってさまざまだ。優しい言動がなにより大事だと考える人がいるし、上質な時間、あるいは距離的な近さが大事だと思っている人もいる。でも、女性同士の友達づきあいの重要さを普遍的な言葉で表現することが、その地位を大きくランクアップさせる第一歩になるんじゃないだろうか。

現在よく使われている女性同士の友情にまつわる言葉は、どこか取り澄ましているか、よくよく考えるとちょっと薄っぺらく感じられるかのどちらかだ。

シスターフッド。

男より女の友情。

同類。

女子のなかよしグループ。

彼氏より女友達が大事。

ペニスより子宮。

生きるためのエネルギー。

パワーをもらえる仲間。

BFF（ベスト・フレンド・フォーエバー）――生涯の大親友。

ひょっとしたら、女性同士の友情にも恋愛と同じ言葉を使うほうが、インパクトがあるかもしれない。

そうすれば、私たちがなにを言わんとしているか、誰もが理解するだろう。

「捨てられる」だとか「傷心」だとかいう言葉にまつわる出来事には、社会的な標識が付けられている。

感情の全体図のなかで、愛や悲しみがどんな思いをもたらすか、私たちは知っているのだ。

恋愛感情抜きの友達になれそうな相手と一緒に、お茶とケーキを楽しみながら「ときめいている」と表現すれば、会話の盛りあがりっぷりを表現できる。軽口や新たに生まれた親しみの感情がさかんに行き交い、「新しい友達がくれるエネルギー」がスパークしている状態を。新しい友達と出会うことや、むかしなじみの友達とまたつながることで、「心のざわめき」が起きるのだと認めることにもつながる。

そのために私たちがしなくちゃいけないのは、「親密な関係とは、すなわちセックスのこと」という発想を切り替えることだけ。

親密さとはおおむね、体でなく、心の強いつながりから気持ちが盛りあがること。

そんなふうに考えるようにすればいいだけなのだ。

それでも、このふたつが混同されることは、これからも続くだろう。

だからこそ、シモーヌ・ド・ボーヴォワールの一九五四年の小説『離れがたき二人』（早川書房刊、二〇二一年）は、「親密すぎる」という理由で公表を見送られ、二〇二〇年になるまで刊行されなかったのだ。

これはボーヴォワール自身の体験を元にした、女性同士の熱烈な友情を描いた物語で、ふたりの少女のあいだに芽生えるプラトニックな愛が、あますところなく表現されている。しかし、そこには大盛りあがりの呑み会もSNSの投稿もハートの片割れのネックレスもなく、ふたりの絆を築いているのは感情的な親密さだけ。これぞ女性同士の友情の礎《いしずえ》であることは、すでに説明したとおりだ。

現在の夫と初めてデートをしたとき、私は行きの電車のなかで汗をかきまくり、ここで電車を降りて帰ったほうがいいかと、悩むくらいの状態になった。せめてドラッグストアの〈ブーツ〉へ駆け込んで、ミニサイズのデオドラントを買い、地下鉄でこっそりつけたほうがいいんじゃないかとも思った。それに、胃がきゅっと締まるような、あの感覚も覚えている。緊張とどきどきわくわくと恐怖心が、いっぺんに押し寄せてきたあの感覚を。

こういう気持ちは、私の場合、友達のときもまったく同じだ。

服装がおしゃれかどうかチェックして、化粧はいつもよりちょっとだけ気合を入れる。相手とどんな話をするんだろうとあれこれ考えているうちに、なにやらじっとり汗ばんでくる。

第1章で紹介したパンドラ・サイクスは、こんな意見を語ってくれた。

「私にとって、女友達との関係は恋愛と同じです。親友とは、大勢で食事をするより、ふたりきりで会うことが多いですね。月曜の早い時間にお酒抜きの夕食を一緒にするときは、あまり気合を入れませんけど、金曜の夜はめいっぱいおしゃれして、一緒に街へ繰りだします。作家・コラムニストのドリー・アルダートンとのディナーは、私にとって〝イベント〟だから、夫とデートするときと同じか、もっとどきどき、わくわくします。長いあいだパートナーと同居していると、ときめく相手は友達になるんですね。このときめきが色あせることはありません。友達との恋愛をあきらめるとか、そもそも友情には恋愛ほどの価値はない、なんていう思い込みをしなければ」。

私個人の意見では、女性同士の友情には恋愛と同じ価値がある。最高の恋愛のベースには友情があり、それと同じく、最高の友情のベースにはちょっとだけ恋愛があるんじゃないだろうか。

私が脱毛したり新しい下着を買ったりするのは、女友達と旅行に行くときだけだと、夫にいつもからかわれている。

たしかにそのとおり。

あれはなんだか、不倫旅行っぽい感じがする。心地よい雰囲気に、自分と相手だけにわかる冗談、赤ワインと心の赴くままに吐きだされる欲望。そこにないのはセックスだけ。あのひとときは、ぜひとも最高の気分で味わいたい。女友達と一緒に過ごす時間はたいてい、どんなセックスパーティーよりも美容にいい。〈エージェント プロヴォケーター〉のふさふさの羽根の付いたセクシーな下着をつけさせられて、最高の解放感を味わっているふりをしたり、性病に怯えているのを悟られまいとしたりするより、うんといいのだ。

ところが、女性同士の友達づきあいは、言葉で愛情表現されないこと以外にも、意見の対立などのちょっとした問題に弱い、という一面がある。

体験談を語ってくれた大勢の女性たちが、女性同士の友達づきあいがややこしくなるのはよくないし、「あまりにきつい」ときはつきあうのをやめると言っていた。「あまりにきつい」というのは、なにかが根本的に間違っていることを示す兆候だという。

たしかに、そういう一面もあるだろう。

でも、女性同士の友達づきあいは「お砂糖やスパイスみたいなもので、あらゆるすべてがすてきじゃなくちゃだめ」という刷り込みに、私たちがしがみついていることも確かなのだ。

恋愛と同じく、女性同士の友情を理想化するのはとても簡単で、その理想形は、私たちが散々聞かされてきた数々の非現実的な物語から生まれる。けれども、人生で築かれる親密な人間関係はどれも、いろんな感情が入り混じっている。高まるだとか、冷めるだとか、がっかりするとか、おたがいに傷つけあうかもしれないだとか。興奮と期待、喜び。いい意味でも悪い意味でも、おたがいの心のなかに特別な場所を占める能力だとか。

結婚と結びつけて考えてみると、納得しやすいだろう。どれも、結婚の誓いや祝福の言葉に入っているものばかりだから。

私が夫と結婚する前にもらったアドバイスには、こんな感じのことが含まれていた。


ときには自分が間違える場合もあると、ふたりが認めること。

いつも優しく接すること。

たがいを敬い、支え合い、よく笑うこと。

人生を愛せるように、切磋琢磨しあうこと。

一緒に軽く呑みに行ける時間をつねにつくること。

意見が合わないときは、じゃんけんで決着をつけること。

ノーブラで過ごすこと（心に染みたのはこれだけ）。

結婚は全面的に祝福されるものだけれど、生易しいものでもない。世間でそう思われているから、私は安心できる。結婚生活には努力がつきものだ。生易しいものじゃないと誰もがわかっているから、いつも完璧じゃなくていいんだと思えるし、難しい状況も乗り越えていけそうだと自信を持てる。おとぎばなしのプレッシャーが、ほんの少し取り除かれるのだ。

そこへいくと、女性同士の友達づきあいは、まるで正反対。

女性同士はすぐ友達になれるし、女の子はお友達と揉めたりしちゃだめ。

なんていうふうに言い聞かせようだなんて、ずいぶんと上から目線な押しつけなのでは?

女性同士の友達づきあいは、私たちの生活のなかで、もっとも親密で重要な人間関係という場合が多い。だったら、女性同士の友達づきあいだって、人間が持つありとあらゆる感情を伴う関係であっていいはず。

そんなふうに、女性自身が女性に許可したっていいんじゃないだろうか?

女性同士の友達づきあいというジェットコースターに乗る前の私は、こんなことは考えてなかった。私の世界は、自分にとって「いい友達」と「悪い人」の二種類にはっきり分かれていた。

だけど、いい友達ならいつも自分とぴったり合うはず、なんて考えるのは馬鹿げてる。

現実はそうじゃないんだから。

いつも友達に合わせなきゃいけないなんて、どれだけくたびれることか。そんなの、うわべだけの嘘っぱちだし。

友達づきあいというのは、相手がどれだけ素晴らしい女性であっても、アップダウンが必ずある。まずは麓へ行かなければ、エベレストの頂上にはたどり着けない。

突き詰めていくと、女性同士の友情にマニュアル決定版なんてものはない、という事実にたどり着く。あれは、明文化されたルールがない世界なのだ。

恋愛には、関係が新たなステージに入ったことを象徴化するセレモニーがいくつも定められているけれど、女性同士の親しい友達づきあいではどうだろう？

なにもない。

おまけに、友情の確実さというのは、あまりにもあっさりとほころびができてしまう。

私たちはいったい、なにをもって相手を友達としているのだろう？

相手が自分を気に入ってくれているから？　メッセージをくれるのは、たしかに友達だからかも。誕生日カードが届くのもそう。だけど、本当にそれが当てになる？　相手が義務感で送ってくるだけだとしたら？

私たち人間は、安心感を与えてくれる、友情の大きさの測定基準となる指標を求めている。

三十五歳のレベッカは、メールでこんな意見を寄せてくれた。

「恋愛相手に〈私の恋人〉とラベルを付けて周囲にアピールするのは普通のことだけど、友達に〈私の友達〉とラベルを付けてアピールするのはためらってしまう。それはたぶん、相手が自分のことを友達だと思っていないかも、という恐怖心があるからでしょうね。友達との関係には色々な濃淡のグレーゾーンがあるけれど、恋愛ではそれがゆるされないことが多い。友達といい関係を築くためには、相手との関係がどんなものか、そして関係が続くなら双方がその関係をどう定義するか、評価したり理解したりする必要があるんです」。

友達との関係を評価し、理解するための取り組み。

　これがわかりやすくはっきりした形で行われるのは、人生で大きな出来事が起きたときだけ、という傾向があるようだ。結婚式やベビーシャワーはもちろんだが、悲しい出来事が起きたり、誰かが病気になったりしたときにも、女性が同性の友達に感じている熱い思いや動物的欲望は強まる。

　私の場合、友達の父親が突然、若くして衝撃的な死を遂げたときにそうなった。

　その友達に手紙を書き、父上の葬儀に参列した。いまでも、あのお父さんのことを思いだして、彼女の悲しみの大きさに思いをはせることがよくある。それに、別の友達が赤ん坊を亡くした悲しみに暮れているときも、同じ感情を味わった。こうして手短に書いているだけでも、あのときの感覚がいくらかよみがえってくる。内臓がぎゅっと締めつけられる感じ、無力さ。私が感じているこの愛情を示したいと、心から切実に思った。

　次に紹介するのは、四十一歳のジャーナリスト、ロザムンド・ディーンの体験談だ。

「乳がんになり、友達を一番必要としているときに友情が深まり、絆が強くなったことにとても感動しました。

　頭にかぶるスカーフやシルクのパジャマ、カシミアの靴下を贈ってもらい、つらい時期に必死に励ましてくれた友人たちの存在が本当にありがたくて、泣いてしまいそうでした（よく泣いていました）。一緒に長い散歩をしながら、死や恐怖や夢について語りあうなんて、それまで一度もありませんでしたね。

　手を差し伸べてくれたのは、親しい友人たちだけじゃなく、大学時代の仲間たちも久しぶりに連絡をくれました。私のことを思っていると、知らせるためだけに。ほかにも、子どものお迎えのときに少し話すくらいだったある女性が、家の前にすぐ食べられるお料理を置いていって、子どもたちを預かると言ってくれました。

化学治療、外科手術、放射線治療の三大苦の最中でしたから、こういった気づかいは、心の平安と、気にかけてもらっているんだという安堵感につながりました。がんになったおかげでいいことが起きた、なんて言えることはそう多くありませんが、人生で出会った女性たちに対する認識ががらりと変わったことが、そのうちのひとつであることは確かです」。

愛はそこにある。私たちに必要なのは、ありふれた日常のなかで、そして心痛む時期に、喜びにあふれる日々のなかで、その愛情を声に出すレッスンをすることだけ。

女性同士の友情を祝福するため、ぜひとも取り入れるべき象徴的な標識のひとつに、ギャルとバレンタインデーを組み合わせた〈ギャレンタインデー〉がある。

これは二〇一〇年にコメディ番組『パークス・アンド・レクリエーション』で、登場人物のレスリー・ノップがひねりだした造語で、本書で紹介すべきイベントだ。

二月十三日に親しい女性の友人同士が集まって、ディナーをしたりフィズを飲んだりマニキュアを塗ったりマグカップにペイントしたりと、ようするになんでもいいから、好きなことを一緒にして過ごす。数年ほど前から、ギャレンタインデー向けのカードも売られるようになっている（〈これからもずっと最高の悪友〉というようなメッセージ付き）。女性向け雑誌には、ギャレンタインデーの贈り物リストが掲載され、乳首の刺繡入りTシャツを買うことで、友人たちに愛情を示そうと呼びかけられている。『コスモポリタン』誌では、こんなふうに紹介されている。

「プレッシャーを感じる必要はなし。バレンタインデーと同じで、なにもしたくなければそれでいい。でも、友達に愛情を示すいい機会なのだから、ついなにかしたくなってしまうのでは？」。

そう、プレッシャーを感じる必要はない。

女性同士の友情を祝福して贈り物をする日、なんてわざわざ定める必要はない、と私は思っている。アンナ・マシャン博士[13]によると、贈り物により女性同士の友情がいい方向に進むということはなく、感情的な親密さが弱まる可能性があるそうだ。だから、わざわざお金を使うことはない。たしかに、贈り物で祝うのは商業主義に染まりすぎ、ねらいすぎという気がする。それよりも、自分と友達だけにわかる記念日を決めるほうが、すてきなんじゃないだろうか。恋人とするような感じで。

言語学者で友情の専門家、書籍『すれ違う女と男1』（英宝社刊、一九九六年）の著者でもあるデボラ・タネンによると、女性同士の友達づきあいでは、初めてのデートやキスのように、ふたりの関係を変える大きな出来事があまりないため、記念日を設けるのが難しいのだそうだ。

「『友達から恋人へ関係が進展する』というパターンがない世界ですからね。『知り合いから友達になって、もっといい友達になる』という関係では、ここから始まった、というはっきりした時点があまりないんです」。

恋人とのアニバーサリーは、相手と自分の記憶に刻まれている日を設定するのが一般的だ。出会った日だとか抱きしめ合った日、一緒に暮らし始めた日、婚約した日、結婚した日、ねこを飼い始めた日、というように。

でも、こういうはっきりした開始時点がないから一定の区切りで友情を祝うことができない、ということになるんだろうか？

たしかに、恋愛の場合よりも、しっかり日付管理をしなければならないだろう。友達と相談して、いつにするか決める必要があるだろう。だけど、なにをどうやって祝うかについては、当事者同士が自由に決めていい。

一杯の紅茶やコーヒー、電話、カードや簡単なメッセージ。

注意すべきは、感情的な負荷をかけすぎないこと、それに、自分と友達にさらなるプレッシャーをかけないこと。自分と友達に合った方法を見つけ、人生という辛苦のなかで尽きることのない責務を負いながら、一緒に築いてきたものを確認しあえれば、それでいい。抱きしめてキスしたり、家の鍵を渡したりするのと同じくらい、祝う価値のある記念日になるはずだ。


さて、現代において、問題の大きな部分を占めるのは時間だ。

日常の暮らしにつきまとう、あの矛盾したプレッシャー。時間はいつも足りない気がする。友達との関係を維持するために、そもそも友達をつくるためにどれだけ時間がかかるか考えてみると、友達づきあいを試みること自体が驚異とも言える。

だから、覚悟して聞いてほしい。

上手くいく女性同士の友達づきあいには、たぶん相性が必要だけれど、じつは算数も必要なのだ。

カンザス大学のジェフリー・ホールが二〇一八年に行った研究[14]では、次のような結論が出ている。

知り合いから軽い友達になるためには、五十時間を共に過ごす必要があり、軽い友達からもっと深い友達になるためには九十時間、密接な関係の友達になるためには二百時間超が必要とされる。つまり、友達との関係を進展させるのは、そこにつぎ込んだ労力なのだ。

ジェフリー・ホールの意見を聞いてみよう。

「指をパチンと鳴らしたら友達ができる、なんてことはありませんよね。友達と親しい関係を維持することは、私たちの人生でもっとも重要な作業なんです」。

それでも、いくらまったく知らない相手とはいえ、一緒に二百時間も過ごさねばならないというのは、ちょっとめまいがするような長さだ。パブで一緒に二百時間、お酒を飲む。あるいは、カフェで一緒にお茶やコーヒーを二百時間。食事ならきっと六十五〜七十回。新しい仲間ひとりのために、お酒やカフェイン、チーズの盛り合わせが大量に必要になる。

誰にとっても楽しい話じゃないだろう。私と似たような人だったら、そんなに頻繁に友達と会うのは無理だし、電話やメッセージのやりとりだってそんなにこまめにはできないと、動揺と罪悪感でのたうち回っているだろう。こっちはまったく悪気がないのに「悪い友達」だと思われちゃったらどうしよう、という不安。いまはいろんなことで身動きが取れないだけなのに、相手に「ないがしろにされた」と思われやしないかという妄想。そのくせに、忙しくてなかなか連絡を寄越さない相手に対しては、こっちの都合も考えてほしいと感じたり。

こうした負担すべてを軽くするには、優先順位を付けることが必要だ。ここで役立つのが、ダンバー数である。

ダンバー数の考案者は、第1章で紹介した、オックスフォード大学の進化人類学教授ロビン・ダンバーだ。ダンバー教授は霊長類の研究からキャリアを築き、脳の大きさと社会グループの規模につながりがあると確信した。この理論を人間にも当てはめるべく、霊長類の割合から推定したところ、人間の社会的接触の「ポイントとなる数字」は百五十程度だという、おおよその数値が割りだされたのだ。

そして、この百五十という数値は、人類の歴史のあらゆるところで見られるパターンだということも判明した。百五十という数がグループの最大人数として理想的であることは、人類が誕生したころの狩猟採集社会における共同体や、ローマ軍の部隊、イングランドで記録された世界初の土地台帳ドゥームズデイブックの村々の数にも見られ、現代ではクリスマスカードの送り先、年間を通してよく電話をかける相手にも当てはまる。いずれのグループも、百五十を超えるとネットワークがぐだぐだになりやすい、あるいは崩壊しやすくなるそうだ。

ダンバー教授の理論では、個人的なつながりのある百五十人はさらに小さいサークルに分けられる。一番親しい人たちで構成されるサークルは五人で、日常的に接している愛する人たちが入る。次が「親友」のサークル。これは十人程度の自分にとって非常に深い意味を持つ相手で、週に一回くらい会う関係というのが目安だ。次が「いい友達」で三十五人程度、その次に「ただの友達」か知り合いが百人程度。

サークルから別のサークルへ人が移動することがあるし、定員数が埋まっているときに新しい友達があらわれて、誰かがポジションを奪われることもよく起こる。また、各人の性格によって、微妙な違いもある。内向型の人は一番内側のサークルにいる五人と強く結びつき、外向型の人は広く浅くというふうに、外へ向かっていく。女性は男性よりも、密接な友達の人数が多いのが一般的だ。

ロビン・ダンバー教授の言うことがいまひとつぴんとこなくても、関係を維持するために接触できる人数には限りがある、というポイントは伝わるんじゃないだろうか。私たちは意識的にあるいは無意識のうちに、どのサークルに誰を入れるか、どの相手にどれだけ時間を割くか、決めていくのだ。

例えば、結婚前に私が開いた女性限定パーティー。

会場となった田園地方のパブには、あらゆるところからランダムに集められた女性たちが、雨具と長靴姿で次々とやって来てくれた。学校時代の友達に、大学時代のなかよし三人、妹たち、元同僚たちが数名、元彼経由で知り合った人がひとり。そのほとんどが、おたがいに面識のない者同士だった。この人たちをつなぎあわせているのは、この私。あの場所にいた全員が、私の友達というサークルでつながっていた。

挑戦して、失敗して、また挑戦して。

という行動を繰り返した末に、私なりの友達づくりのマニュアルが見えてきた。

自分には〈生涯の大親友〉という存在がいない、ってことが。

私には人生を共に歩む、恋愛関係以外のパートナーだとか、〈心の底から通じあってる親友《ソウルメイト》〉だとかはいない。

そのかわりに、色々なところに女性の友人たちがいる。人生のあらゆる段階で知り合った、ゆるくつながる女性たちのグループが。なかには、三〜四人のさらに小さいグループに分けられる人たちもいる。そのほとんどは、私が一対一で知り合った人たちだ。

これが私の友達のつくりかた。

みなさんのやりかたは、私とは違うかもしれない。

それがどんなふうであるにせよ、女性同士の友達づきあいのサークルは、過去、現在、未来が混ざったところからエネルギーをもらっている。長いつきあいの旧友がいる人や、過去の友達づきあいから貴重なことを学んで新しい友達づくりに必ず活かしている、という人がいるかもしれない。

ようするに、友達はマニュアルどおりにきっちり分けられるようなものじゃない。結局は、自分がどうしたいか次第なのだから。

そこで、私たちが心に留めておかねばならないことがひとつある。

女性同士の友達づきあいには、さまざまな形があるのだということを。

詳しくは次章で取りあげるので、どんなスタイルが自分にとってベストで一番健全か、みなさんは判断するだけでいい。ついでに、ヴァジャイナル・スチーミングやカリフラワーやヒュッゲも、オプションで付けておくから。

第3章 毒友／フレネミー
――毒友はいつも一方的？

俗説：毒友《フレネミー》は一方的な存在なのか？

お酒が必要だった。

でも、友達三人にじっと見つめられているあの状況では、バーカウンターに行ってオーダーしてくるね、なんてことは言えなかった。三人は、私をあるプランに引き込もうとしていた。そのプランの真の目的に私が気づいたのは、あとになってからのこと。あの場で気づいていたら、間違いなく逃げだしていたはずだ。だけど、あのときの私は、三人の誘いに乗ろうとしていた。

そもそもの始まりは、私が大学一年のとき、学生寮に入ってまだ数週間というころ。

六百人超の学生たちが暮らしていたあの建物には、大量のアスベストが使われていて、結論から言うと、私が出ていった翌年に取り壊された。だから、学生たちは取り壊し前に出ていかねばならず、翌年から一緒に暮らすシェアハウスメイトを自力で見つけなければならなくなった。

どこのグループにも入れてもらえないだろうな。

私はそう思い込んでいた。

同情で声をかけてもらえたらラッキーだけど。誰があの娘と組むの？　なんて押しつけあいになっちゃいそう。

つまり、自分を受け入れてくれる相手なら誰でもいいというのが、あのときの心境だった。友達の質なんてことは、まったく頭になし。仲間になれそうな相手をじっくり探すとか、サークル活動に加わるということをせず、私は手っ取り早く、一番近くにいた女子グループににじり寄った。共通点は同じ廊下を通ってることとくらいだったけど、よかったら一緒に住まないかと誘ってもらうことに成功した。本当にそうできるなら、腕や脚の一本くらい切り落としても惜しくないと、私は本気で思っていた。

誘われたのは、あの三人組と私が、でこぼこした私のシングルベッドで、ディベンハムズ百貨店で買った青と白のまだら模様のベッドカバー（前年の夏にテレビ番組『ビッグ・ブラザー』で見たのと同じ）に腰かけていたときだった。

「ねえクレア、来年から一緒にシェアハウスしない？」ナオミがさえずるように言った。

私の心臓がトゥンクと高鳴り、跳ね上がりそうになった。

「すっごく楽しそう」とはしゃいだのはレオニー。「四人で一緒に出かけて、なんでも一緒にやろうよ」

「なんでも」というのがよくわからなかったけど、ぜひとも知りたかった。ようやく、〈BFF（ベスト・フレンド・フォーエバー）――生涯の大親友〉という秘密のクラブに入れるチャンスが、私にもめぐってきたのかも。

私は部屋の壁に貼ってあるコラージュ写真を眺めていた。家族とイジーとマリーが、ほほ笑みながら見下ろしている。私に新しい友達ができたと知ったら、きっと喜んでくれるだろうな。もしかして、この三人は「私によく似た娘」たちなの？　大人になって、私にもようやくふさわしい親友が見つかったのかも。

でも、そんなことがあるはずもなく、現実はそれよりはるかに複雑だった。

それがわかったのも、やっぱり、あとになってからのことなのだけれど。

大学で友達づきあいに苦労する女性が大勢いるのは、なんの秘密でもない。

初めて親元を離れ、生涯の絆を築ける相手が見つかるんじゃないかと期待に胸をふくらませ、友達づくり以外に背負うべき責任はほとんどない。プレッシャーの強い環境で、煮詰まってしまう人もいる。

大学二年のときに起きたたくさんの出来事を、私はずっと封印してきた。

この本を書くために記憶を掘り起こさなければならなかったのは、本当に嫌だった。自分がしてしまった情けない言動の数々と、向き合わなければならなかったし、あの元友人たちはこれを読んでもきっと、自分のことだと気づかないだろうなと、認めざるをえなかった。

私がこれからお話しする出来事について、あの娘たちにはあの娘たちなりの見方があるのは間違いない。だけど。

私の経験談をお伝えすることで、似たような経験をしている女性たちに、友情が毒をもたらすこともあるのだと気づいてほしい。毒のある友達づきあいからは距離を置き、自分をしっかり守れるようになってほしいと願っている。

それができていれば、私がシェアハウスの誘いに乗ることはなかったかもしれない。二〇〇三年に、寮の寝室で持ちかけられたあの誘いに。

シェアハウスする全員でくじを引き、誰がどの部屋を使うか決める。

それが表向きのプランだった。

一緒にシェアハウスをするのは、私を入れて五人。ナオミはリーダーを自任していた。美人で機転が利いて、自虐的な冗談を言える……のだけれど、相手のことも必ず一緒に落とすタイプだった。

「見てよ、このとんがった足の形……だけど、そっちは足の指がひょろ長いんだね」

私は初日から、こんなふうに微妙な削られかたをした。

「きれいな眉だよねえ、左右つながってるけど」

そして、レオニーとポピーは、ナオミの取り巻きでナンバー2とナンバー3。

ここで重要なのは、この三人が以前からの友達同士で、共通の友達がいるような関係だったこと。いま振り返ると、ここでもう赤信号が灯っていた。大学は、元からある女子のなかよしグループに入れてもらえるようにがんばる場所じゃない。なのに、あのころの私には、これぞ女性同士の友達づきあいの頂点だと思えたのだ。

もうひとりのシェアハウスメイトは、同じ寮に住んでいたマリアだった。私と同じく、この家を逃すのは惜しいという理由で、一緒に住もうと声をかけられた娘。

その家はバーミンガムの学生街の中心にあり、間取りはキングサイズのベッドの置かれた主寝室がひとつ、いい感じの中サイズの部屋がふたつ、シングルベッドを置くのが精一杯の極狭部屋がひとつ、そして一階にある寝室の窓の外は、近所のフィッシュアンドチップス屋の常連客たちが、空箱を投げて遊ぶ道路に面していた。

パブであのプランを持ちかけてきた三人組は、私をじっと見つめていた。あの極狭部屋を割り当てられるのはみんな嫌でしょ、と圧をかけるために。

私は三人から、こんなふうに提案された。

まずはここにいる四人だけで、1〜4までの数字が書かれたくじを引き、1を引いた人から順番に、どの部屋を使いたいか選んでおく。その後、マリアがパブに来たら、今度は五人でくじを引く。先に四人でくじを引いたことは内緒にして。このときのくじ引きでは、五枚すべてに「5」と書かれているから、どう転んでも、最後まで選ばれなかったあの極狭部屋が、マリアに割り当てられることになる。一回目のくじで1を引き当てた人は、二回目のくじで引き当てた「5」の用紙をさっと隠して、「1」のほうを見せればいい、というわけだ。

そのとき私は、背の高いテーブルについていた。なんだか史上最悪の就職面接でも受けているような気分にさせられる、安定感のないスツールの上で、自分が取りうる選択肢について考えた。
(一) 悪だくみに加わって余計なことは言わず、〈生涯の大親友〉の世界の仲間入りをする。
(二) 悪だくみには加わりたくないと告げ、〈ぼっち向け〉だと小馬鹿にされている新築の学生向けフラットで、ひとり暮らしせざるをえなくなる。
(三) 大学をやめる。
「誰が最初にくじを引く?」私は無理やり笑顔を浮かべて言った。

いま思いだすと、ほんとに恥ずかしくてたまらない。受け入れてもらいたくて、どれだけ必死だったのかと。こんなの間違ってると反対することなく、私はハンドバッグを探ってレシートを取りだし、数字を書くために、二〇〇〇年コレクションのアイライナーまで出した。

あのときの自分に、ふたつ尋ねてみたいことがある。

ひとつめは、五人目のシェアハウスメイトのマリアに、あんなことをされなきゃいけない理由があったのかということ。おそらくあの三人組は、友達を連れてこれないような狭い部屋を当てがわれても、マリアならあまり怒らないと踏んだのだろう。セックスのチャンスが少なくても同じ賃料を払わせよう、というわけだ。

ふたつめは、あの三人は私のこともだましたんだろうか、ということ。あのべたつくグラスから私が選んだのは、「4」の用紙だった。その結果、私は一階の玄関脇にある、極寒部屋を選ばざるをえなくなった。玄関を出入りする音が夜中でもうるさくて、私は眠るために粘着ラバーを耳に突っ込むはめになった。

疑わしいと思える理由はいくつもある。ナオミが引いたのは1、ポピーが2、レオニーが3。あのときの私は、別に気にしていなかった。仲間に入れてもらえたのがうれしくて、天にも昇る気持ちだったから。女子のなかよしグループに入るってこういうことなんだなと、しみじみ噛みしめていた。主導権を握るってこういうことなんだなと、つくづく実感していた。

そう、これが偽の友達というやつだ。

こういう友達は、偽物だということをすぐに曝露《ばくろ》しない。心の広さ（「新しいブーツ買ったから、貸してあげるよ」）や、関心があるようなそぶり（「クレア、映画館で隣に座ってもいい？」）で惹きつけて、借りがあるように思い込ませる。それから、相手を少しずつ、少しずつ下に落としていく。相手にほとんど気づかれないくらい、小さく些細なことをいくつも積み重ねて。最悪の場合、自分がそんなことをやっている自覚さえないこともある。

偽の友達に付けこまれるという意味で、大学時代は危険な時期だ。たまたま近所に住んでいるとか、環境を理由になかよくなった友達じゃなくて、自分の「同類」に出会えるのが大学。将来に向けて勉強を重ね、人生を決定づけるような体験を積むだけじゃなくて、まるで家族みたいな友達グループができる場所。

ところが、私の知り合いの女性たちの多くが、初めて親元を離れた大学時代は友達づくりに苦労したと認めているし、悪い選択をしてしまったことがあるとも認めている。私は間違いなくそのひとりだ。雨の降る金曜の午後四時、パブ〈ガンバレルズ〉で、私は悪い選択をしてしまった。

こういう出来事には、いったいどう対処すればいいのか。

対処法を早いうちに身につけておけば、その後の人生でも役に立つ。

そう教えてくれたジェーン・ルノンは、二〇一六年にウィングルドン・ハイスクールの校長に就任すると、生徒たちが毒友《フレネミー》について学習する機会をあらたに設けた。友達づきあいでは、友達にがっかりさせられるというのはよくあることだし、なにかが上手くいかなくなっても自分を責めないように、と教えているのだそうだ。

「友達づきあいの現実を教えていますが、必須科目にしてもいいくらい、重要なことなんじゃないかと思います。友達づきあいは、キラキラしたすてきなことばかりじゃないということも、しっかり盛り込んでいます」。

そして後日、ジェーンは電話でこんなことも言っていた。

「毒友はよくある虐待と同じくらい強い影響をもたらすもの、と言ってもおおげさではないと思いますよ」。

この娘は毒友かもしれない。

そう思ったときに使える〈毒友チェックリスト〉をジェーンが作成したので、ぜひ参考にしてほしい。

1 会うときに不安か？ 久しぶりに会うときなどに緊張することがあるかもしれないけれど、会うたびに緊張してしまう友達ならば、よく考えてみるべき。

2 パワーバランスが偏っているか？ いつもその友達が指定する場所で会っているか。あるいは、いつもその友達がしたいと言うことを一緒にしているか。

3 その友達はどう反応するか？ あなたがこうしたいとなにかを提案すると、その友達は無視するか？ 極端な反応を示したり、馬鹿にするなどあなたを粗末に扱ったり、あなたの意見をはねつけたりするか？

4 最後の設問ははっきり説明するのが難しい。じつは、毒友とつきあうのはとても楽しい場合が多いから。ジェーンの意見をそのまま引用しよう。「パワーのある友達は、すごく魅力のある人ということが多いんですね。だけど、こういう相手とつきあうと、まるでシーソーのように激しく感情を揺さぶられて、ひどい目に遭いますよ。あなたがとても楽しく過ごしていると、いい気分が損なわれるようなことが起きて、自分がなにかまずいことをやらかしてしまったせいなのかと、罪悪感を覚えさせられるんです」。

ジェーンの指摘はじつに的確だ。

「毒友とのつきあい」は、いつも毒々しいわけじゃない。

つい、また戻りたくなってしまうような魅力があって、なにか違和感を覚えるようなことが起きても、まあいいかと思ってしまう。まさしく「友達でありながら敵でもある存在《フレネミー》」だ。ほんの五分前まで〈生涯の大親友〉だった相手に傷つけられると、その傷はいっそうひどいものになる。

そして、痛ましい真実がもうひとつある。

毒友は、誰に対しても毒を吐くわけではないかもしれない。

友達とのつきあいかたについてコーチングしているシャスタ・ネルソンが言うように、毒になりえるのは毒友ではなく、毒友との力関係というケースが多いのだ。

「まさに毒友と呼びたくなるような友達が、私にもいました。だけど、私以外の人たちは、毒友のことをいい人だと思っていて、良好な関係を築いてました。だから、毒なのはあの人自身じゃなくて、私とのあいだに築かれたパターンなんだと思います。あの人自身、そしてあの人が築いているすべての友達づきあいが毒、というわけじゃないんですよね」。

私の大学時代のシェアハウスメイトたちも、このパターンだったんだろうか？

あの悪だくみを持ちかけられたあと、ナオミと私は親しくなり、まだ寮で暮らしていた一年生のときはなかよくしていた。一緒に『セックス・アンド・ザ・シティ』を見て、課題の論文で助け合い、服を取り替えっこして、同じ友達グループの男の子たちとデートして。なんて完璧な関係。表向きはハッピーだった。でも、心のなかでは、「この娘となにか共通点ってあるっけ？　私、無理に合わせようとしてない？」という違和感と、「やっと〈生涯の大親友〉ができたんだから、余計なこと言わないで」という思いが、いつもせめぎあっていた。そしてついに、寮を出てシェアハウス生活が始まると、このせめぎあいが本格的な戦争に発展しかねない事態になったのだ。

初めは少しずつだった。

ナオミに買い物に行こうと誘われ、そのあとで、誘ってないけど？　と言われるとか、車が定員オーバーだと言われるとか。私が部屋に入っていくと、ぴたっとおしゃべりがやむとか。レオニーがツナの缶詰を落っことして、私の新しいアディダスのスウェードのトレーナーを汚すとか。いくら必死に洗っても、染みついた臭いは落ちなかった。そのことがあってから、私は自室のドアに鍵をかけるようになった。

こういうちょっとした言動に、静かに、少しずつ心を削られていった私は、不安にさいなまれて、三人を永遠に敵に回すような言動をしかねない状態になった。

眠れなくなったのは、あれが人生で初めて。

私は頭を枕にのせるより早く眠りに落ちるし、十時間連続で眠れるし、アイマスクをつけて居眠りしている表情が安らかすぎて、不眠症や朝早く目覚めてしまう人にむかつかれたことがあるし、大学に入る前は、クラブ活動中にスピーカーに寄りかかって立ったまま眠れることで有名だった。二十代になってからは、ホームパーティー中にトイレで四十分も眠りこけて、心配した人たちがドアを蹴破って乱入してきたことが一度ならずあった。

そんな私が、ゾンビのようにフラフラになってしまった。

極狭部屋を押しつけられたマリアは、友達の家で過ごすことが増え、さすがになにかがおかしいと気づいて、「大丈夫？」と声をかけてくれたけど、彼女もやっぱり、目の下が黒くなっていた。

ストレスだらけの生活環境に疲れていた私は、彼氏のダンと長く過ごすようになっていった。つきあい始めて一年目のころで、おたがいの家族に会っていたから、私はダンの実家で飼っていたペットの名前や、ダンが初めて自慰行為をしたときに流れていた曲も知っていた。相性が悪いはずのふたりだった。ダンは理系でスポーツ好き。私は文系で、スポーツすなわち〈ウォークアバウト〉のダンスフロアで転げまわることだと思っているタイプ。だけど、私はがんばった。大学のスキー旅行にまで参加して、自前のウェアを持っている人たち（私のウェアは借り物だったので丈が短かった）のグループになじもうと努力し、彼氏のダンのことを「ダニーボーイ」だとか「ダンは漢《かん》」だとか、ああいう感じで呼ぶようにしてみた。

私はだんだんと、かまってちゃんになっていった。大学から家までたいした距離じゃないのに、暗くなったから送ってほしいとか。あのころは、そういうちょっとした優しさに飢えていた。私ってどう見える？　と確認してばかりいたのは、自己肯定感が下がるいっぽうだったから。そんな私に、ダンは上から目線でアドバイスするという、あれをやってくれた。私がシェアハウスの状況をなんとかわかってもらおうとすると、いかにも女の子って感じだよなあと、まともに取り合ってくれなかったのだ。

「みんなでなかよくできないの？」と、まるで私が人生の一番いい時期をむだに過ごしていると言わんばかりの口調で。

そんなこんなで、別れることになった夜、話し合いが私の部屋で行われた。窓の外から、フィッシュアンドチップス屋の緑色の照明が差し込み、ダンの顔を照らしていた。

「ぼくじゃあクレアを幸せにできないと思う」

私は指の爪をいじりながら聞いていた。

「ごめん」

ダンは私のおでこにキスして、出ていった。

ナオミはかんかんに怒っていた。男性を部屋に誘いこんだ私が、シェアハウスで快適に暮らすための取り決めを破ったと言うのだ。さっそく、私を完全に無視するようになり、ほかのシェアハウスメイトたちもそれにならい、その状態が数日続いた。なんて残酷な仕打ち。彼氏と別れたばかりで傷ついているかもという気づかいは、いっさい感じられなかった。私は講義を休むようになり、なかよくなったばかりの講義仲間とのつきあいも、すぐに途絶えてしまった。

パニック状態だったのを覚えている。素晴らしい時期であるはずの大学時代。それにつきものの友達も彼氏もいない状態で、残りの二年間をどうやって切り抜ければいいの？

決定的な出来事が起きたのは、ストーカーにつきまとわれていた時期だった。

あの男がストーカーだったことに疑いの余地はないのだから、はっきり言い切ったほうがいいだろう。長く続いたのかどうかはっきりしないし、シェアハウスメイトたちの否定的な反応に助けられたわけでもなかったと。

ストーカーは一学年上の人だった。パブで呑んでいるときに、たまたまそこにいたというだけの人で、一緒にウォッカのレッドブルを何杯も飲んで、あとでもっと飲めるようにわざと一回吐いた。それ以外に、私は思わせぶりなことはなにもしていない。

ところが、ダンと別れてから数週間後。

休暇の最中に、ストーカー男からメッセージが届いた。

〈いまロンドン。きみのことを考えてた。会わない？〉

私は新聞社のインターンに参加中で忙しかった。

〈ごめん。バーミンガムに戻ってからまた会おう〉

これが私の返信だった。

あのときに一杯だけでもつきあったほうがよかったのかと、私はたびたび自分に問いかけていた。いや、そもそも返信したのがよくなかったのかもしれない。どんな対応をしていたら、おかしな結果を引き起こさずに済んだのだろう？

これぞ、被害者が自責の念に苦しむあれのことだと、いまならよくわかる。

こういうとんでもない刷り込みは、さっさと追っ払ってしまおう。

ストーカー被害に遭うのは、あなたのせいじゃない。

報われない愛もまったく関係なし。

好きすぎるから相手を放っておくことができない、と言い張るのは「恋愛」じゃない。ただの迷惑行為だ。

インターンを終えて大学へ戻った私は、不安に陥った。ストーカーからのメッセージは夜中三時の電話にエスカレートし、たいていは重たげな吐息が聞こえるだけ。送られてくるメッセージには、町はずれのどこだかで会おうという誘い。私はいつも後ろを振り返り、寝る前には寝室の窓の鍵がかかっているか、必ず確かめるようになった。

ところが、ストーカーのことをシェアハウスメイトたちに打ち明けたら、気を引くためにでっちあげてるんでしょ、という反応だったのだ。

ストーカーの名前が話題にのぼると、「あの人、かっこいいもんねえ」と、ネタにされた。私の電話が鳴ると「ストーカーからじゃない？」と、ナオミが冷やかすような猫撫で声で言う。「クレアのことが好きなだけでしょ」と、私には（ほとんど）見えない位置で目くばせしあう。おかげで、自分が深刻に受け止めすぎてるだけなんじゃないかと思ってしまう始末。待ち伏せされていやしないかと、講義が終わるたびに全員の顔をざっとチェックするなんて、しなくていいんじゃないかと。

そしていよいよ、あの晩を迎えた。

試験の前夜、私が必死で勉強しているというのに、真上の部屋では、ナオミが安っぽいポップミュージックを大音量でかけていた。私はこのころ、新しい彼氏のステファンの家で定期的に過ごすようになっていたけれど、わざわざ別の地区まで出向くのは面倒だった。それでも、あそこへ行けばこの家から離れられたし、寝室の窓の外にストーカーがあらわれるんじゃないかと怯えずに済んだ。

ステファンとシェアハウスメイトたちのところには、私のところにないものがすべてあった。心の広さ、優しさ、楽しさが。夜中の二時までマリオカートで遊ぶとか、料理バトルごっこをしながらステーキを焼くとか、しゃべっているうちにいつのまにか〝全員騎士〟設定になってるとか、いかにも男子っぽいはしゃぎようだったけど、あれなら女子でも入っていきやすかった。それでも、「バカじゃないの？」と、優しい突っ込みを一緒に入れてくれる女友達がいなくて、ちょっと満たされなかったのも確かだったけど。

私があの家で過ごす時間はどんどん短くなり、ナオミはそれを屈辱と受け取った。私とはいっさい口をきかず、ほかのふたりもそれにならった。私が一週間ぶりに帰って、リビングルームに入っていくと、ナオミはソファから立ち上がって出ていった。肩をぶつけてくるような勢いで、「あらあ、ごめんなさいねえ。あなたがここに住んでるなんて知らなかったわあ」という感じで。

あのとき私がすべきだったのは、腰を据えて話し合うことだったのかもしれない。私がなぜほとんど帰ってこないのか、しっかり説明するために。でもまあ、話してもむだだろうと思えたし、あれが私にとってどんな状況だったかなんて、説明するまでもなかった。私に言いたいことがあったとしても、あの人たちは耳を貸さないだろうと思っていた。

　これぞ、女性同士の友達づきあいで起きる、黙っているうちにことが進んでいくあれである。

　これを「話題にするのを避ける行為」と呼んだのは、一九九八年に研究を行ったアリゾナ大学の研究者ワリッド・A・アフィフィとローラ・K・ゲレッロ。[15] この研究の結論によると、女性には、自分を守るという主な理由から、一定の事柄を友達に開示することを避ける傾向があるという。

　すべてをさらけだして、自分を脆弱な立場に置くというのは、往々にして難しいことだ。開示する相手が疑念を抱いている状況だったら、なおのこと難しいだろう。相手を信じて大丈夫？　拒まれてしまう、あるいは裏切られてしまうかも？　それなら、いっそなにも言わないままにして、自分が傷つかないようにするほうが楽なんじゃないかと思える。それに、人は誰でも、人生のある段階で心に鎧《よろい》を着せる。そして、だんだんと気づいていくことだけれど、問題は小さなことであっても声に出さず放置していたら、長期的にかえって厄介なことになってしまう。

　さて、話を試験前夜に戻そう。

　私は怯えた動物さながら、四つん這いになって階段を上がり、ナオミの部屋の扉をノックした。

「ナオミ。音を小さくしてくれない？」

　感じが悪くならないように言わなくちゃというプレッシャーで、声が張りつめている。

　反応なし。

「いま、試験勉強してて……」

　音量が倍になった。

私がブチ切れたのは、この瞬間だった。

怒りと屈辱でかっとなり、猛スピードで部屋へ戻って、自分が使えるただひとつの武器を繰りだした。ヒューズボックスである。

偶然にも、あの家のヒューズボックスは、私のベッドの上にある戸棚のなかにあったのだ。私にとっての核ボタン。使うのはこわくない。

〈二階の電気〉のスイッチを切った瞬間に音楽がぶつっとやみ、満足感が体じゅうを駆けめぐる。ナオミが床をどかどか踏んでいる音、レオニーが「論文が消えちゃった」とわめいている声が聞こえる。そんなのもう、どうだっていい。私はかばんに荷物をまとめてバスに乗り、彼氏の家に向かった。あの家に戻ったのは数週間後、学期が終わって父が迎えに来てくれたときだった。

生まれてから二十年間、人生が私に学ばせようとしてきた教訓が、ここへきてはっきりと実証された。女友達は信頼するものじゃない。

女友達は、相手を潰しにかかってくる。昨日の夜脱いだ汚れた下着みたいに、相手をポイっと放りだす。私は男の子たちとつるむほうが性に合ってるんだと、自分に言い聞かせた。焼き加減が微妙な安ステーキを食べたり、任天堂のゲームで遊んだり。

その後もずっと長いあいだ、私は自分に繰り返し尋ねてきた。

あの三人は私を傷つけようとしたの？　私がそう思い込んでいただけ？　私を締めだすことで、三人の絆を深めようとしていたの？　たしかに、ただの不注意によるミスだったのかもと思える言動もあったけれど、ぜんぶがそうだったはずはない。

私にまったく原因がなかったとも言い切れない。きっと上手くいかないだろうなと思いながら、シェアハウスを始めた。自分の素を出さずに取りつくろっていた。感情を押し殺しすぎていた。環境に慣れるためだとか、同調圧力にさからえないときに、多くの女性がそうなるのかもしれない。これと同じことは恋愛でも起きる。相手に振り向いてもらうために、愛情表現の手段として、自分のすべてを相手に委ねたほうが楽なように思えるときに（実際には違うのに）。

その後、ナオミとレオニーとポピーとの交流は、諸々の支払いについて、刺々しいメッセージをやりとりするだけで済んだ。私は安堵した。だけど、これからどうしよう？　大学の最終学年を迎えようというのに、女性の友達がひとりもいなくて、シェアハウスメイトはステファンを通じて知り合った男性ふたり。なにか集中できるものが必要だったし、失うものはなにもなかったので、私は大学新聞の活動に加わることにした。学生会館の奥深く、換気の少ない小部屋で一日の大半を過ごしている、あの雑多な人たちの集団に。

記事を書かせてもらえるようになって数週間というころ、特集記事担当のエレノアとベラが辞めることになり、後任を探し始めた。私はそれに立候補した。

エレノアとベラは双子だ。そっくりで美人でとても品がよく、ロングスカート姿でふわふわとキャンパスを歩いていて、髪をベルベットのシュシュでまとめていた。私はふたりに萎縮しつつも、なんとか後任に選ばれた。ふたりが送ってくれたメールはチャーミングで、これから私が担当する業務のおおまかな内容と、同僚たちのゴシップが書かれていた。

〈上司はアガサです。いい人だけど、クレアとは合わないかな。たぶん、正反対のタイプだと思うよ〉

これは十六年たったいまも、アガサと私の笑い草になっている。一緒に働きだして一週間もたたないうちに、私たちが友達になれるとはっきりわかったのだから。

あの双子たちは正しかった。私とアガサは、表面的には正反対だ。私は英国の南部出身で髪が直毛で、干し肉が好き。アガサはくるくるヘアでバーミンガム出身で、なにが一番好き？　と尋ねられたら、ヘルシーフードの「フムス」だと答えるような人だ。いつも自分より他人を優先していて、大学三年のほとんどを献血に捧げていた。私は自分のことをまず考えてから、ほかの人たちのことも考えなくちゃ、とたまに思うことがある程度だし、（いまだに）自分の血液型を知らない。

アガサはそれはもう社交的で、全国津々浦々の友人たちと関係を続けていける、とんでもない才能の持ち主だ。私は社交的なふりをしているけど、じつはなにより好きなのは、家にいてゆっくりお風呂に入る夜。それを知ったアガサが、うちの学生会館のお風呂はほとんど使われてないから入っていいよと、声をかけてくれた。さっそくタオルと小説を抱えて駆けつけた私は、アガサのシェアハウスメイトたちをおおいに戸惑わせつつ、各期に支給される備品のイケアのキャンドルを煌々と燃やしながら、バスルームにひとり閉じこもらせてもらった。

それでもなにより大きいのは、アガサと私の笑いのつぼが似ていることだ。好きな音楽や本も同じ。ふたりとも親と仲がいい。シェアハウスメイトにひどい目に遭わされた経験があるのも同じ。アガサも私のように、二年生になってからある女子学生とシェアハウスを始めたのだけれど、はっきりした理由もなく、冷たい態度を取られるようになったそうだ。

これと同じ経験をしたことがあると、大学を卒業してしばらく時間がたってから、大勢の女性たちが私に話してくれた。

これまで紹介してきた、感情をかき乱される力関係は、わかりやすい形で毒性を発揮するとは限らない。私にとっての毒友とは、友達に肩身の狭い思いをさせるあらゆる言動をする友達や、パワーバランスが崩れている関係だ。

例えば、相手が信頼して打ち明けたときに、だってこうじゃん、というふうに、決めつけてくる友達。あるいは、嫉妬が激しすぎて、自分にいいことがあっても教えないほうがよさそうだと、相手に感じさせる人。いずれも所有欲が強くて、相手がほかの友達と一緒にいると、傷つけるようなことをしてくるかもしれない。うわさ大好き人間かもしれない。このうわさ大好きというのは、女友達を信頼できない、できれば「女子旅」に参加したくない大きな理由として、一部の女性たちからあげられている。

ほかにも、激しくて自己完結していて、相手の言うことに耳を貸さない友達。気をつかわなくちゃだめだと相手に思わせようとする人、いつもネガティブな言動をする人。相手の気を引くのが好きな人。あるいは、プレッシャーをかけてくる友達。お酒はやめておくと相手が言っているのに、「あら、いいじゃない。一緒にワインボトルを空けようよ」と、ごり押ししてくるとか。会う約束をするときや店を決めるときに、いつも相手に丸投げして、面倒なことをぜんぶ押しつけるとか。なんかこの人、必要なものがあるときだけきゅうに連絡してこない？　というケースもある。例えば、泣きたいときに慰めてくれる相手や仕事のつながりが欲しいとか、シングルに戻ったから一緒に遊べる相手が欲しいとか。

こういう友達が、みなさんにもひとりはいるか、きっと過去にいたはずだ。こういう友達づきあいは、学生時代だけで終わらない。人生のどのタイミングでも、どんな相手でも起こりうる。あらゆるネガティブな言動に信頼という仮面がかぶせられ、長くつきあってきた友達から最悪のダメージを喰らわされる、なんてことだってときにはある。不愉快になるのが快適、という状態に陥ってしまっていたのかもしれない。

『自分を愛せる三十のこと（Thirty Things I Love About Myself）』（未訳）の著者ラディカ・サンガーニは、友情が不健康かどうか判断するポイントシステムを編みだした。誰かと会ったあとに、気分が上がっているか（プラス2）、普通か（ゼロ）、おおいに悪くなっているか（マイナス2）、自分に問いかけるそうだ。

「私はこうやって、相手との友情やつながりが、ポジティブであるかそうでないかを見極めています。深く考えずただ会ってるだけ、なんていうときは、その友達と会ったあとに自分に尋ねるんです。『私はいま、どんな気分？　あの友達としゃべっていて疲れた？　それとも心が満たされた？』。もし満たされていたら、その友達づきあいは続けていきたいですよね。でも、会ったあとに疲労感が残り、それが続く相手なら、こう考えなくてはだめ。『この友情は自分になにも与えてくれない。会う機会を減らそう』」。

計算で友達を判断するのかと思われてしまうかもしれないけれど、これは多くの女性たちが、なんらかの方法で自然にやっているんじゃないだろうか。友達と会って幸せいっぱいな気持ちで別れるとき、つい笑みがこみあげてエネルギーがみなぎってしまうときというのは、自分でわかるものだ。誰かと会って家に帰り、とくに気持ちが上がることも下がることもないときや、疲れたと感じるときだってわかる。自分の本心を確認してパターンにはめこむのは、一瞬でできることだ。

こうしたネガティブな力関係が描かれたテレビや映画を見ているうちに、私たちには免疫がつきつつある。『セックス・アンド・ザ・シティ』のキャリー・ブラッドショーにどんな欠陥があるか指摘しているのは、私が初めてじゃないし、こういう指摘をするのは正直つらい。映画やテレビでは完璧じゃない女性がもっとたくさん描かれるべきだし、ステレオタイプの「いい娘」は減らしていくべきだと、私は固く信じているから。

女性のあまり好ましくない部分だとか、女性が罪悪感や嫉妬や自己保身からしてしまう言動を描くのは、なにも悪いことじゃない。だから、英国ドラマ『フリーバッグ』みたいな番組が大人気なのだ。あのドラマでは、女性同士の友達づきあいがもたらす苦しみや、モルモットカフェに行ったときのうれしさから、登場人物たちが目をそらしたりしない。

私たちがしなくちゃいけないのは、登場人物のああいうところが欠陥だよねと話題にして、あれはあくまでフィクションで描かれた完璧な女性同士の友情像なんだと理解し、毒をもたらしかねない空想に巻き込まれないようにすること。『セックス・アンド・ザ・シティ』のリブート版『AND JUST LIKE THAT…／セックス・アンド・ザ・シティ新章』に、サマンサ・ジョーンズが登場しないことにほっとしている女性が大勢いるということも、ぜひ話題にしなくちゃいけない。サマンサはいくつかの見出しで書かれているように、「たまにメールやメッセージをやりとりする相手」に変わり、「生涯続く友情」という刷り込みをぶち壊してくれた。

女性同士の友情が壊れるときや、友情が永遠じゃないとわかるときの突然さが話題にのぼることが、いかに少ないか。だからこそ、サマンサ・ジョーンズの位置づけが変わったことに、大勢の女性たちが安堵しているのだろう。

♧

毒をもたらす恋愛とその有害さは、これまでになく広く知られるようになっている。二〇一五年には、パートナーによる威圧的コントロールが犯罪と見なされるようになった。つまり、恋人あるいは家族による心理的虐待と見なされる行為で、最大五年の実刑判決が下されるのだ。

ところが、毒友については、認識することさえ難しいというのが現状だ。

支配的な関係を友達づきあいと恋愛で比べるのは、当然ながら、そう単純なことではない。恋愛関係は利害がより大きいから、それだけ危険につながりやすい。そういう意味合いの要素が、恋愛には絡んでいるのだ。

だけど、不健全な友達づきあいであることを示す警告サインについては、わかりやすい共通点がいくつかある。

ナターシャ・デヴォン・MBEは、問題を抱えた女性の友情を描いた小説『毒友（Toxic）』（未訳）を刊行し、シェルターのボランティア活動にも取り組んでいる。友情を見極めるためのチェックリストを教育専門誌『タイム・エデュケーショナル・サプリメント』に寄稿しており、この本に転載する許可を与えてくれた。

- 毒をもたらす友情が育まれやすいのは、自分が弱っているとき。親しい友達づきあいが終わったときや、いじめられているとき、家庭に問題があるときなど。自信を失いかけているときに新しい友達があらわれて、自尊心をくすぐってくる。
- その友達はこの力関係（「救世主」役）を楽しみ、相手を弱らせたままにしておきたいと感じる。相手が問題を抱えているときは時間をかけて慰めるが、相手の人生がまた上向きだすといなくなるか、相それほど熱心な反応をしなくなる。

・その友達は過去に、熱烈な友情を劇的なほど悪化させたことが幾度もある。その出来事を都合よく改ざんして相手に打ち明け、友情が壊れたのは自分のせいではないと信じ込ませる。

・その友達は相手のことが気に食わないと感じたら、嬉々として罰を与える。その相手とのつきあいを控える、メッセージのやりとりを減らすなどして、なにかまずいことをしてしまったのかと相手に思い込ませる。

・その友達になにが違反行為と見なされたのか判明した場合、相手には知りようがないことだったというケースが多い。その友達が触れてほしくない過去、まだ打ち明けていない過去に、それと知らず触れてしまい、悪意なくその友達の気分を害してしまったなど。相手はもっと注意深く振舞わなければと感じ始める。

・友達づきあいが始まった当初は、きわめて熱烈な関係。その友達はつねに問題を抱えているが（そのこと自体は問題なし。誰しもそうだから）、重要なのは、助けを求めることや問題に対処することを拒んでいること。相手に打ち明けて秘密にしてほしいと頼んだり、特別扱いを要求したりする。その友達はとてもチャーミングで、自分を英雄視した出来事を山のように語る可能性が高い。相手はその友達の自己宣伝に巻き込まれて、その友達は特別なんだ、それに比べて自分はたいしたことがない、と思い込む。

・毒友は完全に一方的ということはめったにない。毒友の言動に混乱し戸惑う相手もまた、とても誇りに思えないような言動をしてしまう。相手が毒友と正面から向かい合おう、あるいはもう毒友と距離を置こうと決心すると、自分にも非があるのだと思いだし、自分がひどい人間だというあらゆる理由を毒友から突きつけられるのではと不安になる。
・もっとも重要なこと。毒友はこれをすべて読んでも、自分に当てはまることが書かれているとは絶対に気づかない。
・このリストの内容がいくつも当てはまるなら、「加害者」が必ずしもひどい人間であるとは限らない。ようするに、加害者と「被害者」の力関係が両者になにもいいことをもたらさないというだけのこと。おたがいに距離を置くのが、両者にとって一番健全。

最後のふたつはとくに重要だ。

これは善と悪が闘うストーリーじゃない。「いい娘」と「悪い娘」なんてものはいない。私が不当な扱いを受けたヒロインで、シェアハウスメイトの三人組がたちの悪いいじめ役、という単純な構図ではないのだ。

ナターシャが指摘したように、あの三人がこれを読んだとしても、自分たちのことだと気づかない可能性はおおいにある。私がどう思っていたかなんて、まったくわかっちゃいない可能性だってある。あれが毒をもたらす関係だったと、私はだんだんわかり始めているけれど、あの三人もそうだとは限らない。ようするに、友達にネガティブなことを言ったりやったりしていることに、自分で気づくのは難しいのだ。

自分の残酷なまでの率直さが批判と受け取られかねない、というふうには、なかなか気づけない。自分の「素晴らしいアドバイス」が相手に求められていないとか、決めつけだと受け取られるかもしれないとか。あるいは、時間があるときはいつもあの友達と一緒に過ごしたいと思ったら、相手に息苦しい、管理されてる、外の世界と隔離されてる、と感じさせるかもしれないとか。

私たち女性は、全員が〈女性同士の友情〉というひとつの地表に立っていて、各人が人生のさまざまな時期に、この地表のさまざまな地点にたどり着く。

そこで、自分が友達になにを望むか、絶対に変わらない基本的な部分について考えてみてほしい。心を開いて話せる相手、サポートを求められる相手、一緒にいて楽しく過ごせる相手。

けれども、こうした友情の基本層は、つねに人生の変化の影響を受ける。自分が友達に一番強く求めるものも変わるかもしれないし、いまはそっちじゃなくてこっちを気にかけてほしい、という状況になることだってある。こんなふうにして、友情のバランスが崩れることもあるのだ。ここで重要なのは、どんなときであっても、自分の欲求を言動に移した結果、相手にネガティブな影響を与えてしまいかねない状況をつくらないことだ。

こうしたアンバランスさこそ、私があのパブで、あのべたつくビールグラスから嬉々としてくじを引いてしまった理由だ。あのとき私は、あの娘たちに受け入れてもらいたくて、ものすごく必死だったのだ。ヒューズボックスのボタンを押したのも、アンバランスさが原因だ。私はあのとき、友情に求めているものがなにひとつ満たされていないと気づいたから。

そして、アガサと知り合ってまだ数週間なのに、アガサの学生会館のコスプレパーティーに、アルミ製の大きなハサミの姿で乗り込んだのも、アンバランスさが原因だ。あのときの私は、知り合ってまだまもない相手だけど、この人とは仲間になれるともうわかっていた。そこへ、はめを外したいという純然たる衝動も加わった結果、あのパーティーを楽しむことができたのだ。

ひょっとしたら、私がナオミをかばっていると思われるかもしれない。だけど、あの出来事に関しては、私が悪者ではないのと同じく、ナオミもまた悪者じゃない。大学は、人生を決定づけるような友達づくりをする場所だ。それはナオミにとっても同じだし、友達をつくらなくちゃというプレッシャーだって、同じように感じていたはずだ。いまの私ならそれがわかるし、ナオミもあのころは気づいていなかったにせよ、あとになってからちゃんと気づいた。

大学卒業からおよそ二年後、私のところに、ナオミと共通の友人からメッセージが届いた。

〈クレア、久しぶり。ナオミから伝言だよ。迷惑だったらごめん。ナオミはクレアとあんな別れかたをしたのを後悔していて、また友達になってもらえないかって言ってるんだけど。好きなようにしていいよ〉

私の好きなようにしていい。

パワーバランスはいま、こちらに傾いている。そして、大きなパワーには大きな責任が伴う。自分自身に対する大きな責任が。

私はそのメッセージを削除した。

友達づきあいで毒をもたらす力関係をひとたび体験したら、結局こうなる。

最終的に、自分を優先せざるをえなくなるのだ。

例えば、なにかがおかしいという、自分の直感を信じるとか。相手と話し合ってみるとか。でも結局は、「こんな関係は自分にとっていいことがない」と相手に伝え、深呼吸をしてから立ち去ることが、自分を優先する行動としてもっともふさわしいのだろう。

これは簡単なことじゃない。

屈辱や罪悪感、混乱、後悔、そして孤独を感じるかもしれない。毒友がなつかしくなるかもしれない。ご存じのように、毒友との関係には、ほんの少し楽しい部分もあるから。それでも、時間がたてば、毒友がいない人生のほうが気分よく過ごせると気づくだろうし、毒友が自分にふさわしい友達でなかった、あるいは自分の友達ではなかったことにも気づくはずだ。

それに気づいたら、自分をゆるす必要がある。

なんとも陳腐な言い草だけど、これは真実だ。

あなたは人間に過ぎないし、人間は間違いを犯す。だから私は、「なにかやらかしちゃった？」という自分への問いかけを、「まあいいや。たしかにやらかしちゃった部分もあるし、必死にがんばりすぎたけど、自分が悪いとずっと思い込まされてきたんだから」というふうに、根本から変えようと、長い時間をかけて努力してきた。

私の場合、自分をゆるす行動のひとつとして、自分の楽しみのためだけになにかをする、ということをしてみた。映画を見るけどひとりで行く、というようなことを。自分を取り戻して、リセットし、スタートするための小さな行動。そのあとで、私は学生新聞という、ポジティブな新しい人間関係の世界に飛び込んでいった。最初は怖かったけど。

他人を変えることはできなくても、自分に対する向き合いかたなら、自分で変えることができる。たやすいことじゃないけれど、これこそが前へ進む方法だ。上手くいかない友情を手放したら、すぐにまた、上手くいく友情を築く余地ができるはずだ。

第4章 職場の友達
——つくらないほうがいい？

俗説：職場の同僚と友達になるのは悪いこと？

それは一通のメールがきっかけだった。

〈自分の彼氏のことばっかりしゃべっちゃって、ほんとにごめん。無神経だったよね。クレアが傷ついてませんように〉

二〇〇六年のバレンタインデー。職場の同僚に、バケツの冷水を頭からざばっと浴びせかけられたような気分になった日。

私はこの同僚のことをすてきな人だと思っていて、友達になれるんじゃないかと期待していた。だけど、自分は同情されていたのかと、このメールを読んで気づいた。ようやく。

まずは、こう言っておこう。

職場に友達がいるというのは、かなり不思議なことなのかもしれないと。

同じ職場の人というのは基本的に、賃金をもらった上で交流する対象であり、家族や友達より長く一緒に過ごす相手として、みずから選んだわけではない。職場環境では、学校の校庭と同じく、同僚兼友達になれる可能性のある対象に限りがあり、どこから始めればいいのか、悩ましいことになるかもしれない（フリーランスや自営業の人の場合はとくに）。

友達という個人的な関係と仕事上の関係を両立させるためには、どうすればいいのか。

そう考えると、なんだかむずがゆい気分になる人が多いんじゃないだろうか。

一緒にコーヒー休憩を取るだけではない関係で、頼りあえて、職場以外のところで知り合った友達並みに信頼できるけど、昇進やプレゼンで競うことになる可能性だってある。

ところが、書籍『ビジネスと友情（The Business of Friendship）』（未訳）の著者シャスタ・ネルソンは、こう言っている。

「職場で友達をつくるべきだと断言はできませんが、職場に友達がいたほうが幸福度は上がります」。

大人になってから、一日のうち四分の一から三分の一を過ごす職場。自宅との境界はどんどん曖昧になりつつある。それならば、なかよくできる相手、夜十一時に受動的かつ攻撃的なメール（「受信箱の一番上に表示されるように送っときました」）を大量に送りつけてこない相手を見つける場所として、職場は有望なのではないか。職場や業界ならではのプレッシャーや、ひどい上司のひどさっぷりをわかってくれる相手、ぐちをこぼして策略を練って喜びあえる相手がいれば、きっとありがたいはずだ。仕事の労苦を共にできる相手が職場にいれば。

ところが、職場の友達には、日々の労働を多少なりともやりすごしやすくしてくれるだけでなく、もっと大きなメリットがある。孤独感を弱め、生産性を高め、幸福度を上げてくれるのだ。

書籍『命に関わる友情（Vital Friends）』（未訳）の著者のトム・ロスによると、職場にいい友達が少なくとも三人いる人は、そうでない人と比べて、人生に「非常に満足している」と答える可能性が九十六パーセント高い。職場の友達は精神面の健康にいい影響をもたらす可能性もあり、転職サイト〈Milkround〉が二〇一九年に実施した調査では、「業務上および感情面でのサポート」を、職場の友達がもたらす一番のメリットと評価した人がおよそ半数に達した[16]（でも、私が属するミレニアル世代が上司を「職場の両親」と見なしているという研究には違和感がある。素晴らしい上司たちと働いてきたけど、私の母や父みたいに何度も電話してきてコピペの仕方を聞いてくるとか、私の彼氏にプリンターを修理してもらえないかなんて言ってくる人は、ひとりもいなかった）。

こうしたエビデンスは、すべてがひとつの方向を示している。職場の友達を、職場以外の友達と同じくらい評価すべきだと。五人に一人が、ベッドを共にする相手を職場で見つけているのだとしたら[17]（私みたいにその後結婚する人だっている）、職場で友情を築くことだって無理じゃないのでは？

だけど、無理という場合もある。

二〇一八年に〈Totaljobs〉が実施した世論調査では、六十パーセントの人が、プライベートな時間より職場にいるときのほうが孤独を感じている[18]。若者たちは職場での友達づくりがとりわけ難しいと感じていて、その理由は、社会不安と外出するための資金不足。職場で孤独を感じた結果、病欠の電話をしたことのある人は、およそ半数。職場に親しい人がいないことを理由に退職したことのある人は、三人に一人。

多額の学生ローン、高額な賃料、低賃金のせいで、職場に友達をつくる余裕があまりないというのは、驚きでもなんでもない。

さらには、職場のデジタル移行が、友達づくりのハードルをもっと上げている。フリーランスの人や起業家については、言うまでもない。木曜の夜に同僚たちと呑みに行くといったふれあいは、Ｚｏｏｍ呑み会とは違うのだ。

それならば、職場で絆を築くことが、これほど大きな意味を持つタイミングはないんじゃないだろうか。実際に、職場で絆を築くことは可能なのだし。

ここで、シャスタ・ネルソンが考案した、職場での友達づくりに役立つ三つのポイントを紹介したい。三点で友情を包む三角形のサモサとでも呼べるだろうか。これは、シャスタが「つながるきっかけをつくり、本格的な友達になるために必須」だと考えているポイントである。

1　ポジティブさ：いい気分になり、支えられていると感じさせる友達づきあい
2　継続性：おたがいについて知るために時間をかける
3　弱さを隠さない：素の自分をさらけだす

どれも、あらゆる友達づきあいに当てはまることだけれど、職場環境下の友達づきあいでは重要さが増すのだそうだ。

「職場の友達というのはたいていい、たくさんある選択肢から選ばれたとか、出会った人たちのなかでベターだから選ばれた、というわけではありません。選ばれるのは、定期的に会っている相手だからです。賃

金を支払われた上で交流し、そのなかで継続性が生まれ、定期的に顔を合わせる人たちと絆が築かれていく。知り合いのように感じられる相手、いい気分になれる相手として」。

第2章で紹介したカンザス大学のジェフリー・ホールの研究[19]では、知り合いから軽いつきあいの友達になるためには、五十時間を共に過ごす必要があるとされており、もっと深い友達になるには九十時間、密接な友達になるには二百時間超が必要だとされていた。職場の同僚にはそもそも、時間が費やされているという前提がある。だから、職場の同僚とのあいだに不変の友情が築かれるケースが多くても、なにも不思議ではない。以前の私は、そんなことできるわけがないと思い込んでいたのだけれど。

大学卒業後、私はロンドンに戻って就職し、まずはオークションハウスのPR部門のインターンとして働き始めた。つまり、映画『ブリジット・ジョーンズの日記』でダニエル・クリーヴァーが吐いたあのせりふ、「プレスリリースに時間を浪費する」という日々が始まったのである。

なのに、仕事のあいまには、フェイスブックで元彼（大学卒業後に電話で私を捨てた）と新しい彼女の写真をくまなくチェックする作業に励んでいた。それで頭がどうにかなりそうになり、アガサに何通もメッセージを送って、デスクで泣いてたとか、悲しいし顔がむくんでるとか、ぐちをこぼしていた。

少なくとも、半年くらいは、『くまのプーさん』のイーヨーみたいな情けない顔をしてたんじゃないかと思う。そんな調子で半年ほどたったころに、冒頭で紹介した、あのバレンタインデーの〈ごめんね〉メールが届いたのだから。親切心から送られてきたのだろうけど、私はすっかり動揺してしまった。

前を向きなさいと、アガサから言われたのも無理はない。まったくもって、彼女の言うとおりだった。私は二十二歳で、家賃を支払う必要がなく（実家に戻った）、安定した職に就いている。本格的にまずい出来事と言えば、就業初日に、五百ポンドのラミネート加工機を壊してしまったことだけ。プラスチックシートを間違った方向に入れてしまったことを、黙っていたのだ。その程度じゃあ、ぼんやり過ごしていい理由にはならない。

それでも、自分があらゆることを間違えている、という思いを拭い切れずにいた。

素晴らしい始まりを迎えるはずだったのに。

社会に出て、自立への第一歩を踏み出したのだから、銀行口座を社会人向けのものに変えるとか、大人なことを考えなきゃいけないのに。だけど、私は哀れな独り者で、数少ない女性の友人たちとも、住む場所が離れてしまった。その友人たちは日々の生活に忙しい。イジーとマリーはまだ学業を続けていて、アガサはバーミンガムの学生住宅に残ることにした。

というわけで、金曜の夜に長距離バスのお世話になることが、私の生活の一部となった。一週間の労働を終え、黄色い帽子と赤ら顔のアニメキャラクターみたいな運転手に身を委ね、大学三年のころに引き戻してもらう。深いバスタブのある、なつかしくて居心地のいい家。私たちがいつも座っているせいでしわくちゃになってしまったシートのある、行きつけのパブ。週末は、友達のいない娘だと思われずにいられたころの自分に戻っていた。

けれども、平日には、子どものころから使っている部屋のベッドで、自分の居場所がない寂しさを味わっていた。横になったまま眠れず、ここへ戻ってきた意味を見出そうとしていた。二十年間がんばっているのに、女友達がこんなに少ないのはどうしてなのか。数少ない友人たちでさえ、住む街も生活も別々になったいま、本当に友達と呼んでいいんだろうか。

ここでまた、シャスタ・ネルソンに登場してもらおう。

「自分は好かれていない、あるいは安心できる状況ではないとひとたび思ってしまうと、脳はすぐさま、

『そうじゃない』ことを示すあらゆる証拠を探し始めます。物事を個人的にとらえるようになるんですね。最悪な想定をして、取り残された気分になってしまう。そのいっぽうで、『自分には価値がある、自分は選ばれた』というふうに感じることができていれば、脳と目がその証拠を探し始めるんです」。

あのころの私は、薄汚れたクリーム色のクマだとか、髪がぼさぼさのトロール人形セットだとか、子ども時代のいろんなものに囲まれていたけど、目と脳はポジティブなものを探そうとはしなかった。すべてが一緒くたに見えていた。私の心は一本の線をなぞっていた。幼いころに友達に捨てられた記憶から始まるその線は、なんだか飛行機雲みたいだった。私は飛行機の操縦席にいるのに、操縦の仕方がわからない。機体を飛ばすことができたら、友情という名の破損したブラックボックスは、どんなことを明らかにしてくれるんだろう。

がっかりせずに済む一番いい方法は、大学時代にやっていた、男子とつるむのが好きな女子に戻ること。私はそういう結論に達した。

サッカー好きで下品なジョークが言える、いかにもという感じの「サバサバ女子」。ビデオゲームで遊んで、安ビールを飲んで、ファストフードばかり食べて。

あれは、女性同士の友達づきあいが引き起こす、思いもよらない出来事から心を守るために考案した、私なりの巧妙な策略だったのだと思っている。言ってみれば、女性たちが触れることのできない存在になりたかったのだ。私は男子の一員だから、男子的無関心さによって守られる。仲間外れにされても、すれ違いざまに肩をぶつけられても、別にどうだっていいや、というふうに。

という次第で、夜はだいたい、その時々で適当に顔ぶれが入れ替わる知り合いの男子たちと一緒に、テレビで自動車のエンタメ番組『Top Gear』を見る、という生活を送っていた。ハッピーじゃないという自覚はあったけど、ほかにどうすればいいかわからなかったから。

バレンタインデーに、あの同僚からあのメールが届くまでは。

傍《はた》から見たらたいしたことじゃなくても、あれは私にとって、目を覚ます契機となる出来事だったのだ。

どっぷり不幸に浸っていた私は、自分のことしか考えていなくて、職場に友達がひとりもいなかった。

それどころか、知らず知らずのうちに同僚たちを遠ざけ、近寄りづらい印象を与えてしまっていた。

このままただ流されるんじゃなくて、自分がどうしたいのか考えなくては。

そのためには、また信頼しなくちゃだめ。

私はそう思うようになった。

情けない表情のおかげでチャンスを逃したわけではないのなら、もっと深い友達づきあいができるはず。

手始めの場所として、職場はきっとうってつけだ。具体的には、社員食堂が。

オークションハウスのランチタイム。貴族的な世界で、芸術に携わる家柄のいい人たちが応接間で歓談し、その後、三品ほどのコース料理に舌鼓を打つ。豚になにかの鳥が詰められていて、その鳥にもなにかの鳥が詰められている料理だとか。世間のイメージはそんなところだろう。実際には、魚の匂いが染みついた食堂で、殺伐とした表情の人たちがなにやらやりとりしているだけなのだけれど。

それに、オークションハウスの食堂は、その日のメインビジネスが行われる場所でもある。つまり、前夜の出来事が、ああだこうだとほじくり返される場所。

新しい友達づくりの機会をうかがっている二十二歳にとって、あの職場は、気合を入れて取り組むべき大きなチャンスが転がっている場所でもあった。じつは、呑み会づくしの職場だったのだ。

月曜から金曜まで、オフィスの隣のバーには必ず、あらゆる同僚たちの姿があった。誰でも歓迎される雰囲気。そこに顔を出すようになったら、すべてが変わりだした。一晩につき、数樽分のお酒のパワーを借りているうちに。

ハッピーアワーは全力で取り組むべき時間だった。ラップドレス姿でオフィスから出てくる私たちは、さしずめ、乾いた砂漠で水を求める野生動物の群れ。隣にあるバーへなだれこんで、お金が尽きるか、先輩が加わってあらたにボトルが開けられるまで、キール・ロワイヤルをじゃんじゃんオーダーした。抱きあってキスし、キングズロードにある〈クラブ151〉のダイアン・フォン・ファステンバーグのマネキンが酔っぱらってるみたいに踊った。チェルシーでカバブを食べて、ロンドン中の深夜バスや列車で眠りこけ、目覚めたら知らない駅にいたこともあった。

その中心にいるのは女性たちだった。クロエは私と同じブレス部門の同僚で、イブはポスター部門、ジョアンナは装飾美術、アマンダは現代アート。彼女たちがいまどうしているのか、私はほとんど知らない。家庭を築いているのか、どこか遠い国で暮らしているのか。ただし、娘の名づけ親になってほしいと頼んできた、あるひとりだけは例外だ。詳しくはあとで話すとして、彼女と呑み仲間だったころは、おたがいについて知り合うには忙しすぎた。パブの外で震えながら、一本のマルボロメンソールを一緒に吸ったり、男性の同僚たちの品定めをしたり。

あるいは、がんばって品定めしていたというべきか。あの職場は、検討対象になりそうな男性は数が少なく、いたとしても頭髪が少ないケースが多かった。それに、いつの時代の人なの？　と思うようなタイプばかり。女性を口説くのは淑女《レディ》相手の求婚と同じで、「私が貴女のブラジャーを外したら、お気を悪くされるだろうか？」。朝になったらウエッジウッドのポットで紅茶を淹れてくれて、しかも、伯爵家の旧私邸に由来するバーリントンシリーズを使っていそう。うっかり濃厚なキスでもゆるそうものなら、帰ってすぐ念入りに歯磨きしつつも、だけど土地持ちの男性と結婚したらどんなだろう、でも愛人にされるのは嫌だしなと、当人のことじゃなくて「土地持ちとの結婚」について、しばらくデスクでぼんやり考えることになりそうというか。

そんな毎日だったけど、どんな抱擁やキスも、思わせぶりなメッセージのやりとりも、上司のベッドの下にうっかり置き忘れたヘアエクステンションも、女性の同僚たちとの距離を近づけてくれた。秘密を共有し（男性のことだけじゃなくて）、恐れていることを認め、笑い、支え合い、そのあとで、十九世紀の陶器こそ唯一の関心事という表情で丸一日共に働く。

それを私は実地で経験した。

♧

友情と仕事を融合させるとは、いったいどんなことなんだろう。

それを知っている女性のひとりが、第1章で紹介したパンドラ・サイクスだ。

パンドラは現在、ポッドキャストの人気番組『High Low』にドリー・アルダートンと共に出演している。両想いのふたりは、熱いファンを獲得しており、このファンたちによって、〈#friendshipgoals（理想の友情）〉ハッシュタグがSNSで拡散されている。なかには、親友たちのスマートフォンの登録名をパンドラとドリーに変えた女性もいるくらいだ。なかなかの熱狂ぶりである。

パンドラとドリーは仕事を通じて知り合った。パンドラがドリーに、現在は閉鎖されたフェミニスト向けウェブサイト〈The Debrief〉の記事の執筆を依頼したのだ。

パンドラになれそめを話してもらった。

「その後、友達デートをセッティングされて、五時間ただしゃべりまくりました。すごくいい友達になれたと、すぐにわかりました」。

ふたりが友達兼ビジネスパートナーとして上手くいっているのは、相性のよさと妥協のふたつが揃っているからであり、なにか特別なことをしているわけではないそうだ。

「私たちには正反対なところもあります。私は反応が早くて効率重視、ドリーはちょっと夢想的。でも、おもしろいと感じることや感動のつぼ、物事や人に対する価値観がそっくりなんです。だから仕事がしやすいんでしょうね」。

ふたりは細かいことを気にせず、業務をざっくり半々にしているという。

「育児だとかで私がばたついているときは、ドリーが色々やってくれて、その次の週は私がたくさんやる。だから、あまり細かいことは気にしてないんです。珍しいパターンでしょうね。それでも、仕事と友達づきあいは分けるべきなので、ディナーのときは番組の話をしないと決めてます。たいして難しいことじゃないですけどね」。

ふたりはSNSで「仕事上の伴侶」と呼び合っている。これは間違いなく、自分を欲しがっている女性がふたりいる、と思いたい男性たちが考えだした言葉だろう。

「ドリーとは絶対に、恋愛と呼べる関係ですね。それも、人生最大の恋愛のひとつ。だけど、冷ややかに見ている人たちもいます。ほんとに嫌な話ですけど。インタビューで、『本当に友達なのか世間は怪しんでますよ』、なんてね。友達じゃなかったら、傍から見ていてわかるはずです。私は友達のふりをするには正直すぎるし、真面目すぎるから。たかだかポッドキャストのために友達のふりをするほど、世の中を舐めてかかってませんしね」。

　なんて悲しいこと。

　女性ふたりが友達としても仕事上のパートナーとしても上手くやっていたら、まずはその関係を疑ってかかれ、というのが普通だなんて。

　これもまた、「BFF（ベスト・フレンド・フォーエバー）すなわち〈生涯の大親友〉か、もしくは意地悪な娘か、どちらかしかいない」というあれのおかげだ。女性同士の友情を押し込めるために重宝されている、あの箱だ。

　実際には、パンドラが言うように、価値観やゆるせないこと、笑いのつぼ、感情を揺さぶられるポイントが同じであれば、女性同士の絆は築かれやすい。こうした共通点があれば、同僚レベルの絆が次第に友情レベルの絆へと発展しやすいのだ。それはどんなタイプの新しい友達であっても、ぜひ築きたいと思える上質な絆であり、職場の友達についても同じことが言える。距離が近いだけでは不十分。相手と似ているところを発見し、支え合い、メリットをもたらしあう関係が築かれたときに、真の友情もまた芽生える可能性があるのだ。

　職場は外国じゃない。人生が繰り広げられている場所でもある。成功、失敗、失望、喜び。プライベートでも仕事でも、そのすべてをもっといいものにしてくれそうだと思える人を見つける。それがみなさんのすべきことだ。

　そこに健全なライバル心が少し織り交ぜられるのはだめ、なんてことはない。

　私が嫌なのは、女性同士が競いあうように仕向けられるあれだ。

　転職した一社目の新聞社で経験したことがある。ふたりいる二十代の女性のひとりだった私は、出世競争をあおられる環境にいた。こういうふうに、外から駆り立てられるパターンが多いものの、女性みずからがライバル心を燃やしすぎてしまうこともないわけじゃない。

このような対立は、ジェーン・ガーベイが経験している。

五十七歳のジェーンはポッドキャスト番組『Fortunately』で、共演者のファイ・グローバーと長いあいだ競っていたことに気づいた。これこそが、友達づきあいの深まりを押し止める原因になっていたそうだ。

「同じ仕事を求めている女性アナウンサー同士だから、本当に親しいわけじゃなかった、というのが本音です。ふたりともそれなりの年齢の女性で、白人で身長も同じくらい。ふたりとも黒髪。笑いのつぼも似ている。私たちを見分けられないBBCの職員たちが大勢いたくらいです。おたがいの存在を知っていたし、同席するような機会もよくあったのに、共演したのはこのポッドキャストが初めてでした。いまではだいぶ距離が縮まりましたよ。先週はランチをしたし、一緒に本も書きましたしね」。

声を小さくして言いたい。

ライバル心は、女性同士の友達づきあいの最後の禁忌《タブー》だ。

女性の友達に一度もライバル心を感じたことがない、なんてはずはない。

友達が転職や昇進をしたときに、心のどこかでねたましく思うあれを。

働いているうちに職場の友達が増えたら、状況はますます悩ましくなる。同じ業界で、友達と同じ目標や夢を抱くことになるかもしれないし、友達の成功をうれしく思っても、自分はまだそれを手に入れてないのに……という、いわば自己反映みたいなことが起こりうるからだ。

そのせいで、眠れない夜を過ごすことになるかもしれない。だけど、美しくない本音を隠してこういうことを話すのは、まず無理だろう。友達に成功してほしくないと思ってることを、みじんも感じさせずに言語化するなんて。

私はもちろん、友達に上手くいってほしいと思っている。他人の成功が自分の犠牲と引き換え、というわけではないのだから。他人か自分か、どちらか片方だけしか成功できないというわけではない。

でも、本音を暴露させてもらうと、友達が成功したら、心に小さな火がともるかもしれない。うれしいとねたましいを、同時に感じさせる炎が。うれしい／ねたましいは、どちらかいっぽうだけというものじゃないと思うし、これは私たち女性が、しっかり向き合えていないことだと思っている（わざわざ言うまでもないことながら、友達が失敗したときにとってもうれしくなることを意味する英語があるけど、あれはドイツ語の「シャーデンフロイデ（他人の不幸を喜ぶ気持ち）」よりもうんと失礼だ）。

成功した人と友達でいると、鏡に映った自分の姿を直視せざるをえなくなる。誰にとっても嫌なことだ。私のある友達はこう言っていた。

「自分が上手くやれなかったことを女友達が成功させると、つらくなってしまうかも。その友達のことをすごいと思うし、大好きなことに変わりはないんだけれど、やっぱり、心の痛みも感じるでしょうね。あこがれの女性に惹きつけられている場合なら、なおのことそうでしょうけど、こういう傾向は多くの女性にありますよね」。

『キャリアを築く（Careering）』（未訳）の著者で三十七歳のデイジー・ブキャナンは、友達の成功に嫉妬したことを『グラツィア』誌に書いている。

「仕事環境が似ているので、いつも比べたりがっかりしたり。彼女のことが嫌いなわけじゃないし、怒ってもいないけど、この何年か、彼女になれない自分が情けなくて、ずっともやもやしてるんです」。

女性同士の友情の隠れた層について、思わずはっとさせられるほど正直に認めている。職場の友達が成功するとつらいだけでなく、友情にヒロイン崇拝めいたものがもたらされる。彼女の立場になりたい、彼女がしていることを自分もしたい、という気持ちが湧きあがってくるのだ。

引き続き、デイジーに心情を吐露してもらおう。

「骨身に染みるつらさです。スタート地点は同じだったのに。私も彼女も、請求した報酬が支払われていないとWhatsAppで嘆いていたのに、突如、彼女だけがその苦労から解放されたんです」。

そんな気持ちを楽にしてくれるのは、見えないところでなにが起きているか知ることだそうだ。外からはうらやましく見えるキャリアでも、たいていの場合、現実はそう生易しいものじゃないから。成功している友達にだって、上手くいかない日があるし、成功している側が内情をすべて明らかにしてしまえば、状況が悪いときは友達から共感してもらい、上手くいっているときは祝福してもらうというふうに、いつもの関係に戻しやすくなる。

ふたたびデイジーの話を聞こう。

「たいていは、脈絡がないんです。どういうわけか、みんながキラキラ輝いているように見えて、自分はキラキラしてないと思ってしまう。それに、自分が成功したときには、友達にこと細かに話す必要があるでしょうね、ねたましさが……完全になくなるわけじゃないにせよ、すべてがパーフェクトでキラキラしてるわけじゃない、とわかってもらうことはできるはずだから」。

また、デイジーにとって一番難しいことのひとつは、自分が友達を励ましてあげたのに、自分の成功を喜んでもらえないことかもしれない。

「傷つきましたね。すごい成果だと自分では思ってるのに、友達は反応してくれない、認めてくれないいなんて。それならこっちだって祝福してやらないからね、と思ってしまいました。だけど、友達にとって難しい状況だったのかもしれませんね。私にだって、そういうときはありますから」。

小さく芽生えた穏やかな嫉妬が荒ぶる怪物と化して、友達との関係をぶち壊すわけじゃない。

それでは、嫉妬が深く根づいてしまった場合は、どうすればいいのか？

〈Totaljobs〉の調査では、女性の十人のうち六人に「仕事上の敵」がいることも判明している。アメリカの元国務長官マデレーン・オルブライトは、「女性に手を貸さない女性のために用意された場所が地獄にある」と言ったかもしれないけど、敵に手を貸すくらいなら喜んで地獄へ落ちるという女性もいるということは、おそらく想定していなかったんじゃないだろうか。

最前線で働く女性たち全員がいがみあい、爪をむきだしにしている、なんていう刷り込みに、私は加担したくない。性悪女たちが裏切り合い、のし上がるために蹴落としあっているなんて構図を描くのは、女性を貶める行為にほかならない。男性優位の職場で女性たちを低い位置に留めておくために、長くはびこっていたステレオタイプだ。私はこれを全否定するつもりはない。でも、女性同士でライバル心をあおられることの多かった状況から、私たちは遠いところまで歩いてきた。競うんじゃなくて力を合わせるほうがハッピーという風潮が、いまではかなり浸透してきているように思える。

それでもどこかの段階で、仕事上の宿敵に出会う女性は大勢いるはずだ。わざわざ口には出さないだけで。つい自分と比べてしまう相手、自分のことに集中しなければならないのに、相手の成功が気になって仕方がないとき。

それって、膨大なエネルギーのむだ。

相手がどんな選択をしたかも知らないし、相手の選択が自分にもしっくりくるものじゃないとわかっていながら、あの人みたいな人生を送りたいとうらやんで時間を浪費するなんて、これほどあとで後悔するはめになりそうなことはない。

とはいえ、そこまで強い感情をかきたてる相手は、意識する価値がある。

相手を見るのはやめて、自分を見つめよう。自分の心に問いかけてみたらどうだろう。まず、相手のことをどう思っているか。それを踏まえた上で、自分の取りうる選択肢や叶えたい夢について。相手と助け合うことができるかどうか。

二十九歳のホリーは、仕事の「宿敵」と友達になった。

「採用面接の最終選考で、経験豊富な応募者に負けてから数か月後に、もうひとつ空きができたからと、私も追加で採用されました。でも、私より『優秀』と評価された人と一緒に働いて比べられるのかと、すごく意識してしまって。彼女はとても大人で、人脈がものすごく広いという印象でした。なんだか、大人になる試験を受ける子どもみたいな心境になりましたね」。

そして、意外なことが起きた。

そのライバルから、週末に遊ばないかと誘われたのだ。

「最後に立ち寄ったスピタルフィールズ・マーケットには試着室がなかったので、彼女の後ろに隠れてドレスを着てみたんです。彼女はちょっとびっくりしてたけど、『これで友達になれたんじゃないかな』と言ってくれて。まあ、少々検討すべきことではありましたけどね。

それから一年くらいして、トップレス日光浴で私がひどい日焼けをして、ふたりだけで残業していた晩に、ブラジャーを外してお披露目しました。病院に行ったほうがいいと彼女に言われて、診断結果は第二度熱傷。だから、私が数年後に結婚するときに、着替えを手伝うブライズメイドに彼女に選んだのは適任でしたね」。

人生で出会った、優秀で賢明で心優しい女性全員をライバル視するのでなく、友達にするという考えかたは、私たちみんなにメリットをもたらすはずだ。ラジオ番組『Woman's Hour』の司会者でジャーナリストのエマ・バーネットは、このアプローチの絶対女王である。

「人をつなげることが好きなんです。少しばかり運に恵まれた人や、どこかに到達した人には、ほかの人たちを助ける義務があると思ってますから。私だって、この業界で働き始めたときは、人脈なんてまったくありませんでしたからね。キャリアを築きながらすてきな女性たちに出会って、いまも交流を続けているんです」。

エマはさらに、会社のイベントで知り合ったある女性を「体外受精の妖精」と呼び、ほかにはない絆を築いている。

「体外受精に取り組んでいたことを打ち明けられる相手は、彼女だけでした。だって、彼女は私のことを知らないから。こちらも彼女の本名すら知らないので、スマートフォンに『体外受精の妖精』という呼び名で登録させてもらってます。そんなつながりだけど、彼女は励ましのメールを送り続けてくれました」。

偶然関わった仕事関係のイベントで、名前も知らない女性とつながり、人生で重要な役割を果たす関係に発展させることができる。

なんてすてきなんだろう。

知り合ったのは一瞬だけど、だからといって、その友情に深みがないわけじゃないのだ。

そのいっぽうで、関係が長く続くケースもある。ジャーナリストのエミリー・マクミーカンは、「間違いなく仕事上の伴侶になった」のだそうだ。

エミリーとアナベル・リブキンは、二〇一六年にウェブサイト〈The Midult〉を立ち上げ、女性の人生につきまとう「完璧さという呪いをとく」活動をしている。ふたりはおよそ二十年前にあるオフィスで出会い、職場の友達になり、一緒にビジネスを始め、本とコラムを共同執筆し、ポッドキャストで共演し、私のインタビューが行われたときは、ふたりで一緒に過ごしたバカンスから戻ってきたところだった。

「私とアナベルが、仕事を通じて愛しあうようになったのは確かです。ふたりの人生が、複雑きわまりない状態だったころに。父親の死、依存症、難しい業務環境。私たちが上手くいっている理由のひとつは、率直さという基盤があるからです。重要な局面もありましたよ。私が酒浸りで、ほかにも揉め事を抱えていたときに、『めちゃくちゃすぎて、どうしていいかわからない』と打ち明けたら、私の目を見て『まずは、あなたが自分を助けてあげなくちゃだめ。そうでなかったら、私はあなたを助けてあげられない』と言ってくれたんです。

心を射抜かれた瞬間のひとつでしたね。アナベルがなにを言っているか、私もアナベル本人もわかってましたから。命綱を投げてもらったけど、あれは手厳しいレッスンでした。私たちは残酷すぎるくらい率直に本音を打ち明けることがあるけど、徹底的にやるから、気まずさはまったくありません」。

残酷なまでの率直さを徹底的に。

言葉で言うほど、たやすいことではないだろう。

でも、コロナ禍が始まったころ、仕事仲間の女性たちが、セラピーを受けているとか不安と闘っているというようなことを、以前よりオープンに話すようになってきたなと、私はふと気づいたことがあった。

エミリーもこうしたことの経験者で、二〇一三年に精神疾患をわずらい、職場のトイレでひどい症状が起きてしまった。

「精神疾患のことは秘密にしてましたが、症状が悪化し、声が聞こえてくるようになって、慢性的なパニック障害と診断されました。当時、上司でもあった職場の親友に打ち明けたら、『あなたがしなくちゃいけないのは、回復することだよ』と、すぐに言ってもらえて。命綱をたくさん投げてもらいました。だけど、誰かに打ち明けなければ、助けてもらうことはできません。それって忘れがちなことなんですよね。だけど、自分が弱っていることを思い切って打ち明けると、驚くほど手を差し伸べてもらえます。そこまでは自力でたどり着かないとだめ。弱っていると率直に打ち明けさえすれば、女性たちはおたがいに助け合うものなんです」。

職場の友達とそのステージまで関係を深め、おたがいを頼り、心から率直に接しあえるサポート体制を築いておけば、その関係を失いたくないと思うはずだ。親しい同僚が転職したら、手足をもがれたような気持ちになることだってある。自分の大事な部分がなくなってしまったような気分に。友情が終わるわけじゃないとわかっていても、毎日のように顔を合わせることがなくなり、心にぽっかり穴があいて、空虚さを感じてしまうのだ。

絆が厳しい環境で試練にさらされると、その影響はすさまじいものになりうる。

ジェス・フィリップスは、同僚で友人の労働党議員ジョー・コックスと支え合う関係を築いていたが、ジョーは二〇一六年六月十六日に殺害されてしまった。リーズ近郊のバーストールで、有権者たちと会合を開いている最中に。

「私たちはバックグラウンドが似ていました。同じ日に当選して、幼い子どもがいて。ジョーは母親業も党議員も〝クソみたいな仕事〟だと思っていました。説明する必要のない相手でしたね。彼女ならわかってくれるとわかってました。ふたりとも多くのことに手を広げすぎていて、がんばってもなかなか体制に入っていけず、いつも仕事でしくじっていて、自分たちがなにをすべきか理解していないことを。そんな共通体験があったので、ジョーとのあいだには、あっというまに友情が育まれたのでしょうね」。

ジェスはジョーが亡くなる前日に、彼女の自宅を訪れていた。子どもと休暇旅行へ出る前、空港へ行く途中に立ち寄ったのだ。そして、友達が殺されたという知らせをスペインで聞いた。

「言葉を失いました。女性の友人たちが夕食を持ってきてくれたけど、なにも言えなかった。拒んでいたんです。連絡がくるのを一日中待ってました。ジョーが死んだとわかってたのに。なにかの間違いだと、ひたすら言い聞かせてたんです。十四時間前に大好きよと言って抱きしめた相手に、もう会えないだなんて。あのあとで死んでしまったなんて。意味がわからず、理解できませんでした。

WhatsAppでジョーに大量のメッセージを送りました。

〈愛してるわ。無事なのよね、ほんとは大丈夫なんでしょ。いつか笑い話にできる日がくるわよね。返信は不要。自分のことに集中して〉

もうジョーは死んでるのに。一晩のうちに無になってしまった人の親友、という立場になったことを受け入れられなかったですね」。

ジェスはこの友情を生かし続ける方法を見つけた。ジョーの家族と友達になったのだ。ジョーの姉妹キム・リードビーターと親しい友達になり、二〇二一年六月に行われた補欠選挙で、キムがバトリー・アンド・スペン選挙区でジョーの前議席を勝ち取った結果、ふたりは職場の友達にもなった。キム当選の知らせを聞いたとき、ジェスは〈愛してるわ〉とだけ書いたメールを送った。

「友情とその友達に対する思いを、どうにかして広げなければいけません。だから私は、ジョーの家族と友達になることで、ジョーとの友情と置き換えました。キムと私は、いつもジョーの悪口を言ってますよ。亡くなった人がいい人扱いされて、欠点がなにひとつなかった、みたいに扱われる状況ではとくにね。

例えば、ジョーのお葬式のとき。みんなで集まって、ジョーにどれだけひどい目に遭わされたことがあるか、それぞれがぶちまけて、笑い声が絶えなくて……お葬式で友情まで葬り去るなんてことは、できないんですよ。友情がどこかへ去って、消えてしまうわけじゃないから。生かしておくための努力をしなきゃいけない。表立って対処できれば、ある部分では気持ちがぐんと楽になります。自分が大事にしているものを大事にしてくれている人たちと会うのは、ものすごく癒されますからね。ジョーに会えない寂しさが、私から消えてなくなることはありません」。

ジョーとの友情についてジェスと話していて、もっとも心を打たれたのは、仕事を通じて同類と出会ったというあの感覚だ。あれこれ説明しなくてもいい関係。なにも言わずともわかってくれて、そこからふたりの絆が芽生えていく。そんな友達の人生が突然奪われてしまったら、残されたほうの人生に大きな穴がぽっかりあいてしまうのは、あたりまえだ。

おたがいの仕事の状況を「わかってる」という理由だけで、すぐに友情が築かれるとは限らない。小さな信頼を積み重ねながら、もっと意識的に取り組まなければいけないこともある。

ここでまた、シャスタ・ネルソンに登場してもらおう。

「相手を感情のゴミ箱にするのは絶対だめです。なんでも打ち明ければいいわけじゃないんです。ゴミ箱にされていると相手に感じさせず、最後には、自分も相手もいい気分になれないといけません。相手の生活に敬意を払って、話せる時間があるか確かめることは、職場ではさらに重要なんです。ストレス解消に利用されてると思われないように、気づかえるといいですね」。

初日から無神経なことを言って、職場の友達候補をひかせるなんてしたくない。むかし、ニューヨークのトランプ・タワーでお腹が痛くなって、黄金色のエスカレーターでもらしそうになったなんてことを、いきなり打ち明けてしまうとか。

でも、知り合いになりたいと思える同僚と同じ時間を過ごし、気持ちを打ち明けることで、魔法のような効果が生まれることだってある。私の場合、元同僚から太ももにへんな発疹ができたと打ち明けられたときに、それが起きた。

いまなら、発疹がどんなものかわかる。私の家族にも発疹が出たからだ。我が家の定番ネタのひとつは、妹に発疹が出たときに、母が〈ドラッグストアで軟膏を買ってきて〉というメールを、アドレス帳に登録してある全員に送ってしまった失敗談だ。父はスナック菓子の〈クエイバーズ〉を食べると、必ず発疹ができてしまう。

女性の同僚ふたりが真っ昼間からトイレの個室へ一緒に入るなんて、大丈夫かと思われてしまうかもしれない。でも、最終的に職場の友達になったその相手は、そこでスカートをまくって黒いタイツをずり下げ、私に発疹を見せてくれた。五十ペンス硬貨大の、まだらな斑点を。

「おおげさなことを言って、怯えさせたくないんだけどね」と、私は告げた。虫眼鏡を持ったシャーロック・ホームズみたいに、太ももの内側をのぞきこみながら。

「これって帯状疱疹かも」

それから数時間後、メールが届いた。

〈帯状疱疹だったよ。よくやった、ドクター・コーエン〉

医師の診断を受けた同僚からだった。この同僚はいまでも、私をドクター・コーエンと呼んでいる。彼女のことを、私はちょっと怖い人だと思っていたのだけど、あの瞬間に、私たちのあいだに残っていた氷の最後のひとかけらが解け、信頼が築かれたのだ。ひょっとしたら、彼女は私を信頼しつつも、私をびびらせていることを自覚していた可能性もある。いずれにせよ、発疹が最高の縁をつないでくれた出来事だった。

♧

同僚のケイトをシェアハウスの相手にすると決める前にも、こんなふうに肌のコンディションを見せあっておけばよかったと思っている。私は実家の子ども時代の部屋で過ごすことにうんざりしていて、ケイトは彼氏と別れたばかりで、早いところ引っ越さなければならなくなった。いま振り返ると、急ぎすぎた決断だった。

私たちは、それほどよく知っている間柄ではなかったのだから。私はただ、自分が働いている職場で働き、私が呑みに行っていた場所で呑んでいる、少し年上の人と顔見知りになっただけだったのだから。

ケイトはまともな大人の女性に見えた。おかしなことが起こるような気配は感じられなかった。おまけにケイトは、過去のシェアハウスで起きた数々のエピソード、とくに虫関係のこわい話なんかで、私を楽しませてくれた。ケイトの限界ラインが虫ということなら、私は別に構わなかった。

予算的に、ロンドンの西側は厳しかった。見に行ったのは、ハマースミスにあるセントラルヒーティング設備なしの物件と、フルハム近郊にある環境的な問題を当局に報告せねばならないような物件。結局、ちょっとみすぼらしいフラットの一階に決めた。予算超過で、絨毯はくたびれていて、台所の床はヘンな渦巻き模様みたいな薄汚れが目につく。それ以外はパーフェクトだった。

私たちは毎晩のように一緒に料理をし、ソファでおしゃべりした。共通の友達もできた。会社から一緒に帰宅した。

すべてが順調だった。

上手くいかなくなるまでは。

次第にふたりの相違点が共通点より多くなり、その途端に、ふたりの関係が表面的で薄っぺらいものに思えてきた。職場の軽い関係の友達と一緒に暮らしたら、すぐに〈BFF（ベスト・フレンド・フォーエバー）――生涯の大親友〉に早変わりする、なんてことにはならないと判明したのだ。

ケイトは限界ラインが虫だと言うわりに、ネズミが頻出している時期に、チーズの食べ残しを置きっぱなしにしている。私の服を借りて小さな汚れを残しても、なにも言わない。リビングルームに自転車を置いているから、床にいつも泥が落ちていて、ハンドルを動かさないとテレビのところまで行けない。

私は大人にふさわしい対応をすべく、留守にするタイミングでメッセージを送ったけど、ほとんど無視された（まあ、仕方ない）。

〈自転車を外に置いてくれると助かります。邪魔になってるから。悪いけど、よろしくね〉

そしてケイトは、見てるだけでムカつくような男性とつきあいだした。ケイトのことをデブだと言うくせに（デブじゃない）、自分はすね毛より頭髪が薄いのだ。マナーが悪くて不親切。私はケイトを守ってあげなきゃ、という気持ちをかきたてられた。リビングの自転車は無視して、チーズのお皿はそっと片づけておいた。

ところが、致命的なミスを犯した。

ひどい喧嘩をしてケイトが彼氏と別れた翌日、慰め役を引き受けた私は、彼のことをどう思うか本心を聞かせて、と尋ねられた。

「言っていいの？」

「うん」ケイトは鼻をすすっていた。

私は息を吸い込んだ。

「あの人……ケイトを軽く扱ってたと思う。愛情を感じてるようには全然見えなかった。ケイトはあの人が言うよりもっと優秀だし、それに」

私は熱くなってこう言った。

「ケイトは絶対にデブなんかじゃないし」

ケイトはこくんとうなずいた。

「ちょっとひどいよね、彼？」ケイトはしょんぼりと応じた。

という次第で、ケイトと彼はその後、あたりまえのようによりを戻し、ケイトと私の友情は元に戻らなかった。私は全国紙の新聞社に転職し、ケイトと同僚ではなくなった。フラットの契約更新時期が近づき、同居は解消することになった。

ケイトから最後に届いたメッセージは、金曜に送られてきた「もう出ていく」という内容のものだった。

〈台所の掃除はしといたから、クレアがしなきゃいけないことはあんまりないと思う〉

帰宅した私が目にしたのは、この家を朝出たときよりも渦巻き模様の汚れがひどくなっている床。そして、私のカトラリーがぜんぶなくなっていた。ケイトとは二度と口をきくことはなかった。

シェアハウスの相手からひどい目に遭わされたことのある人は、大勢いる。これはとくに、二十代で多く経験する。

ある友達は、仕事を終えて自宅マンションに戻り、扉の鍵穴にキーを差した途端、「だめ！　いまはだめ！」という女性同居人の叫び声を聞いた。何事かと思ったら、同居人がまっぱだかで全身脱毛クリームまみれの姿で、台所でサーモンを料理していたそうだ。別の友達は、女性の同居人がトイレットペーパー（三枚重ね）を一日に一ロール使い切ってしまうのに、とくに理由を説明されなかった。二十四時間ごとに、洗面台の隣にあるゴミ箱に芯が捨ててあったそうだ。

だけど、私はすっかり落ちこんでしまった。女友達との同居生活の、フレッシュなスタートになるはずだったのに。敬意を払ってくれる大人の女性との気楽な関係。大学時代のひどい記憶を消してくれるハッピーな家。

いま振り返ると、同じパターンを繰り返していたことがわかる。最初に流れてきた女性の友達という救命ボートに、しがみついてしまった。同居するのが双方にとっていいことか、考えもせずに。目の前にいる人だから手軽だし、職場で毎日のように会っているという継続性があるなら、十分だと思ってしまったのだ。

ケイトと上手くいかなかった大きな理由は、私がまだわかっていなかったせいだ。密接なつながりを築くためには、どんなことが必要なのか。そして、素晴らしい女性同士の友達づきあいとはどんなものなのか、ということを。

そこを押さえられていなかったのだから、私たちが職場の同僚から秘密を打ち明けあう関係になれるチャンスなんて、最初からなかったのだ。

それでも、同居を解消してから、少しずつわかり始めてきた。ある意味で感謝しているのだけれど、あの同僚との友達づきあいが終わったときに、別の友達との絆が深まったのだ。

イブはオークションハウスの同僚で、ケイトの友達でもあった。私にとっては、ほかの人には些細に思えるような問題についてメールで相談する相手であり（ラミネート機のことを知っているのはイブだけ）、人生のクレイジーな瞬間に、まいっているとぐちをこぼせる相手であり、私が失恋して落ちこんでいた時期にも、私自身に関心を抱いてくれているように思えた人だった。私はオークションハウスを辞めたあともイブと連絡を取り合い、イブが参加しているハッピーアワーの呑み会には、鼻息荒く駆けつけていた。

ケイトとのルームシェアがだめになったと伝えたとき、イブはただ、こう言った。

「そっか。じゃあ、私もケイトとはおしまいだね」

予想もしていなかった反応だった。

イブは迷うことなく、私の肩を持ってくれた。

〈女子の掟〉に縛られてなかった。もっと意義深い、自分の意思による選択をした。

その誠実さが私を変えたのだ。あのときの私は、そこまで気づいていなかったかもしれないけれど。

それ以来、イブのバンドがライブをするときは、ほかに知り合いがいなくても、私は必ず足を運んでいる。悲しいことが起きてイブが落ちこんでいるときは、悲しみを紛らわせるために全力でサポートしている。

そしてイブは、私がタクシーの後部座席から電話をかけ、泣きわめきながら、大人なのになにやってるんだろう、お気に入りのピンクのウサギの財布をなくしちゃった、と騒いでいると、耳をじっと傾けて、落ち着きな、と優しくさとしてくれるのだ。

イブが一人目の子どもを妊娠したときに、初めて打ち明けた友達は私だったし、この素晴らしい子が長女として誕生したときは、私が名づけ親になった。妊娠のことを知らされたのは、イブが検査を受けた翌日、レスター・スクエアの劇場の外で、ふたりで顔を土気色にしながら立ち話をしているときだった。私たちは観劇することになり、確か『ヴァージニア・ウルフなんかこわくない』を観たんじゃないかと思う。私たちは無言のまま、イブの選択についてそれぞれが思いをめぐらし、私は時々イブの腕をぎゅっと握った。

私がこの本を執筆すると告げたとき、イブは好きに書いていいよ、と言ってくれた。「クレアは一番誠実な友達だから」という理由で。

職場の友達がどんな関係になれるか、私に教えてくれたのはイブだ。自分の気持ちを隠さず、信頼してもらえる相手になり、本来の自分ではない人格を無理に演じるようなことをしなければ、同僚となかよくなれるだけでなく、長いつきあいの友になれるのだ。

コラム

女性を執筆テーマに選んだ理由

――きっかけはペニス、吹っ切れたのはテイラー・スウィフトのおかげ

「正確に知っている女性はどのくらいいるのか……男性の……ペニスのサイズを?」私はゆっくりと文章を打ち込んだ。

あれは二〇一四年が始まったころ、ペニスのサイズについて記事を書いているときだった。詳しく言うなら、マックス・クリフォードのペニスのサイズのことを。

世界では民主主義が行き詰まり、ローマが熱く燃え、君主制が崩壊しつつあったのかもしれないけど、私にとってその日一番の熱い話題は、すでに亡くなっていたある芸能事務所経営者の男性器のことだった。強制わいせつ行為の裁判中に、サイズについての言及があり(この男性は八年間の刑務所行きとなった)、ある女性からは「極小」と言われていたという。

ペニス記事を執筆しようと判断した理由は、ただひとつ。仕事だったから。勤務先の新聞社で、女性記事の担当者があらたに必要になり、私はみずから名乗りをあげていた。だから、その部署からペニス記事の打診があったときに、一も二もなく素直に従ったのだ。

これは上手くいった。インタビュー(ペニス記事の)がひととおり終わったタイミングで、私はこのポジションに就くことができた。

その瞬間、未知の領域に足を踏み入れた。

人生初の、女性スタッフだけの部署に。

それだけじゃない。私が考えるのも記事を書くのも、すべて女性のことだし、インタビューするのも会

うのも、すべてが女性。生理休暇にお尻のインプラント、仕事に取り組む女性がいかに高圧的で不快で野心的になりうるか。全人口の半数を占める（正確には五十一パーセント）女性について、扱うべきテーマは膨大にある。

ところが、当時の私は、女性というものに対して、まだ警戒心を緩めていなかった。賃金を支払われてシスターフッドの一員になったというのに、心のなかではまだ、女性を全面的に信頼できるの？　という思いを拭い切れずにいる。女性記事の部署に異動したことで、私はこの真実を突きつけられる日々を送ることになった。

最初の数か月は、びびりまくっていたのを覚えている。

そりゃあもう、必死だった。

気難しいとか感じが悪いとか、思われないために。ふたりの女性同僚たちと上手くつきあわなくちゃと、相手を喜ばせるために死に物狂いでがんばった。それまでの女性同士の友情パターンが、社会人になってからも繰り返されていたのだ。

あのころ担当していたのは、自己実現した女性たちのインタビュー記事だった。毎朝五時に起きて、五時十五分までにジムへ行って野菜スムージーを飲んで、六時までにたまっていたメールの返信を片づけて世界平和の仲介をして、というような内容の記事である。彼女たちが成功の秘訣として必ずあげていたのが、信頼のおける女性同士の〝サポートネットワーク〟を築いて、相談したり真実を指摘してもらったりしているということ。それがどんなものなのか、私にはさっぱりわからず、自分がまわりの人々をあざむいているような気分を味わっていた。

この部署に移ってから一か月ほど過ぎ、働く女性たちを応援するオンラインチャンネルを立ち上げることになった。女性たちが仕事の悩みを打ち明け、アドバイスを求める場であり、恐れないでと語りかけるサイト。

こんなの無理、と匙《さじ》を投げたくなった。女性に悩みを打ち明けるとか、アドバイスを求めるとか、恐れを抱かないだとか、自分自身がまだできていないのに。

あれは、二重生活を送っているような感じだった。自分の書いている記事を信じてないわけじゃないし、女性は二等市民に甘んじるべきじゃない、という意見には大賛成だった。出産の選択、ストーカーの登録システム、家庭内暴力の被害者支援、女性にとって公平な職場といったキャンペーンには、全力で取り組んでいた。それが私のエネルギー源だったから。私はこのために毎朝ベッドから起き上がり、きりっとした表情で、小さな違いを生みだすのだと気合を入れていたのだ。

だけど、異動したばかりのころは葛藤していた。こういう記事を日々書いているくせに、プライベートでは、女性というものにそこまで興味を持てずにいた自分に。仕事では、面識のない相手と熱く徹底した対話をしているのに、女性の友人たちにはどこかよそよそしく接していた自分に。

こうした人生の矛盾を上手く融合させるきっかけをつくってくれたのは、ポップシンガーのテイラー・スウィフトだった。

シスターフッドの一員にあるまじき発言ながら、あのころのテイラー・スウィフトに、私はいらっとしたものを感じていた。セレブ好きでもないのに、テイラーとあの「テイラー軍団」と呼ばれていたなかよし女子グループからだけは、どうにも逃れられそうにない、というのが偽らざる心境だったのだ。

女性界の最高峰とでもいうべきスーパーウーマンたちをかたっぱしから集めて、なかよしグループをつくって、パジャマ姿で一緒にクッキーを焼いているところを撮影する。なかよし女子グループのナイトライフを、グループセルフィーでインスタグラムに念入りに記録する。ハッシュタグ〈#squadgoals（理想の仲間たち）〉を乱発して、完璧な〈BFF（ベスト・フレンド・フォーエバー）――生涯の大親友〉グループじゃなければ、どれもかわいそうな同情すべき対象だとでも言わんばかり。

まあ、気にするべきじゃなかったのかもしれない。私はもう、そんなことでカリカリするような年齢じゃなかったのだから。だけど、あのなんの根拠もなさそうな〈女性同士の友情〉パフォーマンスには、私の神経を逆なでするなにかがあった。あの〈生涯の大親友〉ネックレスを、人の形にしたものとでもいうか。

　おまけに、あれはそこかしこに出没していた。いま言葉で説明するのは難しいのだけれど、あのころはとにかく、テイラー・スウィフトとテイラー軍団がマスコミに猛プッシュされていて、あらゆるところでさかんにもてはやされていたのだ。あれはきつかった。私は女性同士の友達づきあいというのがよくわからなくて、上手くこなすこつを知りたくて、必死になっている時期だったから。

　あのお友達パフォーマンスの最高潮は、二〇一五年のMTVビデオミュージック・アワード授賞式だ。テイラー・スウィフトは同伴者として九人の女性たちを従えて、会場に乗り込んだ。全員がエリート女性。ほぼ白人のみ。下着ブランド〈ヴィクトリアズ・シークレット〉のモデルたちが中心。テイラー・スウィフトはことあるごとに、あのスーパーウーマンたちとの友情を見せびらかしながら練り歩き、ミュージックビデオ『バッド・ブラッド』やコンサートツアー〈1989〉のステージでも、あのお友達パフォーマンスを繰り広げていた。

　明らかな商品化。

〈完璧な女性同士の友情像〉が、私たちに売りつけられていたということだ。

　こういうなかよしグループに入ることこそが解決策だと、幼いころから散々聞かされてきたのだから、この一連のなにもかもが神経を逆なでする。私のなかよしグループはどこにいるの？　私にはなんで隔週のお泊まり会がないの？　どう考えたって、テイラー・スウィフトよりヒマなのに。

　それまでテイラー・スウィフトにたいして関心を持っていなかった私でさえ、こんな調子だったのだから、熱心な若いファンたちはどう思っていたんだろう？　あのパフォーマンスが発信していたメッセージは、「女性同士の友情で大事なのは見てくれだけ。心じゃない」。これこそ、私が幾度も痛い思いをしてきた原因だ。

　むかついていたのは、私だけじゃない。

　ネットメディアの〈バズフィード〉では、「戦略的お友達グループ」と揶揄《やゆ》されていた。あのなかよしグループは、セレブ女性たちと「確執がある」という評判を回復させるために仕込まれたものではないか、という憶測もあった。

そこらへんはどうでもいいけど、私が異議を唱えたのは、あんな不健全で平面的なイメージ像を、私たちに無理やり押しつけてきたことについて。〈女性同士の友情がビッグビジネスに。おめでとう、テイラー・スウィフト〉という見出しの記事を書き、女性の親友を獲得モデルに変えてしまったことを手厳しく批判させてもらった。でも、あとになってから思うようになった。かつてのテイラー・スウィフトはかつての私と同じくらい、居場所を見つけられない気の毒な女性だったんだろうなと。

スピン報道だった可能性がなきにしもあらずだけど、テイラー・スウィフトは後日、『エル』誌に「三十歳になる前に学んだ三十のこと」という記事を寄稿し、あの「なかよしグループ」に向けられた反感について語った。あのグループはもういなくなっていたけれど、それがかえって存在感を高めていた。

「子どものころから人気者だったわけじゃなく、それが不安の種でした。大人になったいまでも、ランチのときにひとりだったことや、トイレの個室に隠れていたこと、新しい友達をつくろうとして笑われたことが、脳裏によみがえるんです。ところが、二十代になると、まわりは私の友達になりたがる人ばかりになっていました。だから屋根の上からそう叫んで、写真を投稿して、ようやく受け入れてもらえたあの状況を、シスターフッドという形で祝福したんです。そんなことをしたら、孤独だったむかしの自分と同じ気持ちになってしまう人たちがいるかもしれない、ということに気づかずに。長期的な問題を抱えているなら、自分自身が問題そのものになってしまわないうちに、きちんと対処することが重要です」。

そう、まさしくそれ。

これこそ、私たちがぜひとも耳を傾けるべき、女性同士の友情に対する本音。

テイラー・スウィフトの若いファンたちと同じ年齢のころに私が読んでいたら、きっと、自分は仲間外れだなんてそれほど思わずに済んだはずだ。

ともかくも、テイラー・スウィフトとなかよし女子グループについて考察を重ねたおかげで、私は大衆文化における女性同士の友情が、どれほどパフォーマンス重視なものであるか理解し、本当は見えない部分こそがはるかに重要なのだと、気づくことができたのだ。サポートネットワークや完璧に見えるSNSの投稿、女子旅、女性は〈心の底から通じあってる親友《ソウルメイト》〉か心を傷つけるようなひどい人のいずれかのみだと、ひとくくりに描いている映画。その裏側に、そしてどこかに、本当のことがあるのだ。

この本当のことというのは、ハッシュタグ〈#squadgoals〉で求められるようなセクシーなものじゃないかもしれないけれど、しっかり耳を傾けなくちゃいけないものだ。私たちすべての女性が、女性同士の友達づきあいに、それぞれにふさわしいスタイルで取り組んでいるんだってことを理解するために。女性同士の友達づきあいには、こういうふうじゃなくちゃだめという決まりきったモデルなんかない、ってことを理解するために。いい友達がひとりいなくちゃだめだとか、ランウェイを埋め尽くすくらいいなくちゃだめだとか、そんな決まりはないのだから。そんなことよりも、テイラー・スウィフトが理解したように、自分の弱さをさらけだすことのほうが、うんと大きな意味がある。

その年のインタビューで、私はハリウッド映画のモデルになった環境運動家のエリン・ブロコビッチからも、これと似たようなことを聞いた。

「弱さをさらけだしてもいい。恐れていると打ち明けてもいい。だけど、私たちはこういうことをあまりやらないんですよね。そうやって、心のなかに押し止めているから、不安になっていってしまうんだと思います」。

これこそ、私に必要だったもの。

女性を援護する記事を書きつつ、プライベートでは女性を警戒するなんていう、二重生活を送らなくたっていいんだと理解するために。

完璧な女性同士の友情というのが幻想ならば、私の人生では女性同士の友情はずっと壊れたままなんだ、なんていう私の思い込みだって幻想だ。それに、仕事を通じて知り合ったばかりの女性たちに、心を開いて話すことができるなら、私が友達と呼んでいる女性たちにだって、同じことができるはずだ。

第5章 新しい友達

——わざわざつくる必要はない？

俗説：新しい友達をわざわざつくる価値はない？

二〇一四年一月四日（土）は、私の三十歳の誕生日。

あれはちょっとシュールな夜だった。

その理由は、パーティー会場をスイーツショップみたいに装飾して、衣装だんすの扉から『ナルニア国物語』の快楽の世界へ足を踏み入れるような演出をしていたせいじゃない。カクテルに自分の名前を付けることになったからでもない（〈コーエン・ダウン・トリート〉という、私が成功者だとか、そういう意味の名前）。このカクテルを飲みすぎて階段から落っこちて、カーペットでこすれた右腕に水ぶくれをつくったからでもない。

なんとも奇妙だったのは、あの会場でＵＦＯ型のキャンディをほおばっている女性出席者たちの多くが、前年まで誕生日パーティーに招待していなかった人たちだったから。つまり、新しい友人たちだ。知り合ってまもないのに、誕生日パーティーに呼ばないなんてありえないくらいの関係になっていた女性たち。

二年前の誕生日は、まったく状況が違っていた。

午後に彼氏のティムに映画へ連れて行ってもらって、なにを観たのか記憶になく、覚えているのは、むかつく気分で映画館を出たことだけ。さらにむかむかさせられたのは、スマートフォンが鳴りだして、夜にパブで呑む約束をしていた友人たちから、ドタキャンを知らせるメッセージが届き始めたせいだ。断りの理由は「今夜はおとなしく過ごすことにしたから」。

〈わかった、全然いいよ〉と私は返信した。

こんな調子だから、軽く扱われてしまったんだろうけど、そう気づいたのはあとになってからのこと。ある友達は、クリスマスを実家で過ごしたから、年末年始もそのまま残ると言っていた。別の友達は体調が優れないと言っていたけど、どうせ出かけるのが面倒なだけなんだろう。もうひとりの友達は、犬が下痢をしたから行けないと言っていた。

機嫌を損ねた私は、ティムにスマートフォンを投げつけて、ぜんぶやめにすると告げた。

「もういい」と、吐き捨てるように言って。

夜になるころには、どうにか冷静さを取り戻していた。けれどもそのおかげで、私の友達って誰なんだろう、私より下痢の犬を優先するって誰なんだろう、と考えるはめになってしまった。

二十代後半になると、愉快で積極的だったり人気者だったりした友人が、気乗りしない返事をすることが増えてくる。外出するのと同じくらい、親密な相手と自宅で過ごす夜を大切にしようという価値観が芽生えて、人生が複雑さを増してくる年代だ。誰が自分の誘いに応じるか、そして応じないかということが、重要視される時期である。

記録に残すために、いまこのときに言っておきたい。

新しい友達をつくるのに、遅すぎるということはない。

遅すぎることなんてないんだと、私は身をもって学んだ。

「最後に新しい友達ができたのはいつか」という質問を、九十代の女性二名を含むさまざまな年代の女性たち数名に尋ねたところ、その答えは、ふわふわの布袋に入った寒い日の湯たんぽより、ほっとさせてくれるものだった。どの回答者にも、最近になってから新しい友達ができていたから。

ただし、全員の意見が一致していたのは、簡単にできたわけじゃないということ。

大人になってからの新しい友達づくりは、そういうものなのだ。

そもそも、大人は新しい友達ができるなんて思ってない。たいていは、人脈を広げようとさえ思っていない。それに、新しい出会いなんてないようにも思える。学生時代なら、上手くいくとは限らないものの、出会いの機会は用意されている。時間もある。洗濯だとかねこのノミ取りだとか、アマゾンから荷物を受け取るだとかの用事を済ませても、時間はまだある。あの時間はいったい、どんなことに使われてたんだろう？

二〇一六年にフィンランドで実施された研究[20]により、友達の人数が一番多いのは二十五歳であると判明した。これは、もっとも「雑多な社交をする」年齢だ。つまり、社会的な接触が多く、社会的接触ができる状況に身を置くことに積極的な年齢。このピーク年齢を過ぎると、社会的接触は減っていき、とくに女性でこれが顕著になっていく。そこから、人生の遅い段階で友達をつくる価値なんてあるのかな、と考えだす。なんでわざわざ？　というふうに。

まず言いたいのは、新しい友達をつくる必要に迫られる理由はいくらでもある、ということ。引っ越しや絶交、転職、「つるむのは無意味」だと言って、昼間から呑むのをみんながやめてしまったとか。これはたいてい、優先順位というシンプルな理由のために起きる。友人たちが恋人をつくった、結婚した、子どもを産んだ、引っ越したというときは、友達づきあいのバランスが変化する。各人でライフステージがずれてきたことが、ひしひしと感じられる。もう友達じゃなくなったわけじゃなく、一緒に出かける新しい相手が必要になったのかもしれない、というだけのこと。これについては、あとで詳しく扱うことにする。

友達とのつきあいかたについてコーチングしているシャスタ・ネルソンによると、重要なのは「『私にとって友達づきあいは大事で、私は友情を築くことができる』と宣言することから始めましょう」。なにやら作為的に思えなくもないが、こと大人になってからの友達づくりに関しては、意思を持って取り組まねばならないときもあるのだ。

知り合いから軽い関係の友達になるまでに五十時間が必要ということとは、第2章でお伝えしたけれど、新しい友達をつくるという行為は、人生に招き入れる相手をみずから選ぶことでもある。つまり、よくよく考えて選ばなくてはならず、私が過去にしてきたように、最初に出会った人やグループに飛びつくようなものじゃない。この相手に自分が投資しようとしていると知ったら、友人たちや家族はどう思うだろう? そんな視点で考えてみると、新しい友達づくりのひとつの目安にできるかもしれない。その相手には、自分にとってすごく親しいと思える人や、もう親交がないむかしの友達などと共通点があるだろうか?

恋愛を重ねるうちに、関わりたいことや絶対に関わりたくないことが経験からわかってくるけれど、友達づきあいもまた重ねていくうちに、自分がどうしたいか感覚でつかめるようになってくる。誰でも歓迎するわけじゃない、と思うのは当然のこと。それじゃあ、いつドアを開くのか？

一番新しい友達となかよくなったときのことを、恋愛の始まりと同じような言葉で表現していた女性たちは、数えきれないほどいる。胸がときめくだとか、エネルギーがほとばしるだとか。蜜月期は、気合を入れて取り組む時期だ。ぎこちなくちょっとしたおしゃべりを交わす段階を経て、おたがいを信頼するようになり、身だしなみを意識する。いわば、両者が基本的に求婚しあっている状態だ。どきどきわくわくするような刺激があって、なんだか弱気になってしまうこともあるし、まさしく十代の恋そのもの。外側の層をしっかりはがしていき、そこで見つけたものをいいと思いあえたら、これからずっと人生を共に歩む相手かもしれないと考える。

私の友達のひとりは、こんなふうに表現してくれた。

「職場のイベントで、すごくおもしろいことを言ってる後ろの席の女性に惹きつけられたことがありました。その女性を紹介された途端、つながりを感じたのだけれど、あれは経験したことのない感情でしたね。顔を見合わせて、満面の笑みが浮かんできちゃって。真面目な話、あれは恋愛初期と同じ感覚でした。十代のころの恋愛を、三十代で経験したというか。ふたりで出かけたあとは、そのことを誰かに話したくなって、友人たちから『嫉妬しちゃう』と冗談っぽく冷やかされたくらいでした」。

私もたぶん、『嫉妬しちゃう』ひとりだ。

大人になってからできた友人に新しい友達ができると、なんだかうろたえてしまって、不安になることがある。〈BFF（ベスト・フレンド・フォーエバー）――生涯の大親友《ソウルメイト》〉という刷り込みが、脳裏によみがえるせいで。女性同士の友情で一番すごいのは〈心の底から通じあってる親友〉、姉妹もしくは双子みたいな関係だ、というあれである。大人になり、そんなものを信じる段階を過ぎていたとしても、友達がよそ見をしていると、私たちのなかに埋め込まれている「お友達なんだから、いつも必ずなんでも味方にならなきゃだめ」という〈女子の掟〉が、ちくりと刺してくるのだ。その新しい友達と自分を比べてしまうし、自分には与えられないどんなものを受け取っているんだろうと、つい考えてしまう。自分の存在意義が薄くなっちゃうかも、なんて不安が頭をもたげてくる。

もっと難しいのは、それをいい機会として受け止めること。友達にとってはさらにハッピーになれる機会だし、自分にとってはすてきな女性と知り合う機会だし、なんていうふうには、なかなか考えられないものだ。

次は、三十六歳のキャシーの体験談を紹介したい。

「新しい友達ができるとうれしくなります。受け入れられた、好かれた、価値があると思ってもらえた、と思えるから。新しい友達をつくるって、自分に投資しようとみずから選択することなんです。新しい力関係を試してみて、自分の違う一面を引き出せるというのは、すてきなことですよね。相手の体験談を聞いて、自分の体験について別の視点から意見を聞かせてもらって、刺激になりますから」。

自分の違う一面を引き出すというのは、自分を偽ることではないし、別人格を演じることでもない。別のレンズを通して自分の姿を見て、これぞ新しい友達づきあいから受け取れる贈り物だと、確認できる機会だ。願わくはなんの先入観も持たない、知り合ったばかりの相手と一緒に、自分を拡大して別の空間へと広げていく。むかしからの友人たちは、自分の人となりをそれなりに知っているだろうけど、新しい友達とつきあうと、たえずかき混ぜられている人生の攪拌機《かくはんき》に新たな層が加わる。そしてこの層が、新しい友達づきあいのなかで、自分の人となりの中核をなすものになるかもしれない。それは、自分が「変わった」ということとは違う。むかしからの友人たちからは、「変わった」と思われるかもしれないけれど。それに、自分の誕生日パーティーで階段から落っこちたことを知らない相手を探すのは、いつだって楽しいものだ。

私の母ジェーンは、六十代になってから、テート美術館の講演会で新しい友達ができたことを話してくれた。

「隣の席の人とおしゃべりしてたら、止まらなくなったんですよ。なんだか、おたがいの人生が、隣同士で並んで進んでいるような気がしたから。娘がいて、年齢が同じで、バックグラウンドも似ている。なんでも言いあえるし、人生で起きる不条理を一緒に笑い飛ばせる。大変な時期や悲しいことが起きたときには、支え合える。これほど思いやってくれる女友達とは、めったに出会えませんね。知り合えてほんとに幸運だと、いつも言いあってますよ。住んでいる場所は離れているけれど、週に二〜三回のペースで電話をしているし、定期的に会っているし。彼女には深い愛情を感じています。私にとって、人生で一番大事な友情ですね」。

いや、それは、母さんが望んでいたものを見つけたってことだよ。

続いて、第1章で紹介したローレンの体験談をさらに聞いてみたい。

ローレンが性別移行後に、女性との友達づきあいで感じるようになったのは、「胸のときめき」だったという。ローレンはそれを、人格形成期の友情に例えている。あの年頃のときは、お酒を飲んだとか、恋愛対象にどうやってアピールするかとか、旅行が楽しかったとか、初めての経験について女友達と話すものだけれど、ローレンは性別移行後に、女友達から自分の未来像を見せてもらったそうだ。

「まさしく蜜月期でした。世間一般で思われている、十代女子の友達づきあいのイメージですね。導き支え合って、どこかふわふわしたようなところもあって。相性がよくないと自然に離れていって、長続きしないかもしれないけれど、続いているあいだは性急で強烈な関係です。おたがいに、そういう関係を必要としている時期ですからね。

出会いは、掲示板型ソーシャルニュースサイト〈Reddit〉でした。少し年下で、性別移行は私より数年早く進んでいて、性格や関心事は違うけど、特殊な共通体験がある女性です。私は自分の味わっている感情が〝本当に〟性別移行者としてのものなのか、確信を持てずにいて、その疑問に答えてくれたのが彼女でした。『うん、それは性別移行者の感覚だね。性別移行者の私もそう感じてたし、見てのとおり、いまの私はこんなだし』。あれには強烈なパワーをもらったし、あのパワーをもっと感じたいと思いました」。

この新しい友達とひっきりなしに話をするようになり、電話は深夜にまで及んだ。

「彼女が自分の体験を話すと、私が『うそっ!』となりました。自分とまったく同じだったから。精神的に落ちている時期だったので、堰が切れたような感じでしたね。自分を抑えるのはもうやめて、言葉で表現しなさいと、ものすごい力で押し流されているというか。ふわふわしてる、底なし、宙吊りになってる、夢のなかで空を飛んでいる、という感覚でした。初めて恋をしたときにそっくり。素晴らしくて、止めることができないんです」。

けれどもやっぱり、ふたりにはあまり共通点がなかった。あれはふたりにとって、人生の重要な時期に芽生えた新しい友情で、長く続く運命にはなかったものの、長続きする友情に劣るものではなかった。

「ほかの話題ではかみ合わなくて、結局、連絡を取らなくなりました。私たちはまさに出会うべきタイミングで出会って、私は彼女から、のどから手が出るほど必要としていたものを受け取りました。もう話すこともないかもしれないけど、彼女がどれだけ私を変えてくれたか、知っていてほしいと願ってます。命の恩人だと、知っていてほしいですね」。

♧

すでに幾度か紹介しているロビン・ダンバー教授によると、友情には七つの柱がある。友達をつくるときに点検するチェックシートで、相手と共通点がどのくらいあるか確認できる。チェックを入れた数が多いほど、距離が近いということになる。でも、チェックの数が少ない相手でも、なにか問題があるわけではない。

- 同じ言語あるいは地域語を使っている
- 同じ場所で育った
- 同じ教育を受けた／同じ職業を経験している
- 趣味／関心事が同じ
- 倫理道徳観、宗教観、政治観が同じ
- 笑いのつぼが同じ
- 音楽の嗜好が同じ（参照：ハンソン推し）

ご覧のとおり、難しい内容のものではない。

チェック項目に当てはまる知り合いがいるけど、友達だと思ってる相手じゃない、というケースもあるだろう。職場の同僚だとかジム仲間、ご近所さんだとか。

このリストに、私からひとつ、重要ポイントを加えたい。

〈率直になることができる〉というチェック項目を。

つまり、本当のことを率直に話せる能力があるかどうか。

私は、これがなかなかできないのだ。

カンザス大学が二〇一八年に実施した研究[21]により、ちょっとしたおしゃべりが友情の試金石になることがわかった。お天気や週末になにをしていたかという話題から先へ進まない限り、その相手と絆を深めることにも限界が生じるのだそうだ。自分の弱さや素の姿をさらけだし、人生の細かいところまではっきり見せることで、友達との絆は強まり、表面的な日常会話をするだけでは達せない域まで深まるのだ。

固い友情を築きたければ、「自己開示」に務めること。

ようするに、「率直でいる」ということだ。

私は親しい友達だと思っている相手にも、本心をさらけだすことがなかなかできずにいた。夜中に泣きながら友達に電話するなんていう女性には、畏怖の念を感じる。私は断然、枕を涙で濡らし、マスカラの染みで汚すほうを選ぶタイプだから。短い時間で私の重荷を軽くしてくれる相手がいるとしたら、それはベッキーだ。長いこと私の被害に遭っている、ふわふわのウサギのぬいぐるみ。世界一の聞き上手さん。

女性たちが一緒にトップレスで日光浴するだとか、パーティーの終わりに全員で胸をはだけたとかいう話を聞くと、自分はまったく違う世界に住んでいるんだなと、つくづく感じる。感情にはフリルの立て襟のついた服を着せて、ボタンをきっちり留めたいタイプだから。知り合ってまもないある友達がシャツをめくりあげて、「この乳首、ディナーのときにメイン料理をのっけるお皿みたいじゃない？」という声が聞こえてきたあの瞬間は、私の友情史上に残るびっくりのひとつだ。

こういうことの原因はすべて、十六歳のときにアナが私を切り捨てるときに言った「おたがいなにも言っちゃダメだからね」にある。

あのときは、なんのことだかさっぱりわからなかった。アナが知ってるのは、私の好きなランチがピザだってことと、私のお気に入りのアクセサリー店。ほかになにをばらせるっていうんだろう？

二十代になっても、やっぱり心は開けなかった。それなりの年齢になって、打ち明ける価値のあるちょっとした秘密くらいはあったのだけど。でも、自己保身を二十年続けてきた私には、一緒にがっつり呑んだわけでもない相手に、そんな秘密を話せるかどうか、なんとも心もとなかった。

すでに幾度か紹介している、ポッドキャスト『The Midult』の配信者エミリー・マクミーカンは、こう話してくれた。

「友達に心の内をなかなか打ち明けられないことって、ありますよね。はっきり口にすると、それが現実になってしまうかもしれないから。『あのさあ。じつは色々参ってて、完璧だった暮らしが、じつは完璧じゃなくなっちゃってるんだよね』なんてことは、なかなか言えません。

けれども、完璧さは、冷たい印象を与えるもの。自分の弱さや素の姿、悩みごとやもろさをさらけださなければ、人の心に触れるのはすごく難しいんです。過去という汚れた下着を手放して乗り越えていくことは、ものすごく重要だと思いますよ。完璧じゃなくていいんだし、完璧じゃない過去を見せたっていいんですから」。

感情的な親密さがもたらす威力を明らかにする実験で、一番よく知られているのは、〈三十六の質問〉かもしれない。

『ニューヨーク・タイムズ』紙の「モダンラブ」というコラムで取りあげられたことがあり、ライターのマンディ・レン・カトロンは自分で試してみて、たしかに恋愛感情が芽生えたそうだ。

実験が実施されたのは一九九七年、考案者はアーサー・アーロンとエレイン・アーロン。一回目の実験では、面識のない異性愛者の男性と女性が五十二組、参加した。

参加者ふたりが入室し、向かい合わせに座って質問に答えていき、その内容がだんだんと親密なものになっていく。「あなたにとって『完璧な』一日を具体的に教えて」「友達づきあいで一番重視していることは?」「記憶に残っている一番ひどい出来事は?」。質問が終わると、ふたりは四分間という長いあいだ見つめあう。六か月後、参加者の一組が結婚した。

実験の目的は、恋愛をサポートすることではない。面識のない者同士の感情的な親密さを試すことだ。自己開示することで、短い時間でどれだけ親密さが増すか、確かめるために。たしかに、親密さは加速した。参加者たちの多くが、たった四十五分で普通ではない愛着を相手に感じたと言い、連絡先を交換しあったのだ。この男性—女性ペアだけでなく、面識のない異性愛者の女性同士のペア十九組でも、実験が行われた。

アーサー・アーロンからのメールには、こう書かれていた。

「はっきりした結果が出ました。私が把握している限り、この結果はほかの研究とも一致しています。女性—女性ペアの場合も、異性同士のペアと同等の親密さが生まれました」。

つまり、これから友達になれそうな女性に、自分の弱さや素の姿を徐々にさらけだしていくと、基本的に相手もそうなるということ？

そのとおり。

二十八歳のころの自分にとって、これほどムカッとさせられる事実はなかっただろう。裏切られた経験のある人や、友達だと思っていた相手に秘密を悪用されたことのある人は、どのくらいオープンになればいいか、判断するのが難しい場合があるんじゃないだろうか。

ここでまた、シャスタ・ネルソンに登場してもらおう。

「共有しすぎている女性が大勢いることに気づきました。さらけだし過ぎ、タイミングも早すぎ。なぜそうなるかというと、孤独を感じていて、自分のことを知ってくれる人が必要だから。あるいは、過去に拒絶されたと感じるような出来事があって、また拒絶されるのが怖いから。ですが、大勢の女性たちが、共有不足のせいで息苦しさを感じる、というミスを犯しています。よくあることですよ。過去に傷ついたことがあるからだとか、簡単には信頼しないだとか」。

わかりすぎるくらい、わかる。自分をさらけだしても、こっちの顔めがけて投げ返されるだけと思ってしまうのは。なぜこうなってしまうのか、もっと深く掘り下げてみたい。

言語学者のデボラ・タネンの知恵を拝借しよう。

「あるインタビュー対象者によると、『友達に個人的なことを打ち明けるって、自分の一部を差し出して〝あなたが好きだからこうしてるの〟と告白しているみたい』。

私はこう聞き返しました。『じゃあ、その友達は、差し出されたあなたの一部を使って、どんなことをするの？』。つまり、信頼がきちんと築かれていれば、自己開示は距離を近づけることにつながるし、なにも失うものはない。だけど、打ち明けられた情報の使いかたを間違える人もいるんですよね。言ってはいけないことだと自覚していないのか、うっかり言ってしまうのか、相手を傷つけるためにわざとやるのか、それとも、秘密を知っていることを誇示するためにするのか」。

これはリスクの高い行為だ。なにを打ち明けるにせよ、相手に間違った解釈をされることも、決めつけられることも、言いふらされることだってない、と信頼しなくちゃいけないなんて。ガードを緩めて、友達づきあいが上手くいってないときなら隠すようなことを、打ち明けなきゃいけないなんて。自分で制御できないところへ個人情報を渡すのは、難しいことがある。自己保身本能というのは強いものだから。だけど、これはやってみる価値がある。

作家のラディカ・サンガーニにとって、新しい友達をつくるときのポイントは、自分を提示することだという。

彼氏と別れ、会社を辞めて独立したときに、ラディカは孤独を感じていた。友達のほとんどは海外で暮らしているし、ロンドンに住んでいる友人たちはライフステージのずれが増すいっぽう。そこで、新しい友達づくりに意識的に取り組んでみたそうだ。

「新しいオフィスで働き始めて、すてきだと思った人たちを呑みに誘ってみたんです。ひいていた人もいましたね。なんでこんなにグイグイくるんだろう？　って。それでも、誘いに応じてくれるいい人たちもいて、その人たちが本当に友達になっていった、というわけです。

うまの合う女性がひとりいました。休憩中に話しただけだったのだけど、ある晩、電話してみたんです。『どうしたの？』と聞かれたので、『こんばんは、って言いたかっただけ』と答えたら、『え……なんで？』。いまとなっては笑い話で、『あのとき電話してくれて、神に感謝してるくらい』だそうです。いま、彼女とあのオフィスにいたもうひとりの女性が、私の世界一の親友になってるんですよ。出会ったのは三年前。

遅すぎるなんてことは、絶対ありません。人生のどの時点だって、いい友達を見つけることはできるんですから」。

ラディカはまた、自分の弱さや素の姿を見せることがもたらす威力にも、気づいたそうだ。ある結婚式で、学校時代の知り合いグループと同席になり、むかしなつかしい関係にどっぷり浸るパターンになりかけたときのこと。

「そのテーブルには新郎の同僚の恋人、つまり、私となんのつながりもない女性もいました。話しかけてみたら、彼女もフリーランスで働いていて、孤独を感じてるとわかったんです。だから、すぐ席を移って、隣に並んで。一か月後には、家にお泊まりさせてもらって。本当にいい友達になったんです。誰かと知り合って友達になりたいと思ったら、なんらかの意味で自分の弱さや素の姿を見せるのはすごく大事。私はあの結婚式で、『色々苦労してるんですよね』と打ち明けたおかげで、『あら、私もそうなんだけど』という流れにできたんですから。これって大きなことだから、その相手とのつながりは本物になりますよ」。

ラディカの体験談で心からいいなと思ったのは、近所の人に話しかけたり、ヨガ教室のあとでおしゃべりしたりすることで、新しい友情に「親しい友達」だけじゃなく、「知り合い」という層も加えたことだ。

「気づいたら、すごく忙しくなってました。全員と親しくなったわけじゃなくて、たまにお茶する程度の人もいます。それでも、自分のコミュニティを広げることができたのが、うれしいんですよね」。

大人になってから新しい友達をつくる一番簡単な方法は、ひょっとしたら、友達の友達と知り合うことかもしれない。相手を吟味するという大変な部分を、自分の好きな人がもう済ませてくれているのだから。

私がイオナと知り合ったのは、仕事関係の友達の紹介だ。仕事を通じて関わりが深まり、やりとりはメールが中心だった。なかでも、ペットのウサギに催眠術をかける方法を発見したという、ウサギの催眠術師をかたる男性のインタビューを私から依頼したことをよく覚えている。

紹介者との友達づきあいは続かなかったものの、イオナとは長続きした。イオナとちゃんとした友達になれるとわかったのは、私が一社目の新聞社を辞めたとき。

私はなぜか、送別会を二回することに決め、当然と言えば当然だけど、一回目には同僚全員が出席し、二回目は全員がキャンセルした。厳密に言うと、来てくれたのはイオナひとりだけだったのだ。

恥ずかしすぎる状況だったのに、イオナは気にするそぶりをまったくみせなかった。そんな彼女の態度に、私はいったい誰にアピールしようとしていたのかと、我ながら疑問に思えてきた。ふたりでワインを何本もオーダーし、その夜は本格的に呑んだ。ほかに出席者がいないなら、いくらオーダーしても全額経費で落とせるし、あとでみんなに自慢できると、きゅうに気づいたから。

私の脳裏にふと、大学時代のシェアハウスメイトや、学校に通っていたころの〈生涯の大親友〉たちの姿が浮かんできた。あの娘たちだったら、ふたりきりで送別会をするはめになった私はなんてマヌケなんだろう、と思い込まされていたはず。でも、イオナが気にしていないから、私も気に病まずに済んだ。おかげで、自分の弱さや素の姿をさらけだしやすくなった。言うなれば、その夜の一番恥ずかしいことは、もう起きてしまっているんだから。

そうなると、重要なのは出席者の量でなく質だ。私はあの晩、出席者がイオナだけで不満に思っていると感じさせないようにした。彼女とふたりだけで呑んでいることに満足していたので。

これと似たようなことが、十年後にも起きた。イオナと私が、ある著名人たちの即席ディナーパーティーに出席することになったとき。そこには、私を「お馬鹿さん」呼ばわりしたことのある、Radio 4 のある司会者も出席していた。著名人たちにしてみたら、私から送られてきた重要メールなんかジャンクメールなのだけれど、私はそのことに気づいていなかったのだ。

ちょっと安堵したのは、テーブルに出席者全員が座りきれなかったこと。私とイオナは、無理やりお邪魔するよりはと思い、ソファに座ることにした。牛すね肉のパッパルデッレのお皿を膝にのせて、このパスタと赤ワインでお腹を満たし、おおいに笑った。その後、ひとりの女性がさっと近づいてきて、こう言った。「一番楽しんでたのは、あなたがたふたりみたいね」。たぶん、そうだったと思う。

これと同じころになかよくなったのが、レイチェルだ。「なかよくなった」と表現したのは、五年近く同じ職場で働いていたのに、話したことが一度もなかったから。時折、ふわっと通り過ぎるおしゃれな姿を見かけて、見た目と同じくらい中身もすてきな人なのかな、と思ったことはあったのだけれど。

どうやら、二回目の送別会のあれで、私の人望がいかほどのものか評判になったらしく、一度呑みに行かないかとレイチェルが声をかけてくれたのだ。辞めることになっていた私は、ふたりきりで気まずい空気になったとしても、どうせ二度と会うことはないんだからまあいいかと思った。

いまならわかる。

あのときの私が、友情のインポスター症候群とでも呼ぶべき状態に陥っていたことが。

自分は期待に応えられない、だましてるような気がする、という自己過小評価。インポスター症候群は、仕事絡みで使われることの多い言葉だけれど、私は重い症状をみずから経験してから、関心を持つようになった。

それは数年前に、〈国際女性デー〉のパネラーとして招待されたときのこと。

成功者と呼ばれる女性たちと並んでステージに座っていた私は、自分の頭上に〈身の程知らず〉という文字が浮かんでいるような気分に陥っていた。ここにふさわしくない人間じゃないとばれてしまう、そんな思い込みにとらわれてしまったのだ。すっかり萎縮し、質問されて上手く答えられなくて、知識がないとばれちゃったらどうしようと、怖くなってきた。そのとき議論されていたテーマこそ、インポスター症候群だったのだ。

その後、インポスター症候群については、私が運営するポッドキャスト『Imposters』で、幾人もの素晴らしい女性たちにインタビューしてきた。女優のプリヤンカー・チョープラー、ファッション・アドバイザーのトリニー・ウッドール、元英国首相夫人のサマンサ・キャメロン、司会者のジューン・サルポン。そして気づいたのは、インポスター症候群が仕事だけでなく、私のプライベートにも影響を与えているんだということ。こういう女性は大勢いるんじゃないかと思う。

新しい友達をつくるときにも、インポスター症候群めいたことが、そこかしこで起こっている。どうやら相手に気に入ってもらえたみたいだけど、たまたま運が良かっただけだと自分を卑下し、いつか自分がダメな人だとか、それほどいい人でもないことが「ばれてしまう」と思い込む。だから私はあのとき、レイチェルみたいにフレンドリーで人望のある人が、自分なんかと一緒に過ごそうとしてくれる理由がさっぱりわからなかったのだ。

ともかくも、私は職場を辞めるときに、レイチェルから呑みに誘ってもらってうれしかったし、ほんとに自分でいいの？　という疑念を乗り越えて、どぎまぎしつつも誘いを受け入れることができてよかったと思っている。レイチェルとは、本当になかよくなれたから。

ちょうどあのとき、私は激変期を迎えていた。恋人との関係を終わりにして、実家へ戻って転職しようかという時期。私はこれを打ち明けていい、というゴーサインを自分に出した。心の内をぶちまけたわけじゃなく、レイチェルの問いに率直に答えるという、まずは小さいところからスタートして、友達に話すようなことを打ち明けてみた。友達みたいに接したら、その相手が将来、本当に友達になる可能性がある。レイチェルはさらに、あの新聞社で働いているセシリアとルイーズを紹介してくれた。この三人は親密だったけど、なかよしグループみたいなことはしてこなかった。それどころかまったく逆で、ドアを開いて私を迎え入れてくれたのだ。あのときは、本当にわけがわからなかった……いまでもよくわかっていないのだけれど。

ようするに、あの三人は、新しい友達をつくることを楽しんでいただけ。

私にとって、びっくりするような新事実だった。

ひょっとしたら、私も友達づくりを楽しめるようになれるかも。ここでがんばって、思い込みをぜんぶ捨てて、女性同士の友達づきあいに疑念を感じるきっかけになったひどい体験もぜんぶ放りだしてしまえば、これまでと違った視点で見られるようになるかもしれない。

だから、トライしてみた。

私は自分に言い聞かせた。これまでは警戒しすぎて無理だったけど、自分の秘密やがっかりした経験について、打ち明けてみなさいと。私はやってみた。弱点をつかまれたら嫌だから黙っている、なんてことはせずに。

その結果、なにが起こったか。

いい気分になれたし、このやりかたは上手くいった。

いまでは、私は打ち明け話が大好きになっている。弱さや素の自分をさらけだすのが得意になった。拒絶されたらどうしよう？　鼻先で笑い飛ばすようになった。仕事で上手くいかないときは？　ぜんぶネタにしてる。子宮頸部がよじれるような膀胱炎？　洗いざらい話すし、検査結果も知りたければ教えてあげる。私は、前の晩に脱ぎ捨てられた汚れた下着みたいなものなんだから。まあ、このたとえはちょっと違うかもしれないけれど。

だとしても、あの三人が時間をかけて、私のもっとも親しい友人たちになっていったのは事実だ。私はレイチェルと一緒に暮らした時期があるし、セシリアの美しい娘の名づけ親になったし、ルイーズは私の結婚式のためにスペインから飛んできてくれた。

私たちはWhatsAppアプリで〈レディース《淑女たち》〉というグループをつくっている。こんなざっくりした名前になったのは、四人揃ってクリエイティブ業界で働いているくせに、もっとましなグループ名を思いつかなかったわけじゃなくて、ありとあらゆるテーマをざっくり扱っているから。BBCの視聴者参加型の政治討論番組『クエスチョンタイム』のいいところだとか、ショーツをはくべきか否か（生きているあいだの話）、初デートの最後にセックスするときにベッドにタオルを敷く男性について等々。

それに、年をとったら四人で一緒に暮らそうと話していて、こぢんまりした手頃ですてきな邸宅を見つけては、ウェブサイトのリンクを送りあっている。

私はもっと心を開いて話すという新しい能力を身につけたものの、赤の他人にいきなり、思っていることをペラペラ話しだしたわけじゃない。だけど、この能力のおかげで、新しい友情が時間をかけて着実に育まれていき、むかしからの友人たちとも絆を強めることができた。イジー、マリー、アガサ、イブとも、さらに関係を深めることができるんだとわかった。

そして、びっくりするようなもうひとつの副産物として、私じゃなくてほかの誰かの友達だと思っていた女性たちとも、距離を近づけることができたのだ。例えば、アガサの大学時代のシェアハウスメイトたちと。私はいま、友人たちとどれだけたくさんのことを打ち明けあってきたか、しみじみ噛みしめているし、友情を盤石にするためにすべきことがなんなのか、ちゃんとわかっている。

これはいわば、人生で連鎖反応が引き起こされたようなもの。女性同士の友達づきあいという小さな火が、私の人生のあちこちで火花を散らしだしている。

例えば、ずっとあこがれてた、おしゃれで賢いキコ。派手な柄ものを組み合わせて、ヒップホップスタイルのトレーナーを着こなして、大ぶりなイヤリングも上手く使えるセンスの持ち主で、私みたいな一九八〇年代生まれよりもうんとすてき。そんな女性が、一緒に過ごすうちに、友達の友達を超えた存在になっている。人生について語りあい、共通の友達のバチェラーパーティー向けに、ペニス型のピニャータ人形を用意したほうがいいか、なんてことを語りあえる相手に。

キコと本当の友達になれたとわかったのは、私たち夫婦がキコたち夫妻からディナーに招待されて、とってもかわいい小さなねこをもらってくれないか、と頼まれたとき。それは保護されたばかりの、黒い長毛の小さな白いくつ下をはいたねこで、私たちをすっかり夢中にさせていた。ところが、キコの夫が重度のねこアレルギーだとわかったのだ。行き場のないペットを抱えている相手を友情で救えるなら、その友情はもう安泰だと思っていいんじゃないだろうか。

「まさかクレアが結婚式に来てくれるなんて、思ってなかったんだよね」

キコがそう言ってくれたのは、結婚式からおよそ一年後、私たちの友情が盤石になってから数か月後のことだった。キコと夫は折に触れて、意識的にそう言っているのだけれど、そのたびに私は、おかしな安堵感を覚えている。たしかに、キコの結婚式に喜んで出席したけれど（どのテーブルにもウィスキーがあったからじゃない）、予想もしていなかったときに新しいすてきな友達がふたりもできたことを、あらためて実感させてもらえて、うれしくなるのだ。

二対二で一緒になかよくするというのは、夫婦にとってすてきな未来図だ。自分のパートナーを違った視点から見ることができる。交流、親密さの共有、笑い、スウェットパンツ姿で家のソファについたねこの毛を掃除しているときとは打って変わった、魅力的な姿。

マサチューセッツ大学が二〇一四年に実施した研究[22]により、夫婦そろって友達づきあいをすると、夫婦関係をふたたび熱くできるとわかった。また、夫婦単位で密接な友情を築くと、その夫婦の幸福度は上がる。だから私は、レイチェルとふたりでランチとネイルケアをしているから、夫同士でサイクリングしてきたらどうかとすすめたのだ。そう、これは全員にとっていいことだ。新しい友達をつくって、四人で友達づきあいができればもっといい。相手夫婦とその夫婦の関係性を、同時進行で知ることができるから。パートナーが一緒にいて支えてくれれば、自分の弱さや素の姿を見せる負担がいくらか軽くなるかもしれないし、なにか打ち明けるときに、多少なりとも気が楽になるかもしれない。そして、ついしゃべりすぎてしまったときは、テーブルの下でそっと小突いてくれるはずだ。

♣

三十歳の誕生日パーティーで、二年のあいだにどれだけ状況を変えられるか見てとった私は、とても信じられない気分だった。なんだか、色々なところに色々な友達ができつつあるんだな、という感慨にひたっていたのだ。

イジーとマリーは、いまも私の人生に欠かせない誠実な存在だ。アガサとイブは、「男子とつるむのが好きなサバサバ系」という、あの空虚なパターンにはまらなくていいのだとわからせてくれた人たち。レイチェル、セシリア、ルイーズ、キコは新しい女性の友人たちで、私がいまひとつ自信を持てないながらも、関係は深まっている。

こうして私は、それまで自分が友人たちに与えてこなかったものがなんだったのか、わかり始めてきた。それは私自身。

以前の私は、友達として望ましいはずだと自分が思った形で、自分を差し出していた。いつも周囲に気をつかってばかりで、弱さや素の姿を見せることがなかなかできずにいた。相手を喜ばせることに必死で、自分を小さく見せることで相手を大きく見せようとしていた。そうすることで、友達とのアンバランスな力関係というパターンにはまりこんでいた。壁を築いていたから、素の姿を見てもらえることはなく、話をきちんと聞いてもらえることも、理解してもらえることもなかった。

ここにたどり着くまでは、いつもこんなふうに思っていた。数少ない女性の友人たちが友達でいてくれるのは、私の欠点を知りつつも、なぜだか私のことを気に入ってくれたからだと。女性同士の友情はたいていそういうものだと、いまでも思っている。でも、以前の私がわかっていなかったのは、友人たちは私の欠点を気にしているわけじゃないし、私の内なる批評家みたいに、いつも私を審査しているわけじゃないということ。友人たちは〈クレアはこれがダメ〉という減点方式ではなく、〈クレアはこういうところがいい〉という加点方式で見てくれている。だから私は、自分自身を友人たちに与える自信を、少しずつ持つことができたのだ。

ひょっとしたら、そんなのはとりたてて新しい発見じゃない、と思っている方もいるかもしれない。もっと心を開いて率直になることが、新しい友達づくりの重要ポイントであり、むかしからの友人たちとの距離を縮めてくれるなんて、目新しくもなんともないと。

だけど、私にとっては、目の覚めるような発見だったのだ。こういうことを頭でわかっていたとしても（私はたぶん無意識下では理解していた）、実践に落とし込むのは簡単にいかないこともある。でも、やってみる価値があることは確かだ。

第6章 友達と溝ができたとき
——一度揉めたらもうおしまい？

俗説：友達との関係が壊れたら修復はできない？

自分と友達のあいだにぽっかり穴があいて、その穴を挟んだ向こう側から友達を見ているような気分になったことがあるだろうか。友達の姿は見えているし、手を伸ばせば触れられそうなのだけれど、自分と友達のあいだに、いきなり大きな距離ができてしまったようなあの感覚を。

これぞ、友達とのあいだに溝ができたときに起きることだ。

人生という地層が動きだし、離れていって、一番親密な女友達であっても距離ができ、ぽっかりあいた穴を、自分がいる場所からひとり見つめることになる。それまでは位置がぴたりと合い、同じテンポで動いていた相手なのに、いまやこれほど遠くに感じてしまうなんて。

映画『リトルフット』の地震を思い浮かべてみたら、これからお伝えすることがいくらか想像できるかもしれない。

一般的に、友達とのあいだに溝ができるのは、誰のせいでもない。誰かをわざと傷つける目的で、できるようなものでもない。この恐ろしい広大な深淵《しんえん》ができてしまうのは、ありとあらゆる「完璧に歩んでいるライフステージ」が原因になりうるから。恋愛、家の購入、昇進、結婚、出産、引っ越し、更年期、離婚。ほかにも、根本的なことで意見が食い違う、友達の人生で起きていることを理解できない、といった理由もあるけれど、これはあとで詳しくお伝えする。

人生の節目は各人で異なるにせよ、大人として受ける通過儀式というものがあり、こうした儀式は私たちが前へ進んでいく後押しをする。結婚して子どもを持つことが、社会で何世紀ものあいだ法体系によって支えられているのは、それなりの理由があってのこと。こうした支援体制が、〈人類〉という店名のスーパーマーケットでレジのベルトコンベヤを動かし続けているのだ。牛乳、バター、パン、マーマイト、結婚、パスタ、じゃがいも、テラス付きの家、超熟成チェダーチーズ、ベイクドビーンズ、赤ちゃん。

ひょっとしたら、精神的に一番きつい〝溝〟は、友達から「大きなお知らせがある」と初めて打ち明けられる瞬間かもしれない。いわば取り残された側という、うれしくないポジションに立たされるし、大人の対応をしなくちゃいけない。おまけに、嫌でも自分の人生に思いをめぐらせるはめにもなる。

友達が婚約した（なんで自分はまだデートで散々な目に遭ってるの）。

友達がマンションを買った（なんで自分は実家の布団で寝てるの）。

友達が妊娠した（自分はまだ子どもも気分だし、産むなんて心の準備さえできてない）。

友達とずっと同じペースで同時に進んでいくわけじゃないし、友達と同じものが欲しいわけじゃない。

だけど、こうした人生の選択が、友情に思いもよらない影響を及ぼすことがある。

溝ができてしまうのは避けられない。

問題は、その溝にどうやって、信頼できる橋を渡すかということだ。

女性にとって大きなライフステージと言える出来事は、迎える年齢が遅くなる傾向が進んでおり、友人同士のあいだに、とりわけ荒涼とした対比をもたらすことがある。英国では、異性愛者の女性の平均結婚年齢が三十五歳、平均初出産年齢は二十九歳だけれど、いずれも上昇している。だから、友達が二十四歳で結婚、二十六歳で妊娠というのは、それもひとつの選択ということ。みずから決めた選択により別のステージへ行き、その過程で往々にして、友情に溝ができていくのだ。

これを初めて体験するのは、友達から恋人ができたと打ち明けられるときか、ひょっとしたら、恋人ができたと自分が打ち明けるときが大半を占めている。

すでに幾度も紹介しているロビン・ダンバー教授によると、恋人ができるとは、友達をふたり失うことでもあるのだという。

つまり、新しくできた恋愛のパートナーが、自分の人間関係の内側にあるサークルに食い込んでくると、誰かが場所を譲らなければならなくなり、数名の優先順位を落とさざるをえなくなる。ダンバー教授によると、「友情の基盤は時間」だ。新しい人間関係に時間を投資すると、それ以外の人間関係に投資する時間が減ってしまうのだ。

これは二〇一三年の映画『フランシス・ハ』で、グレタ・ガーウィグ演じるフランシスを見ればよくわかる。女性ふたりが友達で、そのひとりに恋人ができると、もうひとりは立場を奪われたと感じるし、人生が次のステージに入ったことで、友達との関係が変化していく。フランシスは一番親密な友達のソフィーに恋人ができたときに、こう言っている。「デリへ行く途中になにかおもしろいことがあったら、そのことを話す相手はひとりだけ。パッチでしょ。私じゃないの」。

『パニックの年月（The Panic Years）』（未訳）の著者ネル・フリッツェルは、こんな体験談を語ってくれた。

「二十代のころは、女友達と熱烈な恋愛関係にあって、会うときはおしゃれに気合を入れてました。彼氏と会うときは、スウェットパンツ姿でわきの脱毛もしないのに。

一緒に旅行して、バルコニーでスパークリングワインを飲むなんて、彼氏とはしてませんでしたしね。だけど、こういう親密さすべてが、自分じゃない人へ向けられるようになっていく……愛は有限じゃないけど、時間は有限。友達が最優先だった時期があったけれど、友達全員に彼氏や子どもができて、私は負けてしまいました。結局、時間の割り振りと優先順位を決めるとなると、友達は優先順位を下げられるんです。とっても悲しいことに」。

子どもは間違いなく、女性同士の友情に起こりうる、もっともドラマチックな出来事だ。たいていのどんな溝より大きなやつを、いきなりドカンとあける。だけどこの溝は、大きさだけがどうこうというものじゃない。女性が子どもを産むべき「適齢期」というのは、じつはあってないようなもの。〝若すぎる〟妊娠をすると、教育の機会や仕事、若さを手放すことになる。〝あまりに長く〟待ちすぎると、自分優先のくたびれた中年、卵子が老化している、ということになる。だから、友達が思い切って踏み出したときに、複雑な気持ちになっても不思議じゃないのだ。

引き続き、ネル・フリッツェルの話を聞いてみたい。

「妊娠したと打ち明けられたら、『えっ、自分はいま妊娠しても大丈夫？』と思うでしょうね。曖昧だったものが突如、人生における緊急の議題になるわけです。昇進だとか犬を飼い始めただとか、どんなことにも起こりえますし、こんなふうに感じるのは、みんな同じなんです」。

たしかに私も、同じ年齢の友達が二十六歳で結婚妊娠したときにそう感じた。頭で理解することができなかったのだ。それまでは、ふたりで一緒に楽しさを追い求めてきたのに。夫や子どもができたら、できなくなっちゃう。もう、夜にお出かけするのは無理なの？

友達とのあいだに溝をつくる原因だと私が見なしているものは、そのほとんどが、自分自身の人生だけじゃなく、友達が自身のものだと思っていた人生までも巻き込んでしまう。とくにこれが当てはまるのは、私が経験したような、ひとりだけが一足先に駒を進めるケース。友達と一緒にしたいと思っていた楽しいことすべてが突如、手の届かないものに思えてくるのだ。さきほどのネル・フリッツェルの言葉を借りるなら、「友達から断りなくデビットカードを持っていかれるようなもの」。銀行に詐欺専用の電話窓口があれば、まだいいのだけれど。

私がいまでも覚えているのは、ある友達から大きな知らせを受けて、すぐ会いに駆けつけたときのことだ。ことの次第を洗いざらい話してもらえるのを楽しみにしていたし、すべて知りたいと思っていた。私が十代だったころの不器用なあれやこれやを、すべてこと細かに打ち明けている相手だったので、当然ながら、今度は彼女が妊娠するに至った経緯について核心部分を聞かせてもらうのが、自然な流れだと思っていたのだ。

ところが。

私は友達とふたりきりになれなかった。

彼女の夫が察してくれなかったから。ほかでもない彼女の夫のことや、どのセックスで妊娠したのか等々を尋ねたかったのに。友達を誘いだそうとしても、やっぱり察してもらえず、結局三人でパブへ入ることになった。バーカウンターでようやくふたりきりになれても、たった二分間だったからプレッシャーが重すぎた。品のいい郊外の町のパブで、「できるまで何回やったの？」なんて尋ねるのは無理だった。私の地位は下落してしまった。二倍賭けして溝の広がりを防ぐ、なんていう裏技を知ったのはあとになってからのことだから、このときは、友情が流されていく状況になすすべがなかった。友達は妊娠のことで頭がいっぱいで、私は押しだされてしまったような気分になった。

あのころはわからなかったけど、いまならわかる。

友達とのあいだにできる溝のことも、その溝をずっとそのままにしておかなきゃいけない理由なんかないってことも。

あのときは結局、友達の幸せな環境の変化に呑み込まれて、私は親密な友達をひとり失ってしまった。

友達とのあいだの溝というのは、時間がたつうちに、あらゆるところにできてくる。もぐらたたきゲームみたいで、結婚式に新築祝い、懐妊でふっくらしたお腹が、あちらこちらにポコッ、ポコと出現する。しまいには、たくさんできすぎて、まだ穴を掘っていない自分が、たいしたことのない出来事に大騒ぎしている人扱いされている、みたいなことになってくる。なんだか、自分が珍しい生き物になったような気分にさせられるのだ。いまだに〝笑える〟デートのネタで友人たちを楽しませている種族の、最後の生き残りのひとりになったような。

そんな感覚に襲われるのは、結婚式や子どもの洗礼式のとき、友達のゴージャスな自宅で開かれた誕生日パーティーから帰宅して、賃貸マンションのシングルベッドに戻ったとき。友情の基本的なところはいまも同じなのに、物質的な壁ができてしまったような気分になるのだ。

本当に溝が広がってしまうのは、友達から一方的に決めつけられていると感じたときだろう。つまり、友達が選んだ人生を、こっちにも押しつけられたとき。例えば、友達とまったく同じ「次の段階」へ進むルートを選ばないでいると、そんな人生かわいそう、私の人生はハッピーなのにと、いつのまにか同情の対象にされているケース。

出産した私のある友達は、「クレアもすぐだよね」というふうに、やたらとプレッシャーをかけてくるようになった。たぶん、友達との「不平等」が長く続くわけじゃない、と確認したかったんだと思う。けれども私は、あとに続く気のない自分が、友達をがっかりさせているような気分になってしまった。

こういう友達はたぶん、相手のことを一方的に決めつけようとか、動揺させようなんて思っていない。頭のなかに溝ができると、その溝が相手の頭のなかにもできてしまうことがある。ひょっとしたら、自分の持っているものを友達が欲しがっているという可能性だってある。

だけど、これは口で言うのは簡単でも、相手と実際に話してみるのは難しい。

例えば、友達が出産したときに「なんだか取り残されたような気分」だと認めてしまったら、いい反応は引き出しづらいし、生まれたばかりの赤ん坊に嫉妬するというのも、やっぱりみっともない。

私にとって一番きつかった溝のひとつが、「ママ友」の出現だ。

両親学級の仲間だとか、子どもの同級生のお母さんだとかの話題になると、私はちょっと取り残された気分になる。そんな気持ちを正当化したいときは、こう言い聞かせるようにしている。「私はひどい人間じゃない。彼女はうんちの後始末をしなくちゃ、なんていうぐちメッセージを、夜中の一時に送れる相手が欲しいだけなんだから」。

ところが、『あらゆる仕事をこなす母親(The Mother of All Jobs)』(未訳)の著者クリスティン・アームストロングは、「ママ友」をただの便宜上の友達として軽く扱うべきではないと考えている。

「母性がベースにある女性同士の友情は、とても多いですし、母親同士の友達づきあいは、表面的なものではありません。夜中三時に授乳、子どもが下痢をした、木から落ちた、なにを欲しているのか考える、なんていうめまぐるしい日々のなかで、生涯の絆が育まれるんです。重要度から判断して、ママ友たちが学生時代の友人たちに取って代わった、と答えた女性たちもいます。いわば、若いころの自分の姿が反映された友達グループより、アイデンティティによって集まったグループを優先するようになったんですね」。

そうだったとは。私の子持ちの友人たちのほとんどが、このケースには当てはまらないと思いたい。たしかに、共感という溝は存在する。夜中に授乳しなくていい人が、その大変さを本当に理解するのは、たしかに難しいだろう。でも、理解できないからといって、私が気にかけていないわけじゃない。

それに、私の経験では、両者が変化に適応できれば、友達が誰かに取って代わられるなんてことは起こらない。重要なのは、状況が変わったことを受け入れられるかどうか。まずは、自我を引っこめるのが基本だ。友達の子どもの誕生日が自分にとって大事な予定でも、自分の誕生日ディナーが友達にとって大事な予定じゃない時期がちょっと続く、と理解する必要がある。

ここで、ネル・フリッツェルにふたたび登場してもらおう。

「出産後は、以前のような友達でいるなんて無理でしたね。がんばったけど、くたびれ果てて、いらいらしてしまって。ちゃんと変化を受け入れて、こう伝えるべきでした。『この状況じゃあ仕方ないわ、パーティーには行けない。でも、子どもたちのお昼寝中に電話できるし、私の家まで来てもらえるなら食事会を開ける。以前とまったく同じようにはできないの。でも、あと何年かしたら、また状況は変わるはずだから』」。

疎遠な状態がずっと続くわけじゃないはず。

これもまた、受け入れるべき重要なことだ。

友達に恋人ができたけれど、新しい人間関係にちょっと疲れたときにまたこっちへ来るのを待つ、というのと同じ。あるいは、本を書いている友達が執筆を終えて、穴蔵《あなぐら》から出てくるのを待つのと同じ。だから、友達が子育て中という溝ができた場合も、同じように待つことはできる。

ひょっとしたら、子育て中の友達自身が、別の溝に苦しんでいることだってある。ネル・フリッツェルがこれを経験したのは、出産前の両親学級で、自分より生活水準の高い参加者のグループに入ったときだった。

「恥ずかしいから、我が家に招くのをできるだけ引き延ばしてました。でも、みんな本当に優しくて、私が慌ててへんなお茶菓子を出してしまっても、別に大丈夫でした。それで、はたと気づきましたね。経済的な格差のせいで、自分が劣ってるとか、上から目線で見られているとか、勝手に思い込んでカリカリしてただけなんだと。私自身の問題だったんです……自分と暮らし向きが違う人たちと接すると、厳しく自己批判してしまう。解決策は、私自身がセラピーを受けることでしょうね」。

すでに幾度か紹介しているパンドラ・サイクスは、友達と親というふたつの〝アイデンティティ〟を上手く同居させるまでに、しばらく時間がかかったという。

「子どものいない友達とは、つきあいかたを話し合う必要があります。子育て中は、友達に誘ってもらえなくて、傷つくことがあるかもしれません。こっちは意気込んでいるのに、友達のほうは遠慮して声をかけてこないとか。こういうふうに意思疎通がずれるのは、普通のことです。重要なのは、自分が友達にどう対応するか、友達とどういう取り決めをするかということなんです」。

ある年齢になると、生殖能力というものが、不発弾のように女性の人生に居座り始める。つねに誰かが妊活をしているし、胎児がいまどのくらいの大きさか、マンゴーくらいだとかアボカドだとか、嬉々として話している。

なかには、苦労している友達がいるから、妊娠したことをSNSに書かないようにしていた、という人もいた。私の知人でも、子作りに苦労している時期に友達に幼い子どもがいると知り、なにも告げずつきあいをやめた人がいた。自分が欲しくてたまらないものを、つねに突きつけられているような気がしてしまうから、という理由で。

さらには、自分が過去に体験した困難を、友達がこれから経験するのだとわかっていても、それがいい材料になるとは限らない。ジャーナリストのエマ・バーネットは、こう話してくれた。

「不妊の問題を抱えているときは、年代が上か下の女性たちがつきあいやすいでしょうね。三十代〜四十代のまだ子宮を使える女性たち全員を、無視したくなる時期ですから。いつ誰が『妊娠したの！』なんて言いだすかわからないし、『いまがんばってるの』なんてことも、聞きたくないかもしれませんしね」。

これはとても個人的かつデリケートで、扱うのが難しいテーマだ。両者を傷つけてしまう恐れがある。

第4章で紹介した労働党議員のジェス・フィリップスは、「子どもたちが幼いころに、友達をずいぶん失った」そうだ。

「二十二歳で出産したときは、周囲にわずかな人しか残ってませんでしたね。だけど、子持ちの女性たちという、新しい女友達のグループができましたよ」。

ジェスは現在、懐妊をめざしているある親友とのあいだにできた、生殖能力という溝に対処している。

「彼女のことを心から気にかけてます。女性同士の友達づきあいでは、つねに誰かが子どもを持たない／持つと決めたとか、流産したとか、中絶したとか、共有できる体験をいくらかしてます。ある程度の知識があるし、理解も示せる。

でも、人工授精については、誰も経験がないから助けてあげられなくて、本当につらいんです。私たちが友情で結ばれているのは、彼氏がクズだとか、経済的に苦労しているだとか、共通の体験をしているというのが大きいんです。自分にかけるべき言葉を女友達がすぐに見つけられないとなったら、とてつもなく孤独でしょうね。

じつは、この友達と大喧嘩したばかりなんです。間違いなく私のせいで。この状況をどう扱っていいかわからないんです。

女性同士のつきあいでありがちですけど、同じ経験をしたことのない友達に、なにが重要でなにが重要でないかを説明できないんですよね。難しくて危険なことだと思います。だから、『妊娠できる女性でいれば、万事解決ってわけじゃないのよ』なんて言ってしまって。これを言っていい相手は、妊娠できる女性だけなのに。妊娠に苦労している人や、望んでもできないという人に言ったらまずいことだと気づいたのは、その友達が妊娠してからのことでした。彼女はこれから、私たちみんなと同じ共通体験をすることになるんです。『妊娠って、お腹にでっかいうんこをためてるのと同じだよね』と言っていたあれを」。

友人たちの共有体験の輪に入れない心境をよく知っているのが、五十七歳の心理療法士ジョディ・デイだ。ジョディは不妊症や環境的な理由で子どもを持てない女性のためのネットワーク〈ゲートウェイ・ウィメンズ〉を運営している。子どもを持てないために生じた友情の溝が、大人になってからのジュディの人生を決めたのだ。

「結婚したのは仲間内で早いほうだったのに、妊活を数年しないでいたら、みんなが出産を済ませていました。自分が妊娠できない理由はないと思っていたので、重荷になっていた結婚生活がだめになっても、私はずっと否定していました。四十四歳になってようやく、もう無理だと認めるべきだと決心したんです。それを契機に、友人たちとの関係が変わりました。友人たちについていくのはものすごくきつかったけど、それまではがんばってたんです。いつか彼女たちの子どもが、私の子どもの遊び相手になるんだと思ってましたから。母親になるのが夢のひとつだったので、そうやって、精神的な負荷をみずからかけていたんですね」。

子どもは産めないのだとジュディが受け入れたとき、友人たちはその事実を認めたがらないか、その事実について話したがらなかったそうだ。かわりに、現実的に無意味な解決策やアドバイスを差し出してきた。

「友達づきあいを続けるためにがんばっているのは、私だけなんだと気づき、もう無理だと悟りました。あまりにもつらい状況でしたからね。そこで、意識的に実験するような感じで、それまでしてきた感情的な労働をすべてやめてみたら、世界から取り残されたような状況になりました。

子持ち女性たちのグループ全体とつきあいがなくなったんです。まさに〈#FriendshipApocalypse（友情の黙示録）〉。そうなって当然だと、いまならわかりますけど、あのときは、自分が友達としてだめなせいだとしか思えませんでした。完全に見捨てられた気分でしたね」。

ジュディによると、その友人たちは、ジュディの暮らしを〝妄想〟していたのだそうだ。

「友人たちは、二十代のころの自分の人生と、四十代の私の人生を比べていたんです。共に独身で子どもがいない。私が優雅に暮らしてると思ったんでしょうね。私が孤独を抱えていたなんて、夢にも思ってなかったのかもしれません。言葉にされないことがあまりにも多すぎるせいで、関係がだめになってしまう。難しい話し合いをしているうちにこじれるわけじゃないんです。だけど、『女性同士の友情はなんだって乗り越えられる』というあれを、子どものころから刷り込まれている私たちには、難しい状況になったときに話し合えるスキルがないのでしょうね。そんなスキルが女性たちにあったら、私はいくつかの友情を救えたかもしれません」。

こういう難しいことを女友達と話し合うのは、容易じゃない。

そう認めるのが、大事なのだ。

簡単に話し合えるんだったら、そもそも、友達とのあいだに溝なんてできないかもしれない。大事なポイントは、相手の話をしっかり聞くこと。私の場合、問題が起きるのは、友達はこう感じているだとか、こう思っているはずだと、わかったふりをしてしまったときだ。

ジュディの友人たちは、ジュディが求めているのは、どうすれば子どもを持てるかという助言だと思っていたけれど、ジュディは自分の悲しみを知ってもらうだけでいいと思っていた。「じゃあ、私の子どもをひとりあげる」だとか「ゆっくり寝てられていいよねえ」というようなひとことは、かえって溝を広げてしまった。ジュディは本心をはっきり伝える機会を与えてもらえず、共感を示そうとしていた友人たちは結果的に、ジュディが本心を言いづらい空気にしてしまった。そして、ジュディが勇気をだして、どうして誘ってくれなかったのかと尋ねたら、「ママ友たちのつまらないおしゃべり」につきあわせないほうがいいと思った、きっと苦痛を感じさせてしまうと思った、という答えが返ってきた。でも、これって、集まりに呼んでもらえずその理由を教えてもらえないままでいるより、傷つくことなんだろうか？

こういう厳しい会話をするときのコツは、好奇心を発揮すること。

会話をある方向に誘導するのではなく、友達に色々な質問をするのだ。

相手の話をしっかり聞いて、すぐに口を挟まず、まずは相手が本当はどう思っているのか理解すること。

ジュディもこう言っている。

「なにか言おうと思ったら、それがなんであっても、言わずに止めてください。そのかわりに、相手が自由に答えられるような質問をするだけでいいかもしれません」。

♧

結婚そして子どもを持つことは、友達とのあいだに溝をつくる大きな理由かもしれないけれど、これはどの年齢でも起こりうる。

三十代のある女性からは、こんなことを聞いた。

「子ども時代の親友に中流階級の娘がいて、私が望むものをたくさん持っていましたね。おもちゃ、旅行、誕生日パーティー。私は労働者階級の出身で、経済的な余裕がなかったので、それが友達づきあいの障害になりましたし、親友がしたいと思ったことに影響しました。〝上品な〟エリアにある学校で、向上心ある中流階級の両親の元で育った子たちと一緒にいると、疎外感を覚えることがあるんです」。

九十二歳のオードリー・ラモンターニュ＝デフリエーズは、健康の衰えのために、一九五五年からつきあっている女友達とのあいだに溝ができているそうだ。

「私たちはいいときも悪いときも、共にいました。私が旅していた時期に少し疎遠になりましたけど、帰ってきたときは必ず会っていましたしね。

いまは一日おきくらいに、電話がかかってきますけど、出るのが怖いときがあるんです。彼女は耳が悪いし、話題は近所に住んでる義理の母親のことだとか、他愛のないことだけ。私の知らない、今後も知り合うことのない相手のことなんです。彼女は一方的にしゃべってるだけで、私の言うことを聞いてません。聞こえないんだと思います」

とはいえ、最初の結婚ラッシュが過ぎたあとに、女性同士の友達づきあいで起きる最大の溝は、離婚かもしれない。誰にとっても、切り抜けるのがとてもつらい出来事だし、普段にも増して友人たちを頼りたくなるときでもある。

ところが、離婚したことで女友達を失った女性が大勢いるという、驚くような報告がある。対象によって異なるものの、割合としては十～四十パーセント。その理由は、心理学者にとっては明らかなものだった。

夫婦たちのグループのなかにシングル女性がひとりいると、脅威と見なされることがある。離婚した相手と自分に共通の友達がいたら、その友達は〝どちらかひとり〟を選ばないといけないかもしれない。あるいは、ごく単純でありがちな恐怖心。自分に起きたのだから、友人たちにだって起きるかもしれない。これはあながち間違いではない。「離婚クラスター」理論というものが学術研究で証明されており、アメリカの研究では[23]、密接な関係にある人が離婚経験者の場合、自分も離婚する可能性が七十五パーセント高くなるとされている。

友情の専門家リズ・プライアーは、こう話してくれた。

「離婚は残酷なものです。信じられないような形で、世界が揺さぶられてしまいますから。夫経由で知り合った人は、どんな離婚理由だったにせよ、暗黙の了解で夫側につきます。夫側にその人たちが残って、自分から去っていく。私にもたくさんいますよ。親しいとずっと思っていたのに、いまとなっては、会うとちょっと気まずい空気になってしまう人たちが」。

第4章で紹介したジェーン・ガーベイも、こう言っている。

「友達グループのなかで最初に離婚しましたけど、とっても大変でしたね。長くつきあっていける人や、どんなときも友達でいてくれるのが誰なのか、すぐにわかりましたから。それに、私とつきあっていたのは、私のことが好きだったからじゃなくて、別の目的があったからなのかも、という人もあぶりだされました」。

恋人と別れるときや離婚をするときに、一筋縄ではいかないのが、共通の友人たちという問題だ。どちらかに味方しなくてはと思う友達、巻き込まれたくないからと離れていく友達、友達の幸せなんか別にどうでもいいと思っている友達、というところだろうか。

でも、私が心底びっくりしたのは、離婚したことで、結婚以前から長くつきあってきた女性の旧友との関係が壊れた、と打ち明けてくれた女性の多さだ。

匿名希望のある女性は、旧友とのあいだにできた溝に不意打ちを喰らわされたそうだ。

「朝食の席で夫から、隠していたことがある、結婚生活を終わりにする、と告げられて、まさに青天の霹靂でした。私たちは羨まれるくらい、幸せで恵まれた夫婦でしたから。私はまず、友人たちにどうにか打ち明けてから、サポートグループを頼りました。他人のほうが話しやすかったですね。あのうぬぼれ女には当然の報いだ、なんて思っていない相手のほうが。

それから勇気をだして、一番つきあいの長い、同郷の旧友に打ち明けました。驚かれましたけど、〝地元〟の人たちにはまだ内緒だと、くぎを刺しておきました。うわさのネタとして消費される前に、悲しみをある程度、落ち着かせておきたかったんです。でもこの旧友は、うっかり口を滑らせてしまった。裏切られたなと思いましたね。過去に幾度も、赤信号に気づかないふりをしてきた相手だったので。別の友人は、信頼されていないから話してもらえなかったんだと、機嫌を損ねてしまいました。衝撃でしたよ。私が人生最悪のときを過ごしているというのに、一番親密な友達のひとりが、自分のことしか考えていないなんてね」。

この女性は現在、こうした旧友たちとは意識的に距離を置いているものの、そのことに「罪悪感」があるという。だけど、もっと驚くようなことを聞かせてもらった。

「私を元気づけてくれたのは、まったく予想もしていなかった人たちでした。私の子どもたちを預かると申し出てくれた人、散歩に誘ってくれた人、優しいメッセージを送ってくれた人」。

離婚はそこかしこに溝をつくるものの、新しい友情が芽生えるきっかけにもなりうる。リズ・プライアーもまた、それに気づいたそうだ。

「離婚の美しいところは、ちょっと連帯めいた関係が生まれることですね。女性たちを結びつける大きな役割を果たすんです……『私もそうだったのよ』というふうに」。

これぞ、女性同士の友情から生まれるパワフルな共感であり、数多くの女性たちのあいだに芽生えてきたものだ。喪失、病気、依存症、不平等な賃金、セクハラなど、〈#MeToo〉が大きな意味を持つあらゆる出来事のなかで。悲しみは、絆を深める体験のひとつであるはずだ。

ところが、ローレン・リバートが母親を亡くしたときに、二十年超のつきあいだった親友は、連絡をしてこなかったという。

「私の母が亡くなったとき、彼女は旅行中でした。戻ってきたらすぐ連絡をくれると思っていたのに、音沙汰なし。ものすごくへんな感じでしたね。離婚と母の死が重なり、私にはまさに試練のとき。なのに、親友がなにも言ってこないなんて。死を受け入れられないとか、訃報にどう接していいかわからないというなら、まあわかります。でも、彼女だって数年前に父親を亡くしてるのに。なおのことショックが大きかったです。


彼女が旅行から戻ってきて数週間後に、買い物中にばったり出くわしたんですけど、元気そうでしたよ。こんがり日焼けして、ゴールドのジュエリーで着飾って。『あら！』なんて言って。本当に妙でした」。

偶然の遭遇のあとで、この親友から、ぜひ会いたいと連絡がきた。結局、ふたりがカフェで会ったのは、半年後のことだったそうだ。

「嫌な気分でした。元彼に会うような感じです。彼女は謝ってきて、修復できたかもしれませんけど、私はゆるすつもりはありません。もう前に進んでますから。私が思っていたような人でも友達でもなかったんだと思ってるので、溝を埋めるのは無理ですね。パートナーに裏切られたようなものなのかもしれません。どうすればまた信頼できるっていうの？　という感じです」。


ローレンの体験から、私たちがどれだけ友達に期待しているかが見てとれる。ごくまれに誕生日を忘れられることがあっても、ランチの約束をドタキャンされても、私たちは大目にみる。忙しく毎日を送っているのだから、些末なことをいちいち気にしていられない。だけど、慶事でも弔事でも、なにか大きな節目の出来事が起きたときは、友達にも分かち合ってほしい。すべてを投げだして、そばにいてほしい。

じゃあ、そうしてもらえなかったときは？

友情という信頼体系が揺らぎかねない。

友情と信頼は支え合ってこそ成り立つものだから、友達ならば連絡を取り合って、上司のぐちをこぼしたり、恋愛がらみの悩みを相談したりできるはずだと、私たちは思っている。そして信頼関係が揺らぐと、その相手との友情について、自分はなにをわかったつもりでいたんだろうと疑問が生じ、無視されたとか裏切られたという気持ちになったり、友達づきあいから悲しみが生まれたり、ということになりやすいのだ。

母親になる展望から、悲しみに沈むこともある。

私の友達マリーは、初めての妊娠で男の子を宿したものの、レニーと名づけられたその子を、妊娠半ばで亡くしてしまった。それが起きる数週間前、新婚旅行から戻る途中だった私たちに、マリーから妊娠の報告が届いた。最高にハッピーな知らせを受けた私は、こう返信した。

〈すごいじゃない、おめでとう！　戻ったらすぐ、詳しく聞かせて〉

マリーは海外で暮らしていたので、おたがい電話を取りそこねているうちに、数日が過ぎた。それから、連絡が不自然にもぴたりとやんだ。次にメッセージをもらったときに、私は息を呑んだ。

〈残念だけど、金曜の検査で、赤ちゃんに悲しいことが起きたとわかりました。しばらく連絡を控えて、夫や家族と一緒に過ごすことにするね。愛してるわ〉

美しい土曜の昼だった。ロンドンの〈クリスタルパレス〉で友達とお茶をしていて、球根でも買おうとガーデンセンターに入ったところだった。すべてが新鮮で、明るい未来に満ちているように思えた。現実と思えないくらい素晴らしすぎる日だった。映画『ノッティングヒルの恋人』で、移り変わる季節のなかを歩いているヒュー・グラントが、陽のあたる場所に出てジャケットを脱ぎ、もうすぐ夏がくることを伝えているあのシーンみたいに。

私は舗道の真ん中に立ちすくんだ。スーパーマーケットの〈セインズベリー〉の壊れたベンチにどさっと座りこみ、そのそばを、週末の買い物客たちが通り過ぎて行く。息苦しい、信じられない。マリーが苦しんでる。私の素晴らしい友達が想像を絶する苦しみを味わっているのに、手を差し伸べてあげられない。マリーを慰めなくてはという私の思いと、いまは誰とも話したくないというマリーのごく自然な気持ちのあいだに、ぽっかりと溝ができたような気がした。

私は無力さを感じた。圧倒的な無力さを。だから、メッセージを送った。返信はいらないけど、愛してると伝えたかったと書いて、飼っているねこの写真を添付して、〈マリーのことを考えてるからね〉ということを、ともかく伝えた。これなら、マリーはその気になったときに返事をすればいいし、プレッシャーを感じさせずに済む。これでいいのかまったく自信がなかったけど、なにも連絡せずにいると考えたら、恐ろしくてたまらなくなったのだ。

それから数日後、天気のいい四月の午後に、私の友達とその夫は、小さな愛しい息子に別れを告げた。

〈あの子の両親になれて幸せ〉マリーからメッセージが届いた。

〈あの子のことはずっと忘れないから〉私はマリーに誓った。

〈それがどれだけ意味のあることか、言葉じゃ伝えきれないわ〉と返事がきた。

私はマリーに本を何冊か送った。笑えるようなものや、マリーをどこか遠い場所へ運んでくれるものを。それから電話した。数週間後、週末にマリーの暮らす国へ飛んでいって、愛してると直接伝えた。二十年間のつきあいで、たぶん初めて。私は心から愛を伝えた。

このつらく苦しかった時期のことを尋ねると、マリーはこう答えてくれた。

「レニーを失ったことで、友達との関係に色々な影響が生まれました。レニーを亡くしてから、初めて友人たちとパブで顔を合わせたときに、面と向かってなにか言ってくる人がひとりもいなかったんですよね。支えたいという内容のメッセージは、送ってくれてたのに。

　これには戸惑いました。とくに、近親者を亡くした経験のある人に対しては。私を脇へ呼んで、なにか言ってくれるんじゃないかと思ってたので。本当にがっかりさせられたし、あれから大きな溝ができてしまいましたね。意識しているわけじゃないけど、溝は広がってます。

だけど、この経験を通じて距離が縮まった友人たちもいるんです。レニーのことを記憶に留めて、話題にしてくれる人たちが。この友人たちは、私とレニーをつなぐ、小さなプラスアルファの役割を果たしてくれてます。だから、以前よりも大事な存在になっているんですよね。それに、レニーのおかげで新しい友達もできたし、母の友人たちとも距離が縮まりました」。

　マリーはいま、新居を構えた町で、レニーの記念樹を育てている。ある日の午後、この木の下に花を植えて、その特別な意味について地元の人たちに話したら、次の日に、誰かが別の花を植えてくれていた。さらに翌日、マリーが水やりに行ったら、誰かがもう済ませていたそうだ。

　私とマリーは意見が一致した。友達と出会うことに積極的でいる限り、友達はどこにでもいるのだと。

♧

　友達とのあいだに溝ができる原因となったある出来事に、私はいまだに対処できずにいる。

　父の家系がユダヤ人なので、私は半分ユダヤ人だ。我が家では、ユダヤ教の行事もキリスト教の行事も盛大に祝ってきた。大人になってからは、私がユダヤ教の施設であるシナゴーグに最後に足を踏み入れたのがいつだったか、とてもじゃないけど言えないし、ユダヤ教で禁じられている豚肉でつくられたベーコンをよく食べているけど。それでも、祖父の両親と兄弟姉妹たちが、戦争中に亡くなったことはしっかり心に刻んでいる。じつは、私の名字は明らかにユダヤ系とわかるものなので、私がそちらの宗教を信仰していると思い込まれることがある。

大学時代のある朝、私は論文を書くため、いつものように図書館へ行った。英文学の書棚を通り過ぎ、空いている席を見つけた。学生新聞を一緒につくっている友人の隣に。

彼女はほとんど顔を上げずに、こう言った。

「ああ、クレアか。やっぱりね。ユダヤの大きな鼻が近づいてくるのが見えたからさ」

私は腰をおろした。

なにを言えばよかったのだろう?

体から力が抜け、とてつもなくショックを受けた。友達だと思っていた相手だから、どう向き合えばいいかわからなかった。心ない偏見とステレオタイプ化は、埋めることのできない溝をつくる原因となる。むかし、歴史の授業中に、『ユダヤ人のあなたから、ホロコーストについて教えて』と教師から言われたときと同じ。あのときも、私はなにも言わず黙ったままだった。

私はここで、反ユダヤ主義に遭遇した体験をお伝えしたいわけではない。

けれども、この本を執筆するにあたり、あの出来事を思い返しているうちに、差別体験について友人たちにどのくらい尋ねたことがあったかなと、ふと疑問が浮かんできたのだ。なにも、友人たちと比べようというわけじゃない。憎悪には上も下もないのだから。いわゆる学生時代の友達とのあいだに起きた出来事を思いだし、痛ましい経験を語るべき友人たちがいることに気づいた。ただそれだけのことである。

こうした経験は、得てして語るのが難しい。友情は全般的に見て、嘆かわしくなるくらい深く分析されることのない研究テーマだし、映画やテレビにおける友情の描かれかたは、お粗末としか言いようがない。

ここで、同性愛者の女性と異性愛者の女性のあいだの友情について、そして異人種間の友情について考えてみよう。

私の友達ジョアンは、母親が黒人で父親が白人。数年前に〈BLM――ブラック・ライブズ・マター（黒人の命は大切）〉運動が起きたときに、友達づきあいをいくらか見直したそうだ。

「私はあなたとは違うんだよと、白人の友人たちにわかってもらおうとしたことは、数えきれないくらいあります。あの運動が起きる以前は、たいていはふうんという感じで、あまり関心を持ってもらえませんでしたけどね。

あるとき、社会で権限のある地位についている黒人女性で、髪を矯正していない人がどれだけ少ないか、ということを話しました。アフロヘアはプロフェッショナルでないという印象を持たれることが多いから、髪を矯正せず就職面接を受けたら不利になると思ってたんです。だけど、それを聞いた友達は、とくに問題だとは受け止めてませんでした。『私は髪を洗わずとかさないで、面接に行くなんてことはしない。それと同じでしょ』。彼女には、違いがわからなかったんですよね。嫌でしたよ、詳しく説明するのは。いつもなら、友達と意見が食い違っても上手く説明できる自信があるけど、人種絡みの場合は本当に苦手。たぶん、友達との関係にもろに影響することだからなんだと思います」。

女性同士の友達づきあいで、こういう話し合いができる言葉も、そして意識もないことに、私はとてもがっかりしている。友達づきあいで心を完全に開けないのは孤独なことだと、ジョアンは認めている。

「恋愛で人種が問題になるだとか、なにかが上手くいかなくなったときに、背景まで含めた全体図を伝えることができないんですよね。こういうことを最近、ごく何人かの親密な友人たちに伝えたら、びっくりされました。そんなに抱え込んでいたなんて、と。それほどサポートを必要としない友達だと、思われていただけだったんですよね。その友人たちはいま、私が友達を必要としていたときに十分な支えになれなかったことを悲しんでいます。

〈ブラック・ライブズ・マター〉運動が起きてからは、大勢の人たちが私の意見を聞きたがってます。友人たちが知りたいというなら喜んで力になりますけど、ちょっと肩の荷が重いですね。なかには、理解できない人もいますから。ひどい映像を見て恐ろしくなることはあっても、白人の立場から、自分事として考えられない。受け止めかたが私とは違うんですよね。こういうことを公平な目線で友人たちに伝えるのは、とても難しいんです。これからも、疑問があれば尋ねてほしいと思っているけど、すごく疲れますね。だけど、私の気持ちを尊重してくれる人たちもいます。仲が悪くなったわけじゃないけど、この運動の話題が下火になるまでは、色々と尋ねてくる人たちとは距離を置くことにしました」。

ジョアンのこうした発言は、友達づきあいで起こりうる、感情的な労働というものにスポットを当ててくれている。感情的な労働とは、友達の体験したことに否定的だとか、本来ならお金を払って教えてもらうべきことを、友達なら無償で教えてもらえるのが当然だと思う行為を指す。

アン・フリードマンとアミナトゥ・ソウは、著作『大きな友情：親密な関係を続けるには（Big Friendship: How We Keep Each Other Close）』（未訳）で、こう書いている。

「白人が関わる異人種間の友達づきあいでは、白人でないほうが悪い意味で背伸びしているような気持ちになり、白人のほうは〝学習体験〟の機会を持てるという関係になりやすい」。

三十三歳のアビー・ナッシュもまた、異性愛者の友人たちとの関係で、この「学習の溝」を感じている。女性の恋人とベッドでどんなことをするのかと、友人たちからよく尋ねられるのだそうだ。結婚前の女性《ヘン・》限定パーティー《ナイト》では、全員が黙って耳をすませているなか、レズビアンのセックスとはどういうものか、一人ずつ順番に尋ねられたこともあったそうだ。

「よくわかってもらえないときもあります。私がまだ相手と知り合ったばかりなのに、異性愛者の友人たちから、『本当に好きなら向こうから来るはずだよ、あんまりつっぱねちゃだめ』なんて言われてしまって。本人たちは気づいてないんでしょうけど、ああいう負け犬的視点で助言されると、ちょっと自信が揺らぐこともあるんですよね。問題は、あれが異性愛者的な意見だってこと。私のほうからちょっと追いかけてみたら、とけしかけてるんですよね。友人たちのことは大好きだし、彼女たちがいなかったら私はどこにも居場所がないけど、ちょっと合わないところもあります」。

デートや恋愛についてのアドバイスは、女性同士の友達づきあいの中心を占めるものだけれど、そのせいで、溝ができてしまったと言っている女性は大勢いた。

親友だと思っている女性の夫が虐待気質だとか、恋人がカミングアウトしていないのはだめだと同性愛者の友人たちから否定されて、関係が切れたとか。私が友達を守らなくちゃ、あの恋愛は交通事故を目の前で見ているようなもの、と感じているなら、その友達とはわかりあえないかもしれない。そのせいで、自分とのあいだに溝ができるかもしれない。友達がリスクの高い状況に追いやられるかもしれないと、わかっていたとしても。

私の友達のサルからは、こんな体験談を聞いた。

「友達の交際相手に、はっきり意見を伝えたことがあります。一家の宗教を理由に、両親に交際を秘密にしておきたいと言っていた男性に。敬意を欠いた行為だし、友達も嫌がってましたし。友達が妊娠してようやく、家族に紹介してたくらいでしたからね。彼がサプライズでベビーシャワーを企画したときは、私たちのある親友が招待されませんでした。その娘のライフスタイルを受け入れられない、という理由で。だから、よく考えてほしい、妻を管理しすぎなんじゃないかと、罵倒しないまでも非難するメールをこのときも送りました。そして、出産後に会いに行こうとしたら、彼に断られてしまいましたね。友達が弱っている時期だったから、結局、あきらめざるをえなくて。彼女とはまだ友達だけど、関係はすっかり変わってしまいました」。

次に、ある曇った日に私と電話で話してくれた、七十七歳のジュディの体験談を紹介したい。

ジュディには、学校時代からつきあってきた幼なじみの友達がいる。休暇中の旅行も一緒にするくらいの仲だったのに、夫の態度の悪さを非難されたことをきっかけに、関係に大きな溝ができてしまったそうだ。

「夫と幼い子どもを連れて、彼女の家に泊まりに行ったのですけど、夫はかなり支配的な男性で、気乗りしない様子でした。最悪でしたよ。ずっと不機嫌で、私の友達とその夫がたしなめようとしたら、もっと不機嫌になって。友達は目に涙をためて、なんでこんな男と一緒にいるの、と訴えてきました。傷ついたし、動揺しましたね。とっても親密な友達との友情が、終わってしまうような気がしたから。結局、私たち一家は早めに引き揚げて、謝罪の手紙を置いていったのだけど、友情は壊れてしまいました。心の底からショックでしたね。だけど、もう無理だと友達が思ったのもよくわかるんです。夫は破滅的なタイプの男性だったから、私と連絡を絶つほうが手っ取り早かったのでしょうね」。

これは悲しすぎる。ジュディの幼なじみは、友達としての義務をきっちり果たしたのに、距離を置かねばと思ってしまうなんて。きっと、ジュディに夫と別れる気がないとわかったからなのだろう。その根底には無力感、不安、助言の拒絶があり、こうした諸々が怒りへとつながったのではないかと思う。

これは三十七歳のエスターが、親しい友達に感じたことでもある。二十代のころにずっと同居していたその友達は、同僚と結ばれたのだそうだ。

「一年後に同棲を始めた日から、いきなり恐ろしいことが始まりました。相手は、恋人が自分以外の人と一緒に過ごすのを嫌がる男性で、体のラインが見える服は嫌だと言って、彼女に野暮ったい恰好をさせ、関係が壊れそうになると求婚し、だけど結婚式はキャンセル。彼女が〝怠け者〟で、彼が〝鍛え直してやる〟ことができなかったから。結局、ふたりはよりを戻して、すぐ結婚して子どもがふたりでき、家族や友人たちから遠く離れた場所へ引っ越していきました。私が会いに行っても、家に入れてもらえず、彼は私に友達を会わせるのを嫌がっていましたね。

彼女には率直に話してほしかったのに、彼をかばうだけ。友情は表面的なものに変わってしまい、私は引きこもっている彼女にいらっとしました。その状況が変わったのは、去年の夏。彼女が電話してきて、夫の虐待を認め、離婚したいと言ったんです。また心を開いて話せるようになって、ものすごくうれしかったですね。旧友が戻ってきてくれて。離婚に至らなかったのは残念だけど、いまなら彼女の立場の難しさがわかりますし、彼女がどんな関係を必要としていようとも、私がついていてあげなくちゃ、と思っています」。

友達とのあいだにできた溝は埋められるし、女性同士の友情は復活させられる。

これはとってもパワフルな考えだ。

エスターのケースのように、緊張をはらんだ状態にする必要なんてない。シンプルにすり合わせをするだけで、上手くいくことだってあるだろう。たしかなのは、ふたりの状況に共通点が多いほど、友情の溝は埋まりやすいということだ。経済的な状況だとか、子どもが学校へ通い始めただとか。

大事なのは、これを理解することだけ。

自分の世界がまた変化すれば、友情の溝は縮めることができるし、おたがいに向き合い、歩み寄って、溝の真ん中で落ち合うことができるのだと。

場合によっては、率直に話すだけで十分なことだってある。

さきほど紹介したジュディは、支配的な夫を連れて幼なじみの家を訪ね、散々な目にあった挙句、長年の友情が壊れてしまったけれど、これには続きがある。

「十四年後に離婚して、彼女に連絡を取ろうと決めました。引っ越し先がわかったので、いきなり電話したらとっても喜んでくれて、一時間以上しゃべりました。あっさり友情が復活して、また連絡を取り合うようになりましたよ。人格形成期に長く一緒に過ごした相手ですから、おたがいに大きな存在なんです。過去の記憶を共有しているというのは、人生のなかでも忘れられない意義あることなんですね」。

友達と自然消滅したっていいし、一時停止ボタンを押してもいいだなんて。なんだか、ほっと安心できる。

以前とまったく同じでないにせよ、友情が復活することだってあるのだ。大事なのは忍耐、理解、そして現実的であること。ふたりの人生がまたかみ合うのを待つか、もうかみ合うことはないのだと認めて、迂回路を探すか。

ふたたび、ネル・フリッツェルに登場してもらおう。

「子どものいないシングルの友人たちには、心から感謝してます。不快なことや、後悔していることなんかを話せる相手ですから。みんなが付けているあの伝統的標識めいたものを付けていない人たちと話せるのが、本当にうれしいんです。『こんな人生送るつもりじゃなかったのに』なんてぼやくと、『こっちのせりふなんですけど？』って返ってきますからね。

ほかにも、とくに親しくなかったけれど、彼女たちが妊娠や出産を経験したことで、おたがいに新しい言語で話せるようになったという友達もいます。自分とまったく同じような人じゃないと友達になれないなんて、嫌ですよね。なんとなくサイコパスっぽくて。関係がだめになるとか、疎遠になるのが不安という人がいるかもしれないけれど、それが一時的なもので済む場合もあると思いますよ」。

自分の友達づきあいをじっくり見つめ直して、以前とは違う関係になったと、声に出して認めることは本当に難しい。

心のなかで思うことすら、難しい場合もある。

それでも、数多くの女性たちが経験する共通体験にしっかり向き合ってみることで、別の形の友情を受け入れることもできる。

永遠の絆じゃなくていいんだってことを。

溝がしばらくそのままになっていたとしても、関係が完全に破局したわけじゃなく、結果的につきあう期間が長くなった、ということだって起こりうるのだから。

じゃあ、溝が埋まらなかったときは？

その経験がいつか、私たちをもっといい友達へと成長させてくれるかもしれない。

グループ内の出産第一号の友達が、本当に望んでいることをわかってあげられなかったとか、悲しんでいる友達に上手く対処できなかったというような失敗を、過去にしていたとしても。この次は、溝に落ちることと自体を避けられるかもしれない。

第7章 別の属性の友達

――親しい友達は似たもの同士？

俗説：一番親しい関係にある友達は自分と似ている人？

〈敵が最後には親友に〉。

こんなあおり文句の映画やテレビドラマが、どれだけあることか。

ネットメディア〈バズフィード〉のライターのハンナ・マーダーは、二〇二〇年に〈こんなのあるわけない。女性同士の友情映画二十二本〉という一覧をまとめたが、そこにあげられたほとんどが、この手のパターンの作品だった。

〈ライバルがいつしか親友に〉（『ギルモア・ガールズ』）。

〈おたがい毛嫌いしていた……それが、花嫁付添人と子どもたちの名づけ親になる関係に〉（『ワン・トゥリー・ヒル』）。

これぞ、私を腹の底からいらっとさせる、大衆文化で描かれる女性同士の友情というやつだ。あらかじめ用意されたシナリオ。登場人物全員が従わねばならない、ハリウッド式の先読みできるワンパターン展開。現実の世界では、細かなニュアンスが女性同士の友情を築きあげているのに、そうしたものが入り込むすきがどこにもない。

そんな友情「あるわけない」と思ったら？

あるわけない女性同士の友情の世界に、「あるわけない」層をもうひとつ加えればいい。

こんなのあるわけないじゃん、という友情が、現実世界で本当に芽生えるとしたら、「意地悪な娘が〈BFF（ベスト・フレンド・フォーエバー）――生涯の大親友〉に」なんていうパターンより、ずっと繊細な関係であるはずだ。それに、新聞などで広く出回っている、なかよしの子豚とライオンの愛らしい写真みたいなものとも違う。ああいう写真は、とってもかわいらしいと思うけど。インスタグラムで最近見かけた、女性と羽根のないマルハナバチ（BFF？）が一緒に映っている写真に、私は思わずうるっときてしまったのだけれど、ちょうど生理だったせいだとしか考えられない。

現実に芽生えそうな「あるわけない意外な女性同士の友情」とは、年齢差の大きな組み合わせ、政治的に真逆の者同士、社会的なポジションを超えた絆なんじゃないかと、私は考えている。

こうした関係では、「あるわけない」という言葉が否定的な意味を持たない。むしろ、体験談を語ってくれた全員にとって、肯定感や生きるエネルギー、幸福をもたらす源になっている。こうした友情を築いている女性たちからよく聞いたのが、その相手との関係が生活のなかで特異なものであるということ。思いがけずなかよくなった相手は、知り合いやそれまで交流してきた誰とも違っている、というケースが多かった。

これって、ものすごくすてきなことなのでは？

むしろこっちのほうが、ハリウッドで扱われるべきなんじゃないだろうか。

私はリズのことを、そんなふうに思っている。

リズと知り合ったのは、週一回の陶芸教室だった。私みたいなミレニアル世代が、疑うことを知らないベビーブーム世代の人と知り合うために、恰好のシチュエーション。陶芸教室は、私にとって幸せに浸れる場所だ。ゴミ捨てのことだとか世界情勢のことだとかを考える必要がなく、ただひたすら、粘土に集中していればいい。

通い始めてから六年間、私は友達づくりをしなかった。誰かと話したいとさえ思わないことが多かった。言葉を交わしたら、仕事のことを尋ねられそうな気がしたから。仕事から解放されてリラックスするために通っている教室なのに。

そういうわけで、しばらくはリズと話す機会がまったくなかった。ずっと同じテーブルで作業してたのに。リズはもしかしたら、すぐやめてしまう気まぐれな娘がまた入ってきた、と思っていたかもしれない。私のほうは、大人すぎて私なんかと話したがらない人だと思っていたのかもしれない。野暮ったい私の器と違って素晴らしい出来栄えのリズの作品を、もの欲しそうに横目で眺めながら。

陶芸には手順がある。土練り、成形、乾燥、焼き入れ、釉薬《うわぐすり》、また焼き入れ、そしてイメージどおりに仕上がらなくて嘆く。だから、私たちの友情もゆっくり育まれていった。

そして、真実というのはとりたてて面白味があるわけでなく、私たちのあいだに絆が築かれるようになったきっかけは、住んでいる場所が近いとわかったから。リズが車で送ってくれるようになったので、私はわざわざ電車に乗らなくて済むようになった。電車での長旅は、三十歳も年上のよく知らない人の運転で三十分も車に乗るよりくたびれる。

不思議なのは、あのときリズの車のなかで緊張していたという記憶がないことだ。覚えているのは、おたがいの暮らしの些細なことを、思いつくままあれこれ話してたことだけ。普通なら、ああいう気さくなおしゃべりは、交わせるようになるまで時間がかかる。なんだか、小説を読んでいるような感じ。登場人物の人生にいきなり紛れ込み、その人生は私がページを開く前からすでに語られていて、私がその本をどこかに寄贈したあとも続いていく。

私にとって、年齢差はうれしいおまけみたいなものだった。リズは私の同年代の仲間たちと同じくらい流行に敏感で、お行儀の悪い言葉をよく使う人だった。初めて「ファック」とリズが言ったのを聞いたときは、心のなかで花火がぽんと打ち上がったくらいだ。そしてリズは、人生でこんなことができるのだと、私にいくつも教えてくれた。どんなものを割り振られようとも、自分が望む人生を送ることはできる。元気で忙しく暮らしていくことはできる。創造力を発揮することはできる。何歳だって新しい友達はつくれる。そして、陶芸では、下絵の具を使ったら正しい窯に入れないと器が割れてしまう。

新型コロナウイルスの世界的大流行中にロックダウンされていた時期は、リズとのドライブが恋しくなった。リズの暮らしぶりや、ロックンロール魂あふれる話を聞きたくなった。そのお返しに、私からはワイルドに過ごした夜のあれやこれやを話したものだった、と書ければいいのだけれど、私が一番好きな夜の過ごしかたは、BBCラジオの番組『The Archers』を聴きつつ、〈ブリストルクリーム〉という〈ハーベイ〉のワインを一杯やりながらお風呂に入ること。若くておしゃれな友達ができたとリズが思っていたのだとしたら、がっかりさせてしまったはずだ。

こういう友達を見つけたのは、私ひとりだけじゃない。

世代を超えた友情というのは本当にたくさん築かれていて、とくに多いのが、ミレニアル世代とベビーブーム世代の友情だ。ミレニアル世代は「アボカドトーストみたいなヘルシーフードが好きで政治意識が高い世代」で、ベビーブーム世代は「別荘のローン支払いを終えた、英国のEU離脱を支持する世代」というように、対立的に描かれることが多い。ざっくりとした一般化は、世代間対立をあおる見出しでは使い勝手がいいけれど、この世代間ギャップは乗り越えられないものだという印象を与える可能性がある。

言うなれば、私の世代は、親世代より悪い時代を生きている史上初の世代。だから、上でも下でも年齢が大きく離れた友達をつくろうとすることが、よりいっそう誇らしいものに感じられる。ステレオタイプを打ち砕くために、前向きに行動しているような気がするから。

知り合いの年下の女性たちに「あるわけない意外な女性同士の友情」について尋ねてみたところ、年齢差のある友達がいるのに、それを公言していない人が多いことにびっくりさせられた。彼女たちも、私と同じだったのだ。つまり、相手との年齢差をあまり感じていなくて、その友情はほかの友達づきあいとは切り離されたところにあるもので、だからこそ、暮らしのなかで特別な場所を占めている。

三十四歳のリヴィアが教えてくれた、あるわけない意外な女性同士の友情の相手は、五十歳の同僚だ。慈善事業界の仕事をやめて、夜の女王さまになることをめざしていた女性だという。

「衝撃的な人生観を教えてくれた人です。普段つきあってる世代の友人たちからは、絶対に聞かないようなことを教えてもらいました。私は彼女が変わっていくのを見てるのが、すごくうれしいんです。お酒をやめてビーガンになって、セックスをやめて、キャリアをあらためて見直して。友達としてつきあっている以外は、私の人生とまったく関わっていないから、決めつけでなにか言ってくることもありません。彼女だけにしか打ち明けていないことも、ありますしね」。

私の友達アレクサは、オーストリアの保養地で新しい友達ができたときのことを話してくれた。「ハーブティーを飲みながら、腸内洗浄の話をしたりしてました。家が近いから定期的に会っているし、健康的とは言えないような休暇を一緒に過ごすこともあるんですよ。二十三歳年上だから、ものの見方が違うことも多いけれど、年齢差を感じることはほとんどありません。私の母より数歳若いだけなんて、不思議な感じがしますね」。

私には名づけ親がいないけれど、中立的な立場から助言してくれる年上の女性がいたらいいなと、ずっとあこがれている。私自身が友達の子どもたちの名づけ親となったいま、以前にも増して考えるようになったことがある。私から名前を授けられた娘たちが成長して、私からの意見を必要とするようになったら、どんなふうになるんだろうと。おたがいにとってためになるような意義ある関係を、どうすれば築けるだろう。

これは、女性のための活動で先頭を走っている、ジャーナリストのエマ・バーネットが経験済みだ。これまで幾度か紹介しているエマは、二〇二一年に愛する名づけ親のジーンを亡くした。ジーンはエマの祖母の親友で、九十代まで生きたそうだ。

「私好みの女性でした。マンチェスターで華やかな美容院を経営していて、いつも、〝やんちゃ〟だとか評されてるワインを飲んでました。ものすごく面白くて自立していて、だけど夫のことをとても愛していて。外へ連れ出すべきときや、すてきなことをすべきときをわかっている人でしたね。試験の成績が悪かったときに、ボートの絵が描いてあるカードを送ってくれたことがありました。『航海に出たいんだったら、私はここ』って。かっこよくて思慮深いことを、さらっとするんですよね。ジーンとの関係が育まれたのは、彼女の家の台所のテーブルです。私が運転免許を取ったときに、フィッシュアンドチップスの店に寄ってから、まっさきに運転して行きたかったのがジーンの家。あのテーブルに一緒につきたかったんです。大人になってからは、毎週電話してました。家族を通じて紹介されていなくても、ジーンとは友達になっていたと思います」。

エマは演劇クラスの指導者とも温かい友情を築いたが、その恩師は残念ながら、新型コロナウイルスの世界的大流行中に亡くなった。共通の知り合いがいなかったので、エマはこの恩師と電話が通じなくなったときに、母校に問い合わせなければならなかったそうだ。

「博識で素晴らしい女性でした。彼女の世界に入りたかったんです。学校の先生に恋したときにちょっと似ていますね」。

エマは学校を卒業するときに、この恩師から、今度マンチェスターに戻ってきたらランチに行こうと誘われた。

「それがすべての始まりです。私はもう大感激で、彼女との関係が次の次元に引き上げられました。つきあいの最後のほうは、電話がほとんどでしたね。それでも、人生の大事な局面ではいつも、この恩師と話していたような気がします。就職、結婚、出産。すべて私のことだから、彼女はもっと冷静にとらえていたかもしれませんけど。私が初めて経験することでも、彼女はすべて経験済み。これぞ、友達づきあいで得られるものですよね。自分の人生について話すと、相手が自分の経験を話してくれる。

この恩師は、私が友達になりたがっているのをすごく喜んでくれたみたいで、私は彼女が出向いてきてくれることに、温かいものを感じていました。彼女の世界はどんどん小さくなっていったけど、まだものすごく広いんだというふうに、会話するよう心がけてました。なんだかへんだけど、彼女に私の世界を広げてもらえたような気がするんですよ。ただ学校へ行っていただけなのに。だからあれは、役割が入れ替わったようなものでしたね」。

もう電話をかけてこなくていいのよと、この恩師から言われても、エマはやめなかった。

「年上の女性の場合、友達になっても、障壁がある程度残るものだと思います。この恩師には、あまり個人的な質問をしませんでしたね。つきあっている期間が同じくらいのほかの相手だったら、もっと尋ねていたでしょうけど。相手が年上の女性の場合、どこまで話すかを判断する権限は、ほぼ相手側にあるんじゃないかと思います。心のなかにどこまで踏み込んでいいか、こちらにはわからないから。だけど、彼女は話すのが上手でした。あの世代の人たちは、とてもいい助言を簡潔にまとめてくれるんですね。ひどいことをひどいと認めることにためらいがなくて、それでも前へ進みなさい、と言ってくれるんです」。

こういうエネルギーに満ちた関係は、第6章で紹介したオードリー・ラモンターニュ＝デフリエーズが、友達のシャーロット・マサールと築いてきたものに似ている。

九十二歳のオードリーと四十代前半のシャーロットが「出会った」のは、新型コロナウイルスの世界的大流行によるロックダウン期間中。きっかけは、慈善団体〈エイジUK〉の電話による友達づくりサービスだった。

ふたりとも、まったく期待していなかった。オードリーは「友達を探していたわけではなかった」し、シャーロットは地元コミュニティになにか貢献したいと思っていただけ。ところが、ふたりには話すことが山のようにあり、週に一時間のおしゃべりはすぐに三〜四時間へと延びていった。

オードリーがシャーロットにつながりを感じたのは、彼女がフランス人だから。むかし、ジュネーブにある世界保健機関（WHO）と国連で働いていた時代を思いだすのだそうだ。

「すぐになかよくなりましたよ。シャーロットはむかしの同僚みたいな娘なんです、年齢は私の半分以下なのにね」。

ふたりの電話が一方的なもので、オードリーがシャーロットにむかしのことを話して聞かせているだけ（それでも素晴らしいことだけど）だと思うのは、牧歌的すぎるというもの。それどころか、ふたりは政治論を交わすし（二〇二〇年の合衆国大統領選挙を追っていた）、映画のことや、自分のシャトーを持つという共通の夢についておしゃべりしている。

「難しいことなんて、なんにもありませんでしたよ。若い方が年寄りと話をする。素晴らしいじゃありませんか」。

この友情が型破りなのは、一年以上も電話でおしゃべりしていたというのに、BBC Radio 4の番組『You and Yours』でこの友情について話してほしいとゲストに招かれるまで、オードリーが新しい友達の名字さえ知らなかったことだ。じつは私も、ある男性とデートしてから三か月後に、クレアの名字を知らないんだよねと、おずおず言われたことがある。でも、オードリーの圧勝だ。

オードリーは番組の司会者ウィニフレッド・ロビンソンに、年下の友達のことを「吹き込まれた新鮮な空気のよう」だと語っていた。でも、私が注意を引かれたのは、シャーロットの発言のほう。オードリーは子どものころにロンドン大空襲に遭い、一九五二年には、ロンドンスモッグという史上最悪規模の大気汚染を経験している。そんな世代の人たちが困難にどう対処したか知ったおかげで、シャーロットはコロナの時期も希望を失わずに済んだのだ。「これもいつか終わるもの」だと思えたという。

これを聞いて、つらかったあのロックダウン期間中に、私にもある意味でオードリーみたいな人がいてくれたらよかったのにと、つくづく思った。

これでおわかりのように、友達をつくるには、なにか人生を決定づけるような「瞬間」がなくちゃだめ、なんてことはないし、相手と直接会う必要だってない。おたがいに支え合える存在をもっと繊細なやりかたで見つけることはできるし、そんな相手がまったく予想もしていなかったところからあらわれることもあるし、オードリーのように「探してもいなかった」ときに見つかることだってある。

それと、シャーロットがぼそっと言っていた、オードリーは「私と同じロンドンのシングルガール」というコメントも、私はとっても好き。何歳であろうと、私たち全員が生身の人間で、生身の人間を求めているのだということを、しっかり思いださせてくれるから。そんな相手は、〈Tinder〉のプロフィールから無料で探すことが可能だ。

あるわけない意外な女性同士の友情の体験談のなかで、いくつかのケースでは、セックスが中心的な役割を果たしていた。

話題によっては、年齢が上か下の相手、あるいは自分の暮らしのなかで切り離されたところにいる相手のほうが話しやすい、ということがあって、セックスはそうしたことのひとつなのだ。

私の友達イオナは、近所に住んでいる三十五歳年上の女性といい友達になったそうだ。

「セックスのことをあからさまに話してくるから、最初はえっと思ったし、ちょっと戸惑いました。同年代の男性たちが冒険的なセックスにどれだけ無関心かだとか、そういうことをやれるのはかなり年下で、相手を調教する気がある男性だけだとか。

私と同じで、彼女もネットで出会いを求めていたけれど、劇場へ一緒に行ける相手だけじゃなくセックスの相手も探していたなんて、夢にも思ってませんでしたね。彼女のことを母親と同じ年齢層に入れてたんです、何歳だって友達は友達なのに。きっと、年代の違う純粋な友達ができるなんて、想像もしてなかったんでしょうね。視野がものすごく狭かったです。彼女がしてきた経験は価値あるものだし、私と違うライフステージにいることも貴重だと感じてます。それでも、あらゆる意味で、私たちが同じような経験をしてきたというのも事実なんですよね。どの年齢層であっても、ネットで出会いを求めるのは、とっても厳しい世界だから」。

ジリー・クーパーのあるわけない意外な女性同士の友情ナンバーワンは、セックスに関する嫉妬から生まれた。

ジリーは亡くなった夫レオの最初の妻について、年下の女性として不安を感じていると赤裸々に綴っている。『サンデータイムズ』紙のコラム「二番目の妻であること」で、夫の前妻ダイアナに抱いている、心身が消耗するほどの嫉妬を「強迫観念」としており、「ふたりが共に過ごしてきた年月に対する嫉妬心にむしばまれている」と表現している。ダイアナと会ってきた夫から「とてもきれいだったよ……心の底から欲しくてたまらなくなった」と聞かされたことは、なんの気休めにもならなかった。そりゃあ、そうだろう。

ところが、細心の注意を払いつつジリーから電話で話を聞いていたら、なんといまでは、ダイアナと友達になっているという。ふたりは〈生涯の大親友〉ではないものの、おたがいに好感を抱いているそうだ。「誕生日カードを送ったばかりだし、私が大好きなグレイハウンド犬をダイアナが飼い始めたから、話題はそのことばっかり。彼女が友人たちと旅行に来たときは、こちらまで足を伸ばしてくれたので、一緒にお酒を飲みましたし。友達と言っていい関係でしょうね」。

ひょっとしたら、これはジリーの作戦めいたなにかということもありうる。

「恋のライバル」が友達になったという話に、私たちの心が浮き立たないわけじゃない。物事は見た目どおり、ということは少ないけれど。それに、こういう友達づきあいは、外から見たらありえないように思えても、当事者同士が普通だと思っているなら、きっと誰も気にしないはずだ。無理やり自然につながることはできないけど、こんな関係はちょっとありえないという理由だけで、わざわざ溝をつくるべきでもない。ありえない関係だからこそ、よりいっそう特別な関係になるのだから。

予想もしていなかった友情や、あるわけない意外な友情を育むときは、独自のルールを決めて、どこまで許容されるか限界を見極めていくことになる。相手はほかにいないような、挑戦的で探求心があって心の強い人かもしれない。そういう相手なら、日常的につきあっている仲間たちにはちょっと話しづらい話題を切りだしやすい、なんてことがよくある。どれだけ親しい友達であっても、セックスの回数だとか、オーガズムに達するかだとか、マスターベーションをどのくらいしているかだとか、そういうことを誰もが話したがるわけじゃない。

誤解のないようにお伝えするけど、私はこういうことをオープンに話す女性が増えたらすてきだと思っている。女性はセックスを楽しむし、だからといって、過剰な性欲に苦しんでいて、ヴィクトリア朝スタイルの電気ショック治療を必要としているわけでもない。こういう事実を、私たちはごく普通のこととして扱わなければだめだと思う。私のある友達の友達は、仕事中にストレスを感じると、トイレに行って手っ取り早くマスターベーションをするそうだ。

これを聞いたとき、私がどれだけ安堵したかは言葉にできない。もっとも、私にとって一番手っ取り早いストレス解消法は、〈ミニチェダー〉ビスケット一袋と、トイレの狭い個室でサニタリーボックスにぶつかりながら、パワーポーズを取ることなのだけれど。

だからこそ、これぞ現代のありえない意外な女性同士の友情だと私が思っていて、大きな安心感を覚えているのは、英国ドラマ『フリーバッグ』で、フリーバッグがベリンダ（クリスティン・スコット・トーマス）と出会う場面なのだ。フィービー・ウォーラー＝ブリッジ演じる三十三歳の女性キャラクターのフリーバッグが、二十五歳年上の女性と友達になるという設定には、私の世代のじつに多くの女性たちが求めているものが描かれている。だからこそ、あの場面は拡散されているのだろう。

上品なホテルのバーで、成熟した大人の女性が、温かくもありがたい人生のレッスンを私たちに授けてくれているあのシーン。どんな年齢でも感じる、思わせぶりな言動をしながらいちゃつく楽しさ。女性は「痛みが内蔵されている」生まれながらの「部品付き機械」で、ベリンダが皮肉をこめて言う「楽しみに待つべきなにか」から私たちを解放してくれるのは閉経だけというせりふ。

あれは長続きする友情じゃなく、その場限りのものだけれど、思いもよらない知恵を求めている、じつに大勢の女性たちをしびれさせた。ある視聴者は、ツイッター（現X）でこうつぶやいていた。〈人生で一度だけでいいから、母親とか母親の友達じゃない年上の女性とちょっとだけつるんで、話してみたいと思った……性的なことじゃなくて、知性をくすぐられるようなことを〉

ベリンダがフリーバッグに語っているように、「結局、私たちが手に入れられるのは人。それだけなのよ」。

♧

あるわけない意外な女性同士の友情はいいものだと、私が思っているのは、若いころにしたいくつかの経験のせいなんじゃないかと思ってる。例えば、第3章で紹介した、〈クレアとアガサは合わないかも〉と書かれた、あのメール。第三者の目から見てありえない意外な友情には、ある種のおもしろさがあるのだ。

それに、十年来の文通相手のリサも、なんらかの形で影響を与えているかもしれない。

リサは英国のブライトン近郊、私は南ロンドンに住んでいた。直通列車があるけれど、実際に会ったのは一回だけ。十歳のときに、〈ハンプトンコート・パレス〉で開かれた結婚式で。私たちはあらゆる面で正反対に見えた。リサはプラチナブロンド・ヘアの普通にしてるだけでかっこいい娘で、私は茶色のロングスカートと大きすぎる白いブラウスに、〈ドルシーズ〉の不恰好な黒いローファーというファッション。それでも私たちは住所を教え合い、手紙をやりとりする年月が始まった。手紙の内容は、学校のことや初恋の相手、親や兄弟姉妹についての悩み。リサが使っていた便箋はいまでも覚えているし、マスタードっぽい黄色の封筒が届いているのを見つけたときのうれしさだって、いまも忘れていない。

その後、私たちは大学へ進学し、住む場所が英国の両端に離れた。メールで少しやりとりして、会おうかと言っていたけど、結局、実現しなかった。どうもリサは、宗教活動にのめりこんでいったみたいで、私がちょっとひいてしまったというのが、実のところだったのだ。

せっかく、あるわけない意外な女性同士の友情を、もっとあるわけない意外な友情にできるチャンスだったのに。信じる宗教が違っていても、そんなふうに考えることだってできた。あのころは、私の視野が狭すぎた。上手くやれる可能性はあったのだから。

第4章で紹介した労働党議員のジェス・フィリップスは、所属政党を超えた友情について話してくれた。二〇一九年まで保守党議員だったアン・ミルトンと、友達づきあいをしているのだそうだ。

ふたりが出会ったのは、二〇一七年のウエストミンスター・スキャンダルが始まったころ。男性議員たちに対して、一連の性的不正行為の申し立てが行われたときに、庶民院でアンが近づいてきて、この件でなにかしたいことはないかと尋ねてきたのだ。ふたりはそれまで、話したことがなかったそうだ。

「アンはとてもシンプルな言葉で話しかけてきました。それが、私のある女友達にそっくりで。だから私は、『あら、じゃあ、あなたの友達になります』と答えたんです」。

このふたりのあるわけない意外な女性同士の友情で、私が一番興味深いと思ったのは、政治的な立場の違いをどう乗り越えているのかということ。

「おたがいにけなしあってます。『やっぱりね、そう言うと思った。保守のお貴族さまは貧乏人が嫌いなんでしょ』なんていうふうに。じつはアンは元看護師で、私より労働者階級の出身という感じがするんですけどね。だけど私は、『ふうん、いかにも保守って感じだよねえ』というふうに言ってます。

でも、まったく考えが合わないときや、一緒に取り組めないというときは、無理にやろうとはしません。友情ってそういうものですよね……どんなことだってなかよくしなくちゃだめ、というものではない。でも、窮地に陥って友達が必要ということなら、一緒に寄り添う。アンとはそういう関係です。アンは樫の木みたいな存在ですね。そこへ行けば、触れることができる相手なんです」。

樫の木にたとえられたことをアンがどう思うかわからないけど、これは本質的ななにかを的確に表現しているんじゃないだろうか。

あるわけない意外な女性同士の友情というのは、嵐のなかの岩や港、人生が海を漂っているときの錨《いかり》のような存在であることが多い。自分より年上じゃなくても、自分よりうんと賢いわけじゃなくても、自分とかけ離れた人が自分に関心を持ってくれているんだという、安心感や安定感を与えてくれるのだ。

ファッション・アドバイザーの五十八歳のトリニー・ウッドールは、仕事を通じて築かれた、びっくりするような友情について語ってくれた。現実世界で私が知るなかで、「敵がいつしか親友に」というあれに一番近い関係が、トリニーのケースなのだ。

「海外での撮影で、ファッション誌編集者として同行していたのが彼女でした。知り合ったときは、おたがいにいらだっていましたね。私は衣装係のことが気に食わなくって、彼女とも衝突してました。

でも、別の日にふたりでプールサイドに寝そべって、気が進まないながらも言葉を交わしていたら、同じ年の同じ日に生まれたことがわかり、生まれた時刻も同じく早朝だとわかったんです。氷が砕けた感じでしたね。それで、どうして出かけずにホテルに残ってるのと尋ねたら、ちょっと疲れているからだと言うんです。彼女は妊娠してるのを内緒にしてたんです。私はこう返事をしました。『私も妊娠してるの。誰にも言ってないけどね』。で、子どもの出産予定日も同じ。奇遇なんてレベルじゃなかったですね」。

当初の刺々しさが落ち着くと、トリニーは、あるわけない意外な友情から学び始めた。

「彼女は素晴らしい倫理観の持ち主でした。誰に対しても丁寧で、撮影中に私がちょっと……私は不安を感じるとものすごく威圧的になってしまうのだけれど、彼女はそこをわかってくれました。それで、その日の仕事が終わるところこう言ったんです。『トリニー、あの方にお礼を言いに行くべきよ』。彼女はそうやって、感謝を伝えられるようにするには、最高の自分を精一杯に引き出すしかないのだと、あらためて気づかせてくれるんです。私たちはまったく違う人生を歩んできました。彼女の母親はナイジェリア出身で、彼女はロンドン郊外で育ち、ゼロから這い上がってきた人。だけど、情熱を持っているという共通点が、私たちにはある。私は彼女のことを心の底から尊敬してます」。

つまり、あるわけない意外な女性同士の友情というのは、人生の教訓を授けるという点で、とてつもない超絶パワーを発揮するのだろうか？

私はそうだと考えている。

年齢や育った環境、政治的な立場、職業、社会的な背景など、なんであれ、自分と属性が異なる相手と友情を育もうとすることで、心が開かれ、自分の小さな世界が広がっていき、自分とは異なる目を通して、自分の世界を見るようになるのだから。

その目はこう言っている。「あなたと友達になれるなら、私は誰とでも友達になれるかも」。女性同士の友情に贈られるこんなにパワフルなメッセージが、ほかにあるだろうか。

第8章 インターネットの友達

——リアルで知り合った友達ほど価値がない？

俗説：ネットやアプリで知り合った友達はリアルで知り合った友達ほど価値がない？

私は友達づくりにインターネットが登場する以前に友達づくりをしていた記憶がある、マイクロ世代と呼ばれるヘンな世代のひとりだ。ジレニアルだとかカスペル、ミレニアル世代高齢層（これは嫌）だとか呼ばれている私たちは、一九八〇年代の中頃にかけて生まれ、家庭用コンピュータの導入期を経験し、なおかつ、SNSの介入を受けないまま若干二十一歳に達した最後の世代でもある。デジタルの世界と同じくらいアナログにも親しみを感じており、いいとこ取りをしている。

自宅にインターネットというものが出現したときの様子や、ネット接続中に固定電話回線が使えなくて親が怒っていたことだとかを、私たちは経験している。主な検索エンジンが〈HotBot〉、〈AltaVista〉、〈Ask Jeeves〉だった時代や、〈MySpace〉ができたときの熱狂も記憶している。これがなんのことだかさっぱりわからないという方は、おそらく、一九九六年以降の生まれだろうか。便利な時代に生まれた世代である。

私たちの世代は、AOLのチャットやMSNメッセンジャーで友達づくりをしていたけれど、これはSNSのもたらすパワーがうっすらと発揮されるようになった時期だった。オンラインでなかよくなった見知らぬ人物と、実際に会うこともあった。信じられないと思うだろうか？

私は、父親が歯科医だという男の子とチャットする機会があり、家がそう遠くないということも手伝って、その子と本当に友達になったことがある。ほかにも、地下鉄のディストリクト線で二時間かけて、私に会いに来た人もいた。〈カンゴール〉の白い帽子をかぶっている、ちょっと悲壮感が漂ってる男性で、私は自宅の玄関で五分ほど歓待してからその男性を送りだした。相手が安全な人物なのか確認する仕組みはなく、その必要性すら認識されてなかったんじゃないだろうか。

二〇〇六年にフェイスブックが英国に上陸したころ、私は二十二歳。派遣社員としてメイフェアで受付の仕事をしていて、時給が十二・五〇ポンドということ以外に、関心を持てることはなにもなく、ひまを持て余していた。でも、そこにフェイスブックがあった。まったく新しいこのキラキラしたプラットフォームでは、アガサにメッセージを送れるし、それまで出会った人たち全員が投稿した写真ごとに、タグ付けすることだってできる（その十年後に、このときのタグを削除するために数週間かかった）。すべてがとってもエキサイティングで、無邪気そのもの。妹がむかし、ロンドン動物園で初めて大きなニシキヘビを見て、突いてみたときみたいに。あらゆる危険はスルーされ、文字で書かれた警告サインは無視されていた。

そして、友情は質でなく量が重視される時代へ。

大事なのは友達を追加すること。

だから、どこかのパーティーへ行くと、翌朝には、前夜に知り合ったばかりのよくわからない人たちから友達申請が二十五件届いている、なんてことが起きていた。友達の人数は比較する対象となった。私はフェイスブックの友達が五百人超に達して、得意になっていた時期があったものの、あのころ現実世界でつきあいのあった友達は三人だけ。オンラインの世界の「友達」とどこかですれ違っても、きっとほとんど気づかなかっただろう。その理由は、相手のプロフィール写真が、何年も前にギリシャのビーチリゾートでナイトライフをエンジョイしているときに撮影されたものだから、ということだけじゃない。

なにも、SNSの罪悪を嘆こうというわけじゃないので、安心してほしい。そういうのはもう、色々なところで散々言われている。スマートフォンが本当の友達じゃないことも、もうみんな知ってる。

それに、SNSはどこへも行きつかないし、新しいプラットフォームがつねに誕生していることに、いまや誰もが気づいているんじゃないだろうか。使っているのがSnapchatでもTikTokでも、ツイッター（現X）でもインスタグラムでも、私が知ったときにはもう最新じゃなくなってる最新のプラットフォームでも、こと友情に関する限り、どれもが同じジレンマをもたらすのだ。

友達とのつながりを維持しつつ、意義ある形でコミュニケーションを取るために、SNSをどう利用するかという問題を。

知らないうちに自分だけなにかを逃してしまったらどうしよう、という恐怖心に陥らずにいるなんて、いつもそうたやすくできることじゃない。友達が自分と一緒にいないときに、自分以外の人と一緒になにかしてるなんてわかりきっているけど、SNSはこれまでにないやりかたで、それをこちらの鼻先に突きつけてくる。友達に切り捨てられたことのある人だったら、おおいに妄想をかきたてられてしまうかもしれない。

これが自分の世代の孤独感につながっていると、二十七歳のサメーハは思っている。

「クレイジーだと思います。SNSに浸りすぎだし、大勢の人と『知り合い』なのがあたりまえだなんて。フィードされてくるのは、たいていはその人が見せたいと思うものだけってパターンだし。人望がすごくあるように見せたいだけとか、大勢の人に囲まれている姿を発信したいだけとか、だいたいそんなところですね」。

ご存じのとおり、いまの私には、いろんなところにいろんな友人たちがいる。人生のさまざまな場面で知り合った、さまざまな女性たちが、私の足りないところを補ってくれている。一緒に楽しめる話題や、おもしろいねと言いあえる映画やテレビ、料理なんかは、相手によって全然違う。深い話ができる友達がいるし、考えるより行動するほうが得意な友達もいる。色々な関係が交ざり合っているのだ。

だけど、ほんとに妙だと気づいたことがひとつある。

SNSでは、こういう友人たちとのつながりが平面的になるのだ。

これまで知り合った人たち全員（と知り合ってない大勢の人たち）と同じ部屋にいるのに、自分のある一面しか見せることができない。たいていはハッピーで、なにかすごいことを達成した事実だけ。そんな感じがする。

臨床心理士のリンダ・ブレアは、こんな意見を語ってくれた。

「SNSは友達づきあいにとって悪だと思います。自分の一面だけを見せることがすべての世界ですからね。それも、いい面だけを。自分にとってプラスのことでなければ投稿しないので、相手の劣等感を刺激しやすいんです。だから、親密さを感じさせることもありませんよね。親密さというのは、悪い面といい面のバランスがあってこそ生まれるものなのに、SNSではいい面しか見せていない。あらゆる意味でバランスが崩れているんです。相手との関係でも、自分自身のなかでも」。

それに、自分のキラキラした姿やすごいところを前面に押しださなければ、真逆の方向へ進んでしまい、過剰共有に陥ってしまう。わき毛を披露するとか、こんな婦人科系の問題を抱えているという情報を、全世界に向けて発信するとか。

それでも私は、思い込みやタブーを打ち破るという、SNSの持つ一面を楽しんでいる。インスタグラムの裏で繰り広げられている本当の暮らしぶりや姿を見せるというのは、大胆で勇気ある、そして往々にしておもしろいことなのだ。新しい女友達に、自分の弱さや素の姿を見せるとすぐ絆が深まるのと同じように、こうした投稿が威力を発揮することがあるかもしれない。ここから、オンラインの世界でも、現実世界と同じくらいの信頼が築かれるのだ。

それでも、バランスを崩してしまうことも起こりうる。

友達と揉めたときに電話で話し合わず、気づくとSNSに書きこんでいたとか、親指を立てているサムアップの絵文字を、自分のことを一番よくわかっている人からのサポートと同じ程度のものと思ってしまうだとか。こういうことは、メールやメッセージでも起きる。

メッセージを簡潔にやりとりできるようになったことで、友情の構造は変化したんじゃないだろうか。素晴らしいのは、会議中にスマートフォンをさっと手に取って、〈ちゃんと気にかけてるからね〉と、友達に手早くメッセージを送れるようになったところ。

その反面、コミュニケーションの深さという意味では、なにかが失われてしまっている。これについては私も、テキストメッセージに依存しすぎている面々と同じくらい、罪を負ってる。泣き笑いしている絵文字なら、どんなメッセージの返信にも合うと思ってしまっているんだから。

第6章で紹介したエマ・バーネットは、スマートフォンのテキストメッセージに強烈なアレルギーを持っている。

「〈元気にしてる？〉なんていうメッセージには、心が沈みますね。だから、〈こんなやりとりはしたくないわね。電話で話したい〉と返してます。いまでは、ほとんどの人が電話をしたがらなくなりましたよね。テキストメッセージ嫌いにとっては、歓迎できない状況です。友達とのやりとりで使われる言葉が、ものすごく単純化されて、デジタルこそが基準になっているような気がします。私はテキストメッセージを使いこなしてますから、高齢者のぐちってわけじゃありません。だけど、こんなふうに友達とやりとりしなきゃいけないことに、心から戸惑ってるんですよね。充実感がなくて、ファストフードみたいだと感じることがよくあるんです」。

そんなエマが認めるテキストメッセージの利点は、すばやくさっと「ご機嫌伺い」できることだ。

「大切な人と別れたばかりの友達に、昨日、〈元気？〉とメッセージを送りました。彼女のことが気になってるから。でも、電話はしませんでしたね。これで、友達として数日以内にすべきことはもうぜんぶ終わった？　わかりませんねえ……充分だとは思えません」。

これはまさしく、私がはまっている罠だ。これよりもっとまずいのは、SNSの更新を追っているだけなのに、友達とやりとりしているような気になってしまうとき。連絡を取っているわけではないのに、ついそんな気になってしまう恐れがあるのだ。

おなじみのオックスフォード大学ロビン・ダンバー教授は、こう話してくれた。

「デジタルモードの交流はどれも、粘着テープより優れたものにはなりえませんね。衰退する速度を遅くしてはくれますが、友達と直接会うことができなくなったら、ただの知り合いになってしまうことを止める手立ては、こちらの世界にもデジタルの世界にもありませんから」。

デジタルを介した日々の交渉というのは、メッセージが二十通近く飛び交うものである。キャロル・キングの楽曲『君の友達』に、〈冬、春、夏、あるいは秋／電話をかければそれでいい……〉なんて歌詞があるけど……一九七一年には、会う日程をスマートフォンで決めようとしてくる、強引な人とはつきあわなくてよかったはずだ。

〈……は大丈夫？〉〈だめ。……は？〉〈ごめん、その日は娘がピアノ教室……〉〈夫が留守で……八月は？〉〈でも、いま二月だし……〉〈二〇三五年の土曜の午前なら十五分あけられる。五時四十五分から六時のあいだでどう？〉

世間一般の友情の概念を、スマートフォンが壊してしまっているような風潮があるかもしれないものの、話を聞かせてくれた女性たちの多くが、デジタルを利用したコミュニケーションは自分に合っていると考えていた。外国人の友達や海外暮らしの友達がいる人たちは、日常的にご機嫌伺いをするために、スマートフォンがいかに重要な役割を果たしているか話してくれたし、友達と電話で話したり直接会ったりするときに、細かいことを確認せずに済むのは、スマートフォンで日常的にやりとりしているおかげだと言っていた。大人数のグループでつながるときはスマートフォンが一番便利だと言う人もいたし、色々と大変な時期はとくに楽でいい、という声もあった。

スマートフォンで友達づくりをしているという人もいる。

作家のデイジー・ブキャナンは、ツイッター（現X）で夫と知り合っただけでなく（ダイレクトメッセージはこれからも使いましょう、みなさん）、おたがいにフォローしあい返信するようになった相手と、とても親しい友達になったそうだ。

「ある友達が、ツイッター（現X）仲間の女性たちの催しを開いたことがありました。大勢がバーに集まって、本当になかよくなれましたよ。主催した友達とは、こんなおしゃべりをしました。会社でたまにボソボソくぐもった音が聞こえるから、ビスケットを食べてる人でもいるのかと思ってたら、プリンターから用紙が出てるだけだったと。よくわかるんです、そういうの。私もそういう勘違いをしそうなタイプだから。こんなふうに、私の生活をただ豊かに、そしてすてきにしてくれる人たちとつながれる機会があるなんて、うれしくて楽しくてたまりませんよね」。

第1章で紹介したニムコ・アリは、〈ファイブ財団〉という、女性器切除の慣習を終わらせる活動をしている組織の設立者で、WhatsAppグループを通じ、女性同士の友情に対する信頼を取り戻したそうだ。これにはびっくりさせられた。女性たちはほとんどが、つきあいで入っているグループからどうしたらすぐ抜けられるか、つねに理由を探しているものだと思っていたから。

ニムコはこう話してくれた。

「私の故郷みたいなところで育つと、ある意味で、女性というものを信じられなくなってしまうんです。いつもおたがいのうわさ話をしてますからね。だから、家族が友達を兼ねた存在になる。自分が育った文化の外で暮らすようになったのは、積極的に行動しようと意識してからだと思います。それでようやく、自分とまったく異なる環境で育った人たちと友達になることが、強靭さになりうるんだとわかってきたんです」。

そして二〇一八年、ロンドン在住の同年代の女性たちの集まりをつくろうとしたある友達によって、ニムコはWhatsAppグループへ加えられた。月一回のディナーを開催することを前提に、メンバー全員が見知らぬ者同士として、メッセージのやりとりを始めた。

「映画『ブリジット・ジョーンズの日記』で、友達からディナーにお呼ばれするシーンをいつも見ていました。私自身も友達からディナーへ呼ばれるようになりましたけど、その重要さについてはよくわかってませんでした。けれど、だんだんとそれが、楽しみなイベントになってきたんです。

過去の経験のせいだと思うんですけど、心を解き放って、家族以外の人たちを自分の暮らしに招き入れられるようになるまでが大変で……〈ファイブ財団〉の件だけじゃなく、ソマリアの内戦も経験して、人が亡くなっていって。そのせいで、私はとても用心深く、ガードが堅くなっていたんでしょうね。それに、男性ともつきあうべきだと思ってました。異性愛者の女性として、男性との出会いが必要だと。『男友達がたくさんできちゃった』なんてよく言ってたのは、男性相手のときはがんばらないとだめだと思ってたから。そのがんばりを、女友達をつくるときにしてみました。そして、女性同士の友情を築くことで授けられるものはまた違うんだなと、実感してます。友達になった女性たちは、私の人生でものすごく重要な存在になっていますよ」。

私の意見では、デジタルを利用した友達づくりが上手くいかない理由はない。マッチングアプリで恋愛的な出会いを求めることと、あまり違いはないと思っているからだ。マッチングアプリでは実際に、友達と出会うことだってできるのだし。

マッチングアプリ〈Bumble〉では、二〇一六年に〈BFF（ベスト・フレンド・フォーエバー）〉――生涯の大親友〉というセクションが追加された。ところが、この〈お友達になろう〉というのは、マッチングアプリユーザーが使いたがるとは、とても考えられない機能だと見なされていたそうだ。

〈Bumble〉の創設者ホイットニー・ウォルフ・ハードは偶然にも、自力で稼いだ世界でもっとも若い女性億万長者である。ホイットニーはこの〈BFF〉機能について、次のように説明してくれた。

「私たちはスマートフォンにかぶりついて、知り合いですらない人たちの社交生活を追うことに、躍起になっています。ねたみだとか、知らないうちになにかを逃してしまったらどうしようという恐怖心。それでも、人とのつながりを誰もが心から求めています。現実世界で体験することを望んでいるし、一緒に過ごす相手が欲しいと思っている。恋愛が絡まない関係を築きたいと望んでいるんです」。

ホイットニーのように超人的パワーをいくつも備えている人であっても、感染症の世界的大流行までは予測できなかった。あの時期に、友達づくりアプリはブームになった。『ウォール・ストリート・ジャーナル』紙の調査[24]によると、二〇二〇年七月から二〇二一年七月にかけて、十六〜二十四歳の三人に一人（三十五パーセント）が、恋愛絡みでない友達をつくるためにマッチングアプリを利用していた。〈Bumble〉によると、〈BFF〉機能を利用して友達を探した女性は、二〇二一年一〜三月に四十四パーセント増加したそうだ。

というわけで、アプリ（〈Friender〉、〈Meetup〉、〈Peanut〉などもある）で友達探しをするのは、アプリで恋人探しをするのと、あまり違いがないとわかった。自分の関心事やどんな相手を探しているか（散歩仲間、ビクラムヨガが好きな人）を書きだして、自分がすごく魅力的に映っている写真をプロフィール用に選ぶ。それから「デート」に出かける。どの服を着て行こうか、どうすればいい印象を与えられるかと、あれこれ悩みながら。でもまあ、友達探しなら、相手のはだかを妄想する必要はないだろう。

まだやってみたことのない人には、なんかへんなの、と思えるかもしれないけれど、インターネットで出会いを求める人たちがあらわれた当初も、そういう風潮だった。アプリで恋人探しをするなんてかわいそうすぎると、馬鹿にされたものだったけれど、いまやアプリは、パートナー探しの手段として受け入れられているし、出会いを求めてバーへ繰りだすほうが、むしろ珍しいような空気になりつつある。完全に逆転したのだ。

デジタルを利用した女友達探しでも、これから同じことが起こるかもしれない。

デートのコーチング業をしているハイファ・バルバリは、間違いなくそう思っている。ハイファは三十七歳で離婚し、ロンドンの東側から南側（異国も同然）へ引っ越したときに、アプリを利用して新しい友達づくりをした。すでにつきあいのあった友人たちは、ほとんどが引っ越してしまったか、子どもを産んでいた。だから、知り合いの男の人を紹介してくれそうな、世話好きな女性たちを急いで見つけねばならなかったそうだ。

「友達には相性が必要ですよね。だから、デートと同じ戦略でのぞみました。関心事や考えかたが同じなら、容姿や出身地はどうでもいい。でも、会ってみなければ相性は確かめられないので、友達デートのお誘いは必ず受けるようにして、実際に会ってからは、ぴんときた人を選ぶようにしています」。

最初に女友達デートした相手は、ロンドンに引っ越してきたばかりのジャネットだった。

「六時間続いて、まさしくデートでしたね。川沿いを歩いて、パスタを食べて、絆ができて……それから、グループをつくろうというアイデアを思いつきました」。

ハイファとジャネットは、女友達デートをもっとやろうと決め、希望する人は誰でも、次回の集まりに招待した。

「一対一でしていたデートが、集団デートに早変わりしました。いまは WhatsApp チャットに友達が六人います」。

じゃあ、相手と会ったときに、友達になれそうな予感がしなかったら？

「それで構いません。『出会った人が必ず運命の恋人』になるわけじゃないのと同じで、『会った人が必ず〈生涯の大親友〉になれるわけじゃない』ですから。それに、一晩一緒に過ごしただけで〈生涯の大親友〉になりたがる人は、危険な恋人候補と同じで、赤信号が灯っています。知らない者同士が本当の姿を知るまでには、時間がかかるものですからね」。

ハイファにとって一番厄介だったのは、むかしからの友人たちの反応だった。新しい友達づくりの取り組みを、個人的なこととして受け取られてしまったのだそうだ。

「仲間たちと違うことをすると起きる、決めつけと尋問に遭いました。私たちになにか問題があるの？というふうに。『私に不満があるの？』『なんで新しい友達が必要なの？』」。

こういうさまざまな理由により、ハイファはいま、むかしからの友人たちよりも、アプリでできた新しい友人たちの幾人かと親密に過ごしている。

「同じ心細さを抱えている、若い女性と知り合いました。新しい友達をつくりたいと思っていることを、おたがい包み隠さずオープンにしたんです。絆ができたのは、孤独を感じたくないという、同じ思いを抱えているから。嘘偽りのない気持ちが、障壁をいくらか壊してくれたんですね。人はまったく新しいものに警戒心を抱きます。だけど私は、人間関係を見直して新しい出会いを求めたっていいんだってことを、もっと普通に話題にできるようになれば、それがごくあたりまえのことになるはずだと思ってます」。

手にスマートフォンがくっついた状態で育っている世代には、おそらく、アプリ経由で友達づくりに励むのはそうたいしたことじゃない、という価値観が芽生えつつあるんじゃないだろうか。

十一歳のジュリエットは、最近になって初めて手にした自分のスマートフォンを、友達とのチャットやTikTok動画の視聴に利用している。ジュリエットが属するアルファ世代は、「世代全体が二十一世紀生まれ」の初の世代で、デジタル抜きで友達とつきあうすべを知らない世代だ。Z世代（一九九七〜二〇一二年生まれ）と同じく、友達と遊ぶために部屋から出る必要がない世代でもある。

ジュリエットによると、スマートフォンはしばらくご無沙汰している相手（金曜に学校で会ってから顔を見てない相手）と会うときの主な手段であり、サッカーの練習のことを連絡しあうときに利用するものだという。でも、スマートフォンのおかげで、女友達との関係が一度か二度、揺らいだことがあると打ち明けてくれた。

「スマートフォンのせいで、ややこしくなっちゃうことがあります。スマホでのやりとりで、誰かのことを話題にすることがあるけど、別に悪口じゃないし、相手は親しい友達だから、内容をばらされることはないと思っていても、その友達がどこかに投稿しちゃうかもしれませんよね。

悪い意味で言ったわけじゃないのに、本人に誤解されてしまう。だから、ゆるしてもらうのが、なおのこと難しくなる。テキストメッセージだと、謝るのも難しいんです。相手がどう思っているのか、顔を見て確かめられないから。だから、『大丈夫だよ』って言ってる相手から、じつは恨まれてる、なんてことが起きちゃう。私は直接会ったほうが話しやすいです。とくに、大事なことを話すときは。そのほうが、相手の気持ちを読み取りやすいから」。

なるほど。

これほど知的な感情を持ち合わせている十一歳には、出会ったことがないかもしれない。

私が一番興味深いと思ったのは、尋ねられるまもなくすぐに、ゆるすだとか責めるだとか、そういう話題をジュリエットが持ちだしたことだ。なんだか、史上初の真のデジタル世代だって、SNSというあやうい地表をほかの世代の人たちと一緒に歩いているんだな、と思えてきた。

二十二歳のメリリー・ジョンストンもまた、誤解されてしまうかもしれないと警戒しているものの、テキストメッセージのほうが〝対立性が低い〟ので、いまも使い続けているそうだ。

「直接会うと、ついぽろっと失言したときに取り消せませんよね。それに、テキストメッセージなら、言いたいことをまとめて伝えられるし、途中で遮られることもありません。ひとつだけ困るのが、解釈がずれる可能性があること。自分が〝こう〟言ったつもりでも、相手には〝そう〟なんだと、別のニュアンスで受け取られてしまうことがあるから、おたがい気づかないうちにまったく別のものを見ていた、なんてことも起こりえますよね」。

誰もがそれを体験済みだし、デジタルを利用したコミュニケーションで、文脈を取り違えられたときのインパクトを実感している。ついでに言わせてもらうと、ジュリエットとメリリーと話して感じたのは、この若い世代のふたりも私たちと同じで、友情の落とし穴にはまらないよう注意しながら歩んでいるんだ、ということ。

十七歳のスカーレット・オコンネルは、テキストメッセージによるやりとりは、友達づきあいで大きな部分を占めているという。

「テキストメッセージをやってないと、ちょっと喪失感があるんですよね。友達の女の子たちはSNSを使うことのほうが多いから、とくに。女の子同士の友達づきあいのほうが複雑だから、連絡を取り合うのもこまめにしないとダメだって気がするんです」。

つまり、Z世代とアルファ世代は、定期的に連絡を取り合いたいと思っている。男の子より女の子との友達づきあいのほうが、こまめにやりとりする必要があるとわかっているし、誤解されるのは避けたいと思っている。女の子同士の友達づきあいに投資したいと思っているし、デジタルを利用したコミュニケーションがすべてではないことに気づいているのだ。

女の子同士の友達づきあいについて若い女性ふたりと話していて、私が胸を打たれたのは、ジュリエットとメリリーの言っていることが、九十代の女性たちが言っていることとまったく変わらないことだった。第6章でも紹介した、九十二歳のオードリー・ラモンターニュ＝デフリエーズに、「若いころの自分に女性同士の友達づきあいについて助言するとしたら、どんなことを言うか」と質問したら、「忍耐」だと答えてくれた。

忍耐とはまさしく、私にとって、女性同士の友情を突き詰めた先にあるものだ。デジタルを利用したコミュニケーションという、不完全な形のやりとりも合わせて使わないといけないのであれば、忍耐はなおのこと重要になる。

インターネットは忍耐強い場所というわけではない。メリリーはこんなことを打ち明けてくれた。

「友達と大喧嘩したらすべてブロックされて、一週間くらいまったく接触しなかった、ということがありました。相手をオンライン生活から完全に消してしまうことは可能だし、消された相手はどうしようもできません」。

どんな人でも、じつは一度くらいはデジタル上で友達を消したことがあるはずだと、私は確信している。人はいつも、それほど忍耐強いわけじゃない。誰かをブロックしたことはなくても、受信箱にメッセージが届いてもすぐに開かず、とりあえず、表示されてる一行目だけを読んだ、なんてことはあるんじゃないだろうか。メッセージを開いたら、相手に開封通知が送られてしまうかもしれないから。きっとあるはずだ。ZARAのセールのページを丸一時間スクロールする時間はあったくせに。

さらに、デジタルコミュニケーションには、グループという問題がある。

招待状を一斉送信するときは、それがまったく無邪気な行為だなんて思ってはいけない。メールの送信先を「CC」にするか、それとも「BCC」にするか。これは絶対、地雷源になる。

「CC」にすると大騒動が起こりかねない。Aさんは招待状をもらっていないと怒り、招待状をもらったみんなにわだかまりを感じる。Bさんは、招待者がCちゃんの振舞いをゆるしたことを信じられない。Dさんは、招待者がEちゃんを友達だと思っていることに動揺している。Eちゃんのことは、子どものころから嫌というほど知っているから。

では、「BCC」にしたら？　Fさんは、自分の知り合いも招待されているかどうかわからないから、来ないかもしれないし、Gさんは反対に、会いたくない人も招待されているかどうか、知っておく必要がある。

それに、チャットグループのメッセージも危険をはらんでいる。連絡先が同意なく共有されてしまうし、誰が招待されなかったか、すぐにわかってしまう。

こういうデジタル界の小さな攻撃性のおかげで、私はSNSの個人利用を控えるようになった。SNSに浪費した時間については、言うまでもない。タイムラインには、知らない人やどうでもいい人たちの写真があふれていて、その人たちの意見がどんどん退屈に感じられるようになっていった。写真からタグを外す作業に長い時間を費やし、いくらなんでも気にしすぎなのでは？　というくらい、プライバシー設定を厳重にした。

夫と婚約したときは、親しい友人たちには電話で伝えた。こんな私的なことを赤の他人にオープンにするなんて耐えられなかったし、過去に縁が切れた〈生涯の大親友〉たちに知られるのはもっと耐えられなかったから。彼女たちのことはSNSでも避けていたし、連絡を取り合うのは絶対に嫌だった。けれども、SNSから距離を置こうと固く誓ったのは、ある日の仕事中のことだった。

午前中にニュースサイトをだらだらとスクロールしていたら、突然、見覚えのある顔が目に飛び込んできた。

学校に通っていたころに友達だったミッチ。

〈事故死〉という見出し。

愕然とした。

彼女との交流は十代後半で終わっていたけど、ちょうど何日か前に、混みあうクラパムジャンクション駅でちらっと姿を見かけたばかりだったのだ。ミッチ、と呼びかけたけど聞こえていなかったみたいで、すぐに通勤客の波に呑まれて見失ってしまった。帰宅してからフェイスブックにログインして、彼女の人生を後追いしてみた。現在の姿、職場、つきあっている友人たち。これなら、またいずれ再会することがあるかもしれないと思った。

それから一週間後、私はミッチが亡くなったという記事を、職場のデスクで読んでいた。二十五歳。記事によると、彼女の死は一家を襲った一連の悲劇のなかで、もっとも最近の出来事だったという。回転椅子に座っていた私の身体は、びくっと小さく飛びのいた。私が話すべきことではないので、この件の詳しい背景には触れないでおく。

それにしても、たった数日前にフェイスブックでミッチの姿を見たばかりなのに、こういった事情はなにひとつ書かれていなかった。提示されていたのは、暮らしの一部分だけ。本人が世界に向かって、つまり「友達」と呼ばれている私みたいな人たちに、見せたいと思っていた部分だけだった。それはミッチ自身が選んだことではあるけれど、知るべきことはほかにもたくさんあったはず。でも、それを私が知ることはもうないのだ。

このことがあってから、フェイスブックをやろうという気がまったく起きなかった。絶対に欠かせない、元彼たち全員の動向チェックは別として。新しいパートナー、子ども、家、ペット、妹が参加するらしいトライアスロン大会。私はドキュメンタリー映画『監視資本主義：デジタル社会がもたらす光と影』を見てから、もうこういうことはやめようと決心し、フェイスブックは削除した。まあ、私みたいな人間には、こういうのはありがちなことなんだろう。

ツイッター（現X）は仕事で使い続けるだろうけど、赤の他人とやりあうために一晩を費やすべきじゃない、ということは学んだ。スマートフォンの通知をすべてオフに設定すると、環境はがらりと変わった。これはぜひとも、みなさんにもお勧めしたい。

インスタグラムも一時停止した。きっかけは、自分以外の人たちの「完璧な」暮らしぶりの写真を見ていると落ちこんでしまうと、友達に打ち明けたこと。周囲の人たちみんなが、あれもこれもと次々に取り組んでいる姿を見て、自分と比べないでいることは難しい。都合の悪いことが隠されているだけだと、頭ではわかっていたとしても。私がそう打ち明けた友達も、同じように感じていた。だから、ふたりで誓った。スマートフォンからアプリを削除して、悪い習慣を完全に断ち切ろうと。そして、アプリをまたダウンロードして〈悪い習慣を断ち切っていた〉と投稿し、自己満足感に浸りたくなる誘惑にあらがおうと。

友達は一週間もった。私は二年くらい断つことができ、おおむね上手くいっていた。スマートフォンのホーム画面を開くたびに、親指が勝手にぴくっと動いて、小さいピンク色の依存症患者みたいになってしまうことを除けば。私の筋肉は、すでに削除されていたアプリを起動して、私自身を満足させる動きを記憶していたのだ。

ところが、だんだんとインスタグラムに対する依存心が薄れてきて、インスタグラムをやっていない状態に対する依存心のほうが強くなってきた。プライバシーをいくらか取り戻したような気分になれたから。ある友達からは、「クレアがなにしてるのか全然わからない」と言われた。これぞ最高の反応。効果が発揮されている。

なのに、どうしてまた始めたのか？

仕事のためというのが、理由のひとつ。

それに、精神的な回復力がアップしたから。そろそろ戻ってもよさそうだし、これからはSNSに費やす時間をしっかり管理できそうだと思ったのだ。

正直に言うと、自分だけ取り残される恐怖心がいくらかあったというのも事実だ。友人たちみんなが最新の投稿について話したり、暮らしのなかで撮った写真をシェアしたりしているのに、それにまったく関わっていないとなると、ちょっと疎外感を覚えかねない。それに、ある女性たちとコミュニケーションを取り始めたことで、友達づくりの場としてのSNSに対する信頼を、取り戻すきっかけができたのだ。

SNS経由で作家のキャトリン・モランとの友情が始まった経緯を、ニムコ・アリが話してくれた。

「出会いはツイッター（現X）です。キャトリンがフォローしてくれて、イベントのときに直接会って、とても親しい友達になりました……ワイルドな体験でしたね。すごく尊敬しているし、恋愛のことも話せる相手です。ちょっと年上の男性を最近好きになったときは、最高のアドバイスをしてくれました。『よその国の言葉では説明しづらいような文化的なことまで、理解してくれる人なの？』。あんなふうにかみ砕いて言ってくれる人は、それまでいませんでした。同じ年代の友人たちからは、こんなふうに導いてもらうことはできませんからね」。

これと反対なのが、トリニー・ウッドールのケース。トリニーは、友達のミアと一度しか会ったことがない。化粧品ブランド〈トリニー・ロンドン〉を立ち上げるためにオーストラリアへ赴き、ミアのポッドキャストに出演してから、SNSで友情を育んできたのだそうだ。

「ミアとはすぐいい雰囲気になったけど、それから一度も会ってません。でも、インスタライブを何度か一緒にやっているし、彼女のあのエネルギーに触れるのがすごくうれしくて。なにかトラブルが起きたときに電話する相手というわけじゃなく、心から尊敬しているあこがれの存在なんです」。

離れた場所から尊敬し、あこがれていたっていい。

これについても、きちんと言わなければならないと私は思っている。デジタルの世界で知り合った友達から、現実世界の友達にならなきゃだめ、なんて決まりはない。これはトリニーが教えてくれたことだ。

トリニーはインスタライブをフォローしてくれている女性たちのことを、SNSつながりの友達だと思っているという。その友人たちの名前や、彼女たちが飼っている犬の種類まで、トリニーは私に教えてくれた。

「従来のスタイルからは大きくかけ離れた、友情の築きかたですよね。私はあの友人たちのために、最高の自分でいなくちゃいけないという責任を感じてます。彼女たちのために、心から率直でいることが大事だと思ってます。きちんとした自分でいなくちゃ、と奮い立たせてくれる存在、それが彼女たちなんですね。いわゆる著名人として大切なことのひとつは、相手に『こんなことを考えてるのはきっと、自分だけなんだろうな』と、孤独を感じさせないようにすることなんです。これは友達づきあいで、すごく大事なことですよね」。

これは作家のキャンディス・ブラスウェイトが、エッセイ集『生涯の友情レッスン（Life Lessons on Friendship）』（未訳）に記したことでもある。

このエッセイに登場するエマは、いわゆるいい友達で、相手が元気づけてほしいと思っているときに不思議なくらい察知でき、絶妙なタイミングでメッセージを送ってくれて、友達の家族のことを気づかい、友達の家族からも愛されているような女性だ。

そして、ここにどんな意外な展開が待ち受けているかというと、キャンディスはエマに会ったことが一度もない。

「本音を打ち明けますけど、今後も会わない可能性はおおいにありますね」。

キャンディスとエマは、インスタグラムで知り合った友人同士だ。キャンディスによると、それは「私の人生でもっとも純粋な関係のひとつ」。そう、会わなきゃだめなんて理由はないはずだ。ふたりは感情、恐れる気持ち、もっともつらい経験について語りあえる関係なんだから。

SNSは、長続きする、意義ある友情を育める場所になりうる。

これってとてもいい考えかただし、私自身がめざし始めたことでもある。

一般公開されているツイッター（現X）のやりとりだとか（おたがいに笑わせようとしているのがよくあるパターン）、仕事でつながってる一緒に呑んでみたい女性にダイレクトメッセージを送るとか、なんであれ、こういうちょっとしたデジタル世界の交流は、現実世界の交流よりカジュアルな場合が多く、友達としての親密さを築くスピードを加速させてくれるかもしれない。私はインスタグラムで、知り合いの女性たちに〈生まれたままの陰毛キャンペーン〉に連帯すると誓うメッセージを送り、七〇年代のファッションやスタイルには私もしびれてます、と伝えたことがあるけれど、相手は仕事以外のことで連絡したことが一度もないような人たちだった。

そもそも、「現実世界の」友達ってなんだろう？

直接会ったことのある相手。

これが理想的な世界での回答だということに、おそらく異論はないんじゃないかと思う。

けれども、そろそろきちんと言葉にしなければいけない。

目の前で同じ空気を吸っていないという理由だけで、「いい友達」の条件をすべて満たしているデジタル世界の友達が、〝従来の〟方法で知り合いになった友達より価値が低いとされる、なんてことがあっていいんだろうか？

たしかに、画面を眺めることにどれだけ時間を費やすのか、という問題はある。でも、画面を眺めているせいで、プライベートの人間関係ぜんぶがだめにされてるわけじゃない。友人たちと過ごす時間を捻出したければ、いつもスマートフォンを手から離しておかなきゃだめというわけじゃないし、ノートパソコンをいつも閉じておかなきゃいけないわけでもない。

友達の幾人かが、パソコンのなかにいる。

前の世代より労働時間が長くなり、仕事がきつくなり、ストレスも増えているこの時代に、[25]デジタルの世界で友達づきあいや友達づくりまでできるのは、いいことなんじゃないだろうか。だからこそ、トリニーは地球の裏側に住んでいる友達と絆を築くことができるのだ。だからこそ、ニムコは信頼することを覚えたのだ。

インターネットはコミュニケーションのスタイルを変えたかもしれないけれど、友情に求められる根源的なものまで変えてしまったとは思わない。

友達づきあいに必要とされるのは結局、時間、労力、投資、支え合い、優しさ、理解、距離感、祝福、共感、実直さ、そして当然ながら、忍耐力。こうしたことを女性同士の友達づきあいで実行できるのなら、交流の場がデジタルの世界でも、現実の世界でも、まったく問題にならないはずだ。

コラム

ピンチを救ってくれたルームシェア

二〇一二年五月、私には住む場所がなかった。まさか、二十八歳でこんな境遇に陥るなんて。有能ではないにせよ、有能なふりくらいはできてるころだと思っていたのに。

シェイクスピアは二十八歳までに戯曲を三本書きあげ、ディケンズは四冊目の小説を執筆し、クリスタベル・パンクハーストは女性の権利を求めて二回、投獄されていた。ところが私は、ロンドンでフラットを借りるだけの稼ぎもない、新聞社勤めの何者でもないちっぽけな存在で、特筆すべきキャリアと言えば、英国史上に残りそうな最悪の芸能記者を短期間やったことがあるだけ。

冗談ではない。私は上司から送りこまれたゴージャスなイベントに、さっそうと足を運ぶわりに、すぐ萎縮してしまうのだ。例えば、〈アレクサンドラ・パレス〉で開催される英国音楽の殿堂イベント。ジェームズ・ブラウン、レッド・ツェッペリン、プリンスにビヨンセ。イベント後のパーティーでも、緊張しながら柱のまわりをうろついて、けっして短くない時間をトイレで過ごした。結局、私が取れた最高のコメントは、司会者ダヴィーナ・マッコールのヘアドレッサーからだった（「ダヴィーナは新しい髪の長さに満足してるの！」）。

それでも、この記事はきれいに切り抜いて、〈WHSmith〉で買ったフォルダーにファイルしてある。これもまた、置き場所となる家のない、数多くの持ち物のひとつ。私は五年つきあった彼氏と別れたばかりで、一緒に住んでいたラドブルック・クローヴのフラットから出ていかねばならなかった。ちなみにこれはかつて、あるセレブシェフが住んでいた物件で、家主によると部屋は不潔きわまりない状態だったそうだ（芸能ページなら間違いなくおもしろいネタ）。

私たちは突然別れることになり、あまりにもあっけなく関係が壊れてしまったことにショックを受けていた。ふたりで生きるつもりだった将来のビジョン。あれこれ想像して楽しんでいたものが、突然、消えてなくなってしまった。私はつらくて、どこへ向かえばいいかわからなくて、これからのことを考えるたびに胸が締めつけられて苦しくなり、こみあげてくる嗚咽《おえつ》を抑えなければならなかった。ロンドンの街がオリンピックのポスターだらけだったことは、なんの慰めにもならなかった。会社の行き帰りには毎日、〈Go、Go、Go！（行け、行け、行け！）〉と語りかけてくる巨大な広告板や、チクタクと時を刻んでいるストップウォッチの画像に囲まれていた。私がなにかを忘れないよう、念押しされているみたいに。

そんな境遇から私を救ってくれたのは、イブだった。東ロンドンにある高層公営住宅の八階の住まいに、私を受け入れてくれたのだ。そこは一階のカーペットがいつも濡れていて、フェイスブックの住民専用ページには、「廊下をドラッグディーラーのたまり場として使わせている居住者」はやめるよう呼びかける通知が投稿されたばかり、という場所。

これはイブの愛がなせる行為だ。イブは自分の時間を大切にする人だから、仕事を終えて帰宅し、誰とも話さずにいられる一時間ほどのひとときを慈しんでいた。それだけハードな仕事をしていたのだ。おまけにイブのフラットは、一緒に眠るわけじゃないふたりの人間が暮らすには、狭すぎる場所ときている。

私は不安だった。こういうのは、過去に何度か経験している。今回もまた、友達と一緒に暮らすことで、相手との関係が不安定になってしまうんじゃないだろうか。最後には、ろくに口をきかなくなってしまうとか、関係がだめになってしまうとか。恋人と別れてやむをえず、こんな狭いところに住むことになって、イブとの友情に大きな負担をかけてしまうんじゃないだろうか。

それでも、私とイブなりの家庭が築かれた。イブがくたくたになって仕事から帰ってきたら、私が場所を譲る。イブは、別れのショックで不安定になっている私に我慢してくれる。やたらとハイテンションで愛想よくしていたかと思うと、次の瞬間には素に戻り、ソファで〈ナショナル・トラスト〉で買った毛布にくるまって、テレビで『サンデーブランチ』を見始めるような私に。

　まもなく開催されるロンドンオリンピックの開会式に合わせて、私とイブはパーティーを開くことにした。ライクラ®ファイバー製のウェアに身を包んだ選手たち。素晴らしい眺望。イブの家は、リビングルームの壁のひとつが全面ガラス張りで、夏は〈キュー王立植物園〉のパームハウスより暑くなることと引き換えに、オリンピックパークを一望できる。

　パーティーには五輪マークが欠かせないということになり、現実的に色々考えて、材料には張り子用紙を使うことにした。シンプルで懐かしい感じがするし、新聞社勤めの私なら、必要な材料を手配しやすい。

　こうして私は、陽が降り注ぐ日曜の午後に、イブの自宅で薄いグレイの床に〈マークス&スペンサー〉のスウェットパンツ姿で座りこんでいた。汚れてもいい服装をして、大きくてやんちゃで節くれだらけの、あの有名な五輪を模した代物をこしらえていたのだ。まあ、ひどい出来栄えで、映画『ロード・オブ・ザ・リング』のゴラムだって、あんなものは二度見しようと思わなかったはずだ。

　完成した輪は、室内に置くには大きすぎたので、バルコニーで乾かすことにした。翌朝、陽にさらしたまま出勤したら、午後から雨が降りだした。

〈あれ、大丈夫かな？〉イブからメッセージが届いた。〈部屋に運んで、タオルにのせようか〉

〈競泳王のマイケル・フェルプスよりびしょ濡れになるだろうね〉と、私は返事をした。

　あの輪は溶けて消えた。灰色のぐしゃぐしゃでどろどろの堆積物が残っているだけ。英国代表を応援しようという私たちのもくろみは、まんまと外れた。

　それからというもの、この共同生活はハプニングの連続だった。イブがあやうくiPhoneをトイレに流しそうになったのは、三回以上。〈プライマーク〉のジャケットの浅いポケットに入れちゃだめと、私がきつく命じることで、やっとこの問題は解消された。

　ある日の午後、イブが外出中なのをいいことに、私はリビングルームを独占し、ソファに寝転がって、読書しているふりをしながらツイッター（現X）をチェックしていた。そのときに、あれが聞こえた。

メリメリというへんな音が、上のほうで大きく鳴っている。

飛び起きると、私の頭上にある本棚が、壁から剝がれ落ちてきた。本が山積みにされている棚が落っこちてきて、下にある似たような棚を巻き込み、ソファへなだれ落ちてきて、跳ねたり床を叩きつけたりしている。

それから、しんと静まり返った。自分の呼吸音も聞こえないくらいに。ひょっとしたら、息をしていなかったかも。

イブの部屋を壊しちゃった。なんて説明しよう？

それに、バーミンガム行きの電車に遅れそうだから、片づけてるひまもない。

頭のなかでぐるぐる会話しながら、ユーストン駅へ向かう。〈修理代は私が負担するから〉。〈見た目ほどたいしたことじゃないよ（たいしたことある）〉。〈なんでこうなったのか、わからなくって〉。〈ごめんなさい、ほんとにごめんなさい〉。

駅まで走って電車に飛び乗ると、息を切らしながら、イブに音声メッセージを入れた（静かな車内で冷たい視線を浴びつつ）。まずいことが起きたので、折り返し連絡が欲しいと。イブから後日聞いたところによると、呼吸音が異様に激しかったので、私が救急外来に向かう途中か、人を殺したから埋めるのを手伝ってほしいと頼まれるのかと思ったそうだ。

被害を受けたのがイケアの本棚だけだとわかると、なに大騒ぎしてるのよと、イブは言ってくれた。私が無事なら、本棚なんてどうだっていいと。その瞬間、胸の上に居座っていた透明人間が、すっと立ち上がったような感覚に襲われた。イブは私のことを悪い友達だと思ってない。同居生活が気まずいものにならなくて済む。新しい本棚を買わなくちゃ絶対にだめ。

書棚から落ちてきたガイドブックの『ロンリープラネット』のせいで命を落としかけ、そのせいで友情がだめになっちゃうかもとパニックに陥ったなんて、いま振り返ると、本当にどうかしている。でも、あのときは本当にそう思った。過去の恐怖がどっとよみがえってきたのだ。あの娘は私の友達みたいに振舞ってるけど、ひょっとしたら、私を排除する機会をうかがってるのかも。今回はやり損ねたから、どうやってまた私を本棚の下へ戻そうか考えているのかも。

あんなトラブルが起きても友情が揺らがなかったことは、私にとって、もうひとつの画期的な出来事となった。イブの誠実さや優しさを疑ってたわけじゃない。私が信じてなかったのは自分自身だ。たぶん、信じるべきだったのだと思う。そうすべき根拠は目の前にあったのだから。いつもはっきり見えたわけじゃないにしても。イブは私が住む場所を求めているときに、自分の家に住まわせてくれた。まだ私と口をきいてくれるし、私を一回殺しかけただけ。それなら、私はいい友達なんじゃないかと、そろそろ自分を信じてみてもいいのかもしれない。また上手くいかなくなることが、あるかもしれないけど。

それは杞憂だった。本棚事件から数か月後に、よそへ引っ越そうと思うんだけど、とどきどきしながら私が告げても、イブは肩をぶつけてこなかったし、「私との友達づきあいをやめようとしてるんだ」なんていうふうには受け取らなかった。ただひとこと、こう言っただけ。

「もっと早く、そう言われるんじゃないかと思ってたよ」

たしかに、そういう状況だった。私もイブも新しいパートナーができていたし、四人でこの部屋に集まっても、廊下に出ないと、『ドーシー・ドウ』の曲に合わせて踊るのは無理だったし。しかるべきときがきたのだ。賃料全額をひとりで払えるほどの収入はないし、ティムと同棲するにはまだ早すぎるし、実家に戻るのはまっぴらだけど（親もそう思ってるかも）。

ところが、どういうわけか今度もまた、もっと新しい友達がこの窮地を救ってくれた。

レイチェルが、空いている部屋に住んでいいと言ってくれたのだ。

私はぜひそうすると即答した。イブとの共同生活を上手くこなせたことで、勢いづいてはいたけど、心の奥では、過去の傷はまだ完全にふさがってなかった。大きなことが終わったことで受けた傷だとか、住んでる場所や共通の友達や将来のプランが人生から消えてしまったあの喪失感は、数か月で埋まるものじゃないし、新しい彼氏ができたって埋まりはしない。ぼろぼろになった心をまた縫い合わせるには、友達の支えが必要だ。

レイチェルの住まいはフラットの一階にあり、私の部屋は中庭に面していて、南ロンドンでもっともお盛んなキツネたちの交尾を、特等席で眺めることができた。キツネたちは毎晩のように励んでいた。叫んだり鼻を鳴らしたりしてたのは、歓喜のためだと思いたいのだけど、人間の耳には苦痛の叫びに聞こえてしまう。グーグル検索で「雄キツネ　雌キツネ　レイプ」と調べたこともあったけど、やっぱりよくわからなかった（仕事で使っているノートパソコンでこれを検索するのもお勧めしない）。

レイチェルはイブが始めたことを完成させてくれた。ある〝手作り夕食〟で、私を一気に生き返らせてくれたのだ。レイチェルの家の冷蔵庫にあるのはアボカド、バター、ラディッシュ、会社のイベントでもらったシャンパンのミニボトル数本だけだというのは、いつもの冗談ネタ。私たちはそこにサワードウとアイスクリームを加え、一年の大半をこのメニューで食いつないだ。

ある週末に、私とレイチェルは、イタリアの丘陵地にあるスパの体験旅行に招待された。マッサージ、泥パック、フェイシャルエステ。甘くない人生に訪れる至福のひととき。まるで天国。たしかに、広報担当者からは「デトックスという観点」もあると強く言われていたけれど、別に、対処できないことだとは思えない。

〈なんにしたって、イタリアで過ごす週末にカンパリ抜きはありえないよね〉と、飛行機を予約する私に、レイチェルからメールが届いた。

イタリアには、朝食の時間帯に到着した。五臓六腑に染みわたる濃厚なエスプレッソと甘いペストリーを期待しつつ、私たちはスパへ直行し、さっそく医師と栄養士の面談を受けた。アルコール摂取についてあらゆる嘘をついたのに、私の内臓は「元気がない」とのこと。まあ、それくらいどうってことない。レイチェルは妊娠しているのかと尋ねられていた。

朝食は果物だと、じきに判明した。でもまあ、ランチがあるしね。ランチはねばねばしたブロッコリーのスープだった。このスパは、「砂糖、脂肪、アルコール、カフェイン抜き」の施設だということがわかった。

それから、スパの施術を受けた。想像していた、うっとりするようなラグジュアリー体験とはほど遠い施術を。冷たい泥を塗りたくられ、ポリエチレンにくるまれたまま、泥が浸透するまで放置された私は、寒さに震え、白衣姿の女性がラップをはがしに来るころには、鳥肌でぶつぶつになっていた。泥は温浴で洗い落とすか、蒸しタオルでそっとふき取ってくれるのかと思いきや、連れて行かれたのは、白いタイル張りの尋問室じみた小部屋。はだかのまま、すみっこに立たされて、上にあるホースから粉が降ってきたときは、ここで死ぬのかと思った。

その後は、最上階のフロアへ上がる時間をじりじりと待った。四時半って「夜の早い時間でいいんだよね」と言いあいながら。ありがたいことに、スパの最上階にバーがあったのだ。本物のワインとパルメザンチーズの塊にありつけるお店。私たちは、引き寄せられるようにバーへ向かった。

そこでお酒を飲んでいるのは、私たちだけ。バーがあることを知っている人がほとんどいないのか、デトックスをさぼる人がいないのか。バーの外にある棚には、〈リンツ〉のうさぎチョコが並んでいる。一気に五個くらい食べられる、ひと口サイズのあれじゃない。黄金色のホイルに包まれた原寸大のウサギが、魅惑的な輝きを放っている。

「ひどい!」私は恐怖に陥り、そのウサギを指し示しながら叫んだ。

「もうすぐイースターだもんね」レイチェルが力なく、ため息をついた。

「デトックス・スパで過ごすイースターね」私は応じた。

レイチェルと私は静かにお酒を飲み、緑色のおかゆをまたむさぼって、割れそうなほど頭が痛くなり、十時になる前に寝た。

それから三十六時間のあいだに、あのウサギが三羽消えた。レイチェルは自分じゃないと言い、炭水化物を断《た》ってるときに刺激しないでよ、と私を責めた。これじゃあもう脱走するしかないね、ということになった。逃げだせることはわかってる。バーで会ったグリゴリというロシア人の常連客が、空腹に耐えられなくなったときは抜けだして、地元のレストランへ魚介料理を食べに行くと言っていたから。

私とレイチェルは人目につかぬように、スパの敷地の縁に沿って歩きまわった。午後の散歩をしているふたり組の女性を装いつつ、隅のほうに抜けられそうなところがないか、何気なく探りながら。敷地外へ出たらだめなのかどうかよくわからず、わかっているのは、はっきりした出口がないことだけ。二日前（まだ二日？）に入ってきたときに通った、私道の門は閉まっている。あきらめようとしたときに、レイチェルが柵にすきまがあるのを発見した。

ふたりでダッシュしたけど、近くのピザ屋のシャッターは下りていた。

「夜七時まで開かないって」レイチェルがうめいた。まだ午後三時。小さな田舎町は、午睡の時間に入っていたのだ。食料雑貨店まで閉まってる。私たちはしょんぼりとスパまで戻り、バーの開店時間までカウントダウンした。

先進国ならではの贅沢な悩み。「ダイヤモンドの靴がきつすぎる」といい勝負だ。これはおもしろい状況でもあり、お腹が空きすぎて錯乱している私たちは、旅行のあいだじゅう笑いが止まらなかった。私とレイチェルだけに通じる言語を見つけたみたいに。同じ体験を一緒にして、内輪の冗談を言いあえば、嫌でも親密さは増すというものだ。

翌朝は最終日で、栄養士と最後の面談を行った。レイチェルは体重が変わっていなかったので、フロントに飾ってあるウサギのリンツチョコは、この人の仕業だと思わざるをえない。私は二キロ増え、医師に「異常」だと言われた。

空港に着くとポテトチップスを買いあさり、帰りの飛行機のなかで口に流し込んだ。心地のいい毛布を肩にかけたときのような安堵感をこんなふうに覚えたのは、生まれて初めてだった。

レイチェルとの同居生活が始まって数か月たったころに、それが起きた。

将来、私の夫になる男性が、一緒に暮らさないかと誘ってきたのだ。

それほどドラマチックな感じではなかった。何か月も前からずっと、誘われていたのだから。でも、このときばかりはわかった。私がこれほどためらっているのはどうしてなのかと、いぶかしく思われてるのが。本人からはっきり、そう言われたのだ。

彼と一緒に暮らすのが嫌だったわけじゃない。私が渋っていたのは、すでに愛する相手と一緒に暮らしていたから。私の友達になるというシンプルな手段で、友達になるにはどうすればいいか、その方法を教えてくれた女性と一緒に。

この知らせをレイチェルに伝える場所は、キングズロードのインテリアショップ〈ハビタト〉の地下がベストだ。フラシ天のタオルの山だとか石けんの受け皿だとかが、並べられてるあの場所が。レイチェルはバスルームのすてきなインテリアが大好きだから、心安らぐ環境のほうが、この知らせを受け止めやすいかも。

「ティムと一緒に暮らすことにしたの」私はすぐに言った。緊張しつつ、籐のトランクのてっぺんを指でなぞりながら。

「ほんとにごめんね。レイチェルと暮らせて幸せすぎるくらいなんだけど、ティムと一緒に暮らさないと、別れることになっちゃうんじゃないかと思って」

ふたりで黙ったまま、店頭に並べられたいろんな色合いのベージュのトイレブラシを見て回った。

「寂しくなるわ」レイチェルがそっと抱きしめてくれた。「幸せになってね」

それから数週間後に、私は引っ越し、レイチェルにカードを渡した。キツネが片眼鏡をかけて山高帽をかぶっている絵と、〈ここで好き放題やらせてもらったけどもう行くね。お邪魔しました〉というメッセージ付きのカードを。

その晩、レイチェルからこんなメッセージが届いた。

〈キツネたちがさっそく、クレアがいなくて寂しいって叫びながら、おっぱじめてるよ〉

第9章

友達と縁が切れるとき

――傷つけるより黙ってフェイドアウト?

俗説:友達づきあいをやめるときは、なにがまずかったのか伝えて相手を傷つけるより、黙ってフェイドアウトするほうが親切?

友達にメッセージを送ったのに返事がこない。

その友達が「なんとなく返信が苦手」という私みたいなタイプの女性だったら、別に気にならないかもしれない。でも、次の日になっても、次の週になっても、やっぱり返事がない。ここでもう一度、メッセージを送ってみる。

〈週末にごはん行かない? 連絡待ってる〉

返信なし。

〈大丈夫? ちょっと心配なんだけど。ごはんどころじゃないんだったら、また今度にしよう。なんかあ

ったら連絡してね〉

まったく反応なし。

〈私のメッセージ届いてる？〉

この段階になって、どうして相手が返信できないのか考えだす。

恋人からぱったり返信がこなくなったときとちょっと似たような感じで、なにかよろしくないことが相手に起きているせい（じゃなかったら、私のことを好きすぎるせい？）にちがいない、と思うことにする。なにかのっぴきならない状況に陥っていて、身動きが取れないのかも。そうだ、そうに決まってる。上から吊り棚が落っこちてきてスマホにぶち当たって、手の届かないところへ吹っ飛ばされてしまったとか。突然思い立って旅に出て、空港へ向かう途中でスマホを落っことして、旅先の離島にはインターネットがないとか。うん、ありがち。

でも、「返事がこない状態」がさらに数週間、数か月と続いたら、さすがに認めざるをえなくなる。自分は相手に「切られてしまった」だけなのだと。

こうして、友達からの縁切りという、厳しすぎる現実の世界に足を踏み入れることになる。

友達との別れは、なにか決定的な出来事が起きるとか、ばっさり切り捨てられるという形で訪れるとは限らない。少しずつ距離を置いてフェイドアウト、というパターンもありうる。目の前でドアをバタン！と閉められるとか、「もう無理」というメッセージを残されることもあるだろう。SNSで友達削除されることもあるだろうし、自分から削除することもあるかもしれない。

いずれにしても、女友達との別れは、誰もが一度は経験する可能性が高い出来事だ。「友情は絶対に終わらない」とスパイス・ガールズは力説していたかもしれないけれど、それが真実でないことはもう、メンバー全員が身をもって理解している。

女友達から捨てられると、恋人に捨てられたときと同じくらい深く傷つく。

これが真相だ。

身を切られるような痛みに襲われて、どうしてなのかわからず理解に苦しむ。捨てられてしまったと気づいた瞬間、足元から崩れ落ちそうなショックを受ける。あの娘が自分の人生からいなくなっちゃった。失恋したときとまったく同じように、思い出が次々と脳裏に浮かんでくる。屋外で震えながら一緒にフローズン・マルガリータを飲んだときのこと、DIYショップにペンキの〈デュレックス〉を買いに行ったときのこと、支えが欲しかったときに、手を握ってくれたあの感触。

恋人との関係が終わるときとまったく同じ理由が、女友達との関係が終わる理由になることもすごく多い。無視、嫉妬、会話や連絡が減る、自分のほうが正しいと言って譲らない。裏切り、あるいは嘘。信頼が消え失せる、お金、価値観がずれる、非現実的な基準に相手を縛りつける。関わらない。話を聞かない。相手を尊重する気持ちや思いやりがなくなる。こうしたことがあらゆる形でいくつも重なり、関係がだんだんとすり減って、洗面台に長く置きっぱなしにされた石けんみたいに、薄っぺらく割れやすいものに変化していく。

こういう兆候は、失恋も友達づきあいも似たようなものかもしれないけれど、まったく違ってるのは、まわりから同情してもらえるかどうか、ということ。

失恋したときは、色々な人たちが慰めにきてくれる。誰もが失恋のつらさを知っているから、その苦痛を和らげてあげたいと感じる。

それじゃあ、友達との関係がだめになったときは？

とてつもなく深い孤独に沈み込んでしまうかもしれない。

なかには、ポジティブな「友達との別れ」ももちろんある。あの人と関わらないほうがいい人生を送れると判断するのは、子どもじみたことじゃない。自分の気持ちを大切にするという、「大人の対応」だと言ってもいいだろう。ところが、どうやってその友達と別れるかとなると、大人のやりかたが選ばれないことが多いのだ。

女性同士の友達づきあいには、「死がふたりを分かつまで」という誓いがない。関係が上手くいっているときに節目を祝うことはないし、「あの相手と別れた」とはっきり認識されることもない。恋愛のように、関係を続けるために話し合いをすることもない。だから、なにか問題が起きると、私たちはどうしていいかわからなくなる。対処法を知らないし、修復すべき価値のある関係なのかどうかさえ判断できない。だから結局、なにも言わずにフェイドアウトすることが多くなる。

友情の専門家リズ・プライアーが、こう解説してくれた。

「女性同士の友情には、決まった手順やセレモニーなどがまったくないので、終わらせかたも自由なんです。自分の意思に任されているから、あれほど美しい絆を築いたあとに去ることを選び、そのことに責任を感じない。戸惑ってしまいますよね。多くの人の人生にとてつもない害を与え、ダメージを残す。そんなことが、話題にされることもなくいまだにスルーされてるなんて、私にはとんでもなく歪んだことのように思えます」。

だからこそ、私は自分やインタビューに応じてくれた女性たちの体験談を、ここで披露しようと決めたのだ。

友達と別れるという、大きな悲しみや傷をもたらしかねない判断を、私たち全員が上手くできるようになれればいいと願いながら。これからはほかの別れかたを選んだっていいのだとわかってもらう、後押しができればいいと期待しながら。

なぜかというと、正直に打ち明けてしまうけど、この章ほど書いていてつらくなったものはないから。これはマグマにたとえると、わかりやすいかもしれない。地殻の下には、女性同士の友達づきあいが終わるときに生じる、熱いどろどろした痛みや罪悪感、恥ずかしいという思いが渦巻いている。その地表を私がトンと軽くはじいただけで、溶けだした感情が、インタビュー対象のほぼ全員の女性たちの心からどっと押し流されてきたのだ。

ショッキングな出来事だった。あんな経験をしたのは自分ひとりだけだろうな、と誰もが思い込みがちな内容ばかりが、次々と流れ出てきたから。でも、あんな経験をしたのはあなただけじゃない、ということは、私がここで自信を持って断言したい。

〈女性同士の友情の終わり〉をテーマにしたコーナーが、BBCラジオの番組『Woman's Hour』で設けられた二〇二一年八月、司会者のエマ・バーネットは、視聴者たちにこう語った。「こんなにあっというまに、こんなにたくさんのメッセージが殺到したのは初めてです。女友達とのつきあいが終わったときに感じる痛みは、心の底から湧きあがるものなんですね」。

大人の女性たちが経験する女友達とのつきあいの終わりは、大きな傷を残しかねない。経験談を聞かせてほしいとお願いしても、話せない、という女性たちが大勢いるくらいに。ごめんなさい、でも、まだ記憶が生々しすぎて。体験談をオープンに打ち明けたことのあるごく少数の女性たちは、あれをまたやれるほど強くない、と言っていた。〈状況を悪化させたくないから〉と、メールで回答してくれた女性もいた。

女友達とのつきあいの終わりに関して、状況がうんと悪くなってしまう余地なんてあるのかどうか、私にはよくわからない。

女性同士の友情は、毎日どこかで終わりを迎えている。なのに、私たちは、その確たるところをほとんどなにもわかっていない。私がショックを受けたのは、女友達との別れがもたらす精神的影響について、大規模な科学的研究がほとんど行われていないことだ。こんなところに、つらすぎて言葉にできない、という女性たちが大勢いる理由があるのかもしれない。

さらに想像を絶するのは、女友達との別れが心臓の形状を変えてしまう恐れすらあり、場合によっては死をもたらす恐れさえあるということだ。

この本を執筆しているところに、インペリアル・カレッジ・ロンドンの研究チームが、「ブロークンハート症候群」に関する調査研究を発表した。[26] これはたこつぼ型心筋症という正式名称で呼ばれており、急性心不全のような症状を引き起こす。たこつぼとは、タコを捕獲するために日本で使われている壺のこと。たこつぼ型心筋症では心臓が弱り、最後にはこの壺のように丸く膨らんでしまう。英国では一年間におよそ二千五百人が患い、主な患者は女性で、心臓発作と少し似た症状が起きる。ほとんどの患者は回復するが、生命に影響するケースもある。

一般的な原因は、心の痛みや過度のストレスだが、この研究を主導したシアン・ハーディング教授によると、「突然の精神的ショック」も原因になりうる。この研究では、不安と関わりのある二種類の血中マイクロRNA分子のレベルが上昇することが判明している。

主な患者が女性で、精神的ショックが原因になりうるのだとしたら、女友達との別れがブロークンハート症候群につながる可能性だって否定できないのでは？

シアン教授は、メールでこう回答してくれた。

「おもしろい質問ですね。強い感情的な反応が起きているなら、その可能性はあります」。

見識ある科学者の意見では、女友達に捨てられたせいで死んでしまう恐れがある。誰かとの関係を切りたくなったときに、ぜひとも考えるべきことだろう。

もちろん、誰とでも永遠に友達でいられるわけじゃない。これまでに書いてきたさまざまな理由で、友達とのあいだに距離ができてしまうことはある。一時的な関係で終わることを運命づけられている友情もある。職場やクラブ、趣味などの限定的な場所でのつきあいで、だんだんと疎遠になっていくケースがこれに当てはまる。これは別に、普通のことだろう。

普通だと言えないのは、つきあいの長い友達や親しい友達と別れるときに、女性たちが選ぶやりかただ。無意味なものをぽいっと捨てるような、あのやりかた。

残されたほうは徹底的に打ちのめされて、すっかり落ちこんでしまう。自分が犯した罪がなんなのかもわからず、裁判を受けないまま有罪判決を下されるようなものだ。

心理学者テリ・アプターの意見では、その根源には、女性たちが売りつけられてきた「女性同士の完璧な友情」という夢物語がある。ふたりはいつもなかよしで、どんなことだって意見は一緒、というあれが。

「いいお友達なら喧嘩なんかしない、という刷り込みですね。だから、なにか対立するようなことが起きると、なにもなかったふりをするか、『対立しちゃった、だからもうお友達じゃない、別れなくちゃ』の二択になるんです」。

友情が揺らぎだすと、女性たちはどうしていいかわからなくなる。失敗だと見なしてしまう。そして、そのことについて話し合うのを徹底的に避ける。話し合いは繊細に対処できる方法なのに、それを選ばない。考えようともしない。蓋をしてしまうほうがずっといい。友達になにかをされて、心にもやもやが残り、だけどそれを相手に伝えずにいて、なにも気づいていない相手にまた同じことをされたら、忍耐の限界に達して去ることになる。

大人の女性たちは、たいていこんな感じで女友達と別れる。

それに異論はないだろう。

女性は人間関係を穏便に運ぶようしつけられている。荒波を立てず穏やかにね、と幼いころから教えこまれる。たしかに、女性たちはそれがとても上手い。だから、失礼な発言がとがめられなくても、文句を言わない。出し抜かれても見て見ぬふりをする。言葉にされない恨み、嫉妬、罪悪感、心の傷が積み重なり、放置しているうちに、心のなかで怒りが爆発する。相手に怒りを見せていないのだから、気づいてもらえなくて当然なのだけど。自分がどれだけ怒っているか、相手が気づいていないことにも怒る。私たちは怒りを必死で隠すのだ、怒りを感じながら。

つまり、女性のほうが「最後の一滴」に達して、なにも言わずに友達との関係を終わらせてしまう傾向が強いということ。

城にたとえるなら、なんの説明もなくいきなり跳ね橋を引き上げて、堀に水を流し、城門の錠前を変えてしまう。そういうことを、いまや元友達となった相手にするということだ。専門家によると、女性は男性よりも、理由を言いたがらない傾向が強い。対立を避けたいし、相手に自己弁護の機会を与えたくないから。

問題はここにあると、私は思っている。

これをやられた大勢の女性たちが、罪悪感に襲われて恥ずかしくなって、不意打ちを喰らわされた気分になるのだから。その傷は何年たっても癒えず、ある女性が言うように「離婚よりショック」ということになりかねないのだから。

友達づきあいで受けた心の傷について、ジョージから聞かせてもらったときは、思わず涙がこぼれてしまった。

三十七歳のジョージは、新型コロナウイルスの世界的大流行によるロックダウン期間中に出産し、制限が解かれたら、友人たちにぜひ、庭で息子に会ってほしいと心から願っていた。ところが、妊娠中だったある親しい友達が、まだ安全だと思えないと言って、会いに来てくれなかったそうだ。

「彼女の判断は受け入れなきゃいけませんよね。だけど、考えれば考えるほど、腹が立ちました。買い物や近場の旅行はしてたのに、私の息子に会うのはダメだなんて。私があまりにも激しく怒ってたから、夫が彼女に電話したんです。彼女の反応は、『なんでそんなに事を荒立てるの?』。信じられませんでしたね。私はロックダウン中に出産したことに、強い怒りを感じてたから、なおのこと傷ついたのかもしれません。出産時も産後期も、正常な状態で過ごせなかったことが、悲しかったんだと思います。

どうにか対処できたのは、精神分析医にかかったおかげです。コロナが世界的に大流行していた時期は、普段とは違う言動をする人たちがいたのだとか。だけど、彼女が夫を避けて連絡してきたことは、ゆるせなかった。だから、『もう少し時間をちょうだい、いつか忘れられるといいんだけど』と伝えたのだけど、『いま話し合えないなら、もうだめなんじゃないの』。あれから、連絡は取り合ってません。彼女のせいで感じた怒りを私の人生から追いだす必要があったので、彼女自身を私の人生から追いださなきゃいけなかったんです」。

私が涙をこらえられなかったのは、どんな精神的反応が起きたか、というくだりだ。親しい相手に別れを告げたことのある人なら、誰もが共感するんじゃないだろうか。

「あれを経験するまで、友達づきあいで『心の傷を受ける』なんて言葉を使おうと思ったことはなかったはずです。でも、恋愛がだめになったときと同じように傷つくものなんですね。私は彼女に傷つけられて、ほんとに泣き叫びましたから。上手く説明できないけど、腹の底から叫ばなきゃやってられなかったし、抜けだすまでつらかった。深く悲しんでる、という感じでしょうか。感情をまったく制御できませんでしたからね」。

洗いざらいぶちまけてしまうけど、友達との縁切りについて、私はとても褒められたものじゃない。突然立ち去る、というのは二〇〇〇年代っぽいスタイルじゃないけど、私とアガサはこのやりかたで、大学時代のある友達に声をかけるのをやめたことがある。本来なら、きちんと話し合って、「私たちと一緒にいるのに、もっといい誘いがくるのをいつも待ってるみたいだよね」と伝えるべきだったのに。あの友達づきあいをやめるべき、ちゃんとした理由はあったけど、もっとちゃんとした対処の仕方もあった。だけど、私とアガサはそれを選ばず、彼女を置き去りにすることにした。置いて行かれるほうは、私たちに迎えに来てほしそうな素振りなんか、見せてなかったはずだけど。

友達づきあいが一方的な関係に思えるときに、こうして真実が確かめられるのはよくあることだ。こちらから誘うのをやめて、相手からの連絡を待つ。リスクの高いゲームだけれど、負けるつもりでのぞむべき一戦だ。

私の知り合いのある女性は、大学時代の友達にこれを試した。その友達は、ロンドンへ引っ越してから少しずつ離れていって、私の知り合いの暮らしぶりに興味をなくしている様子だったそうだ。

「彼女は自分の誕生日に、自宅で呑んでからバーへ繰りだすと言ってました。私と彼氏は別のパーティーに出席していたので、バーで合流すると伝えたのだけど、彼女は来ませんでした。二時間待ったけど、謝罪もなし。最後の一滴でしたね。私との友達づきあいは大切にされてないと、はっきりわかったので。だから、向こうからなにか言ってこない限り、連絡するのはやめました。で、連絡はきてません」。

これには驚いた。大事な友情を、みずからややこしくさせるなんて。どういうことなんだろう？　別のパーティーへ行ってしまった友達のことを、横着だとかむかつくとか思ったということ？　でも、最高のパーティーは最後に取っておくというのが、共通認識のはず。

ここでまた、リズ・プライアーに登場してもらおう。

「男性とデートを三回して、なにか違うと思ったら、『ごめんなさい、あなたのせいじゃなくて、私のせいなの』という断りかたをしますよね。『引っ越しするの』と嘘をつくとか、なにか工夫するものです。なのに、二十年もつきあってきた女友達に対しては、なにか言わなくちゃいけない、とは思わないんですよね。女性はそういうことをします。なにも言わずに消えてしまうんです」。

私は数年前に、ある友達から、仕事が終わったら呑もうと誘われたことがあった。

〈七時に終わるから、そのあとでどう？〉と、私はメッセージを送った。

〈えー困ったな、こっちは五時半に終わるんだけど〉友達から返信がきた。

英国の首都にはいい美術館やショップ、公園やパブがたくさんある。そんな充実した環境にいるのに、一時間半の暇つぶしができないらしい。「私の九十分を費やす価値はクレアにはない」と、耳元にメガホンを当てられ、大声ではっきり告げられているようなものだった。

それでも土曜の午後に仕切り直して、一緒に街中を歩いていたら、後頭部にいきなり、ゴツンという冷たい衝撃が走った。小銭を投げつけられたわけじゃない。石をぶつけられたのかと思ったけど、触ってみたら濡れていた。血が出てるの？　まさか、犬のふんとか？

そうじゃなかった。一緒にいた友達が、大爆笑しながら教えてくれた。私は生卵を投げつけられたのだ。走って逃げる少年たちの姿が見えたらしい。まぬけじゃない？　笑い死んじゃいそう。午後三時のロンドン市街で、ニワトリの卵の銃弾を浴びせられるなんて。

そうこうしているうちに、殻から中身が漏れてきた。私は慌てて、体を右に左によじって、朝にヘアアイロンで伸ばしたばかりの髪から、べたつく卵を取ろうと必死になった。なのに、友達はまったく手を貸してくれない。というか、私の必死の形相に気づいていないみたいで、何事もなかったかのように自分の話に戻っている。こういう、ちょっとしたことで手を差し伸べてもらえないというのは、友情にひびが入っている証拠なのかもしれない。

帰宅後に髪を洗い、卵白は髪を柔らかくつややかにしてくれるわけじゃないんだと実感した。そして、心を決めた。もうがんばるのはやめようと。向こうから連絡してきたら、返信はする。連絡はこなかった。

そして後日、この友達と偶然、地元の公園でばったり会った。

「クレア！　クレア！」と叫んでいる声が聞こえ、スペイン人女性がかんしゃくでも起こしているのかと、好奇心をにじませた家族連れがちらちら振り返っていた。

連絡先を交換して、「お茶しよう！」と言われたので、その夜、〈お茶できたらうれしいね〉とメッセージを送ってみた。そうしたら？　返事はこなかった。

私はある意味で感謝している。おかげで、見切りをつけるべきときがよくわかったので。

六十七歳のアリスは、自分のことばかり考えている友達に、長いこと我慢してきたそうだ。

「自分の思いどおりにしたがる人でした。自分と家族のことばかりで、私についてなにか尋ねてくることは、まったくない。世界一賢い子どもたちと、最高に洗練された家の自慢ばっかり。自分はぐちをこぼすのに、私のぐちは聞いてくれない。利用されている気がしてきたから、少しずつ断るようにして、フェイドアウトしました。ひどい仕打ちと思えるかもしれないけど、私はほっとしてます」。

アリスの体験談を聞いて、英国ドラマ『マザーランド』が思い浮かんだ。子どものお迎えで校門前に集まったママ友たちを、刺さるような観察眼で描いたシチュエーションコメディ。なかでもアマンダとアンの関係は、最悪の友情と言っていいだろう。アマンダはママカーストのトップに君臨し、表面では丁寧に振舞っているものの、毒を隠し持っている。アンはアマンダの腹心で、完璧な暮らしぶりの自慢話の聞き役。友人たちがいるところで、アマンダがアンをけなしつつ精神的に動揺させようとする、残酷なやりとりがある。

アマンダ：パン屋でどのくらい働いてるの？

アン：パン屋で働いたことはないわ。職場はグラクソ・スミスクラインだから。世界的な製薬会社の製品開発部門のトップよ。

アマンダ：あら、ずっとパン屋だと思ってたんだけど。なんでかしら？　ほんとに違う？

アン：ええ。

アマンダ：想像できないわあ、アンがオフィスで働いている姿。ケーキやパイ生地がお似合いだから。ねえ、ほんとに、パン屋じゃないの？

アン：ええ。パン屋に行くことはあるけどね、パンを買いに。

あくまでも極端な例だろうけれど、こんなふうに力を誇示する友情は身近なところにもあるし、自分自身がそんな友達づきあいをしていることもある。力関係というのは、見ていてはっきりわかるものなのだ。そして視聴者全員が、こんな友達とは縁切りすべきだと、アンに肩入れする。

サリー在住の五十六歳のジョアンナ・モリスは、このようにバランスの悪い友達づきあいがどんなものか、身をもって経験した。三十年来の友達に切り捨てられてから十年たつというのに、電話で打ち明けてくれたときに、「いまも震えてるくらい」だと言っていた。

ふたりの友達づきあいの始まりは、女性同士でありがちなパターンだった。学校で出会い、十代は親しい友達、二十代前半はシェアハウスメイト。ジョアンナは花嫁付添人をし、夫同士も友達、子どもができた時期もほぼ同じ。すべてが上手くいっていると思えた。そんなときに、友達が仕事で海外へ移り住むことになった。

「一年後に電話がかかってきて、夫を置いて帰国し、離婚すると言われました。家族が戻ってきてから色々ありましたけど、彼女は新しい恋人と暮らすことになりました。早くまた家庭を築きたがってたけど、相手は家庭向きでない男性だったんです。ふたりは何度も別れてはよりを戻し、彼女から電話がくるたびに、私は心配して駆けつけてました。そのとき一緒にいた別の友達を放り出してまでね」。

彼のことはもう追うべきじゃないと、ジョアンナは友達に告げた。それが、すべてが変わるきっかけとなった。

「こう言いました。『女性にこんな仕打ちをする男を、息子の手本にしたいの？　娘だっているのに。あなたは女性として、自分の望むように男性から扱ってもらうことができるのよ？』。彼女は怒らず、冷淡に対処しました。返信をすぐに寄越さなくなり、そのうちに、まったく返信をしなくなったんです。いまだに理解できないし、心から傷ついてます。生涯の大親友だと思っていたのに」。

こんなふうに、理由がはっきりしないまま友達に切られてしまうという事実に、さきほど紹介したリズ・プライアーは失望している。

リズは友情の専門家として、友情を終わらせた女性たちから定期的に話を聞いているが、たいていは「相手と話すなんて無理。深く傷つけてしまうから」というふうに正当化されているという。

「こういう女性たちが気づいていないのは、なにも告げられず放りだされた相手が二倍傷つく、ということ。宙ぶらりんな状態で放置されるわけですからね。表面的に同情を装っているだけに、ものすごく自分勝手な行為だと言えます」。

それじゃあ、友達を切った側の言い分は？

自分から友達との関係を終わらせた大勢の女性たちと話したところ、いまでも罪悪感を覚えているという人が大半を占めていた。これはきっと、意外な結果ではないだろう。

その例として、二十九歳のアイスリング・オリリーの体験談を紹介したい。

「夏休みに海外で出会い、一緒に暮らすことになったのだけど、私の暮らしのなかで異質な存在で、上手くなじまないとわかったので、関係をばっさり切りました。いま思うと冷たすぎ、ひどい仕打ちでした。私が選んだのは、メッセージをぜんぶ無視するというやりかたです。人生のどこかでゆるくつながって、つきあい続けたってよかったのに。そういう友情もありなんだと、当時はわかってなかったんです。ほんとに冷淡な振舞いでした」。

次は、四十九歳のティナの体験談。

「夫は私より優しくて、あまり人を嫌いにならないけれど、私のある友達のことは、こう言ってました。

『本当に不愉快な人だ。きみが友達づきあいを続けるのはいいけど、ぼくはもう会わない』。そんなことを言う夫を見るのは、初めてでしたし、たしかにそのとおりだと思ったので、その友達とつきあうのはやめました。感情の起伏が激しすぎて、ついていけなかったんですよね。もう面倒で。消耗させられてしまって。だけど、罪悪感はありますし、もし〈マークス・アンド・スペンサー〉なんかでばったり会ってしまったらと思うと、恐ろしくて仕方ありません。またあれに対処しなきゃいけないなんて」。

これが真相なんじゃないだろうか。

友達を切り捨てる女性は大勢いるけど、その理由は、相手と対立するのが面倒なだけ。切り捨てることに、どれだけ罪悪感を覚えているとしても。「相手の激しさについていけない」という言葉には、「相手の感情におつきあいしたくない」という本音が隠されている。女性というのは一般的に、対立を避けたいと考えるものなのだ。

私もそういうのは得意じゃない。私の夫もティナの夫と同じで、たいていの人と無難になかよくつきあえる、ムカつくタイプの男性だ。誰かと知り合うと、必ず最後ににっこり笑って、いい人だったね、と言っている。それに反論する自分が、ものすごく嫌なやつに思えてしまうのだ。

そんな夫が、私とつきあって二年ほどたったころ、私のある友達を『あんな自分大好き人間には会ったことがない』と評したことがあった。あれは、頬を濡れたサンダルで引っぱたかれたような衝撃だった。

「なんてこと言うの、私の友達なのに」私は抗議した。

「彼女はきみの暮らしぶりについて、なにひとつ尋ねなかったし、ぼくに対しても、ぼくのことをいっさい尋ねなかった。失礼だろ。あんな人とは一緒に過ごしたくないね」

私は大人の対応をした。「じゃあ、そうすれば」みたいなことを言って。だけど、あとになってよくよく考えてみたら、夫の言うとおりだと思えてきた。あの友達と、彼女自身以外のことを最後に話したのって、いつだったっけ？　それから、少しずつ、だけど意識的に、彼女とは距離を置くことにした。そして気づくと、私は心のなかでほっとしていた。

いっぽうで、友達づきあいの終わりに真っ向から挑んだ珍しい女性がいる。すでに幾度も紹介している、作家のラディカ・サンガーニだ。

ラディカが語ってくれた体験は、私が行った調査のなかでも、悲しさが際立っている。ラディカは元友達に謝って、「別れ話」をしたのだそうだ。おかげでその相手は、なにが起きていたのかということだけでなく、友情が終わった理由も知ることができた。

「距離を置こうとしたら、『話し合おう』と言われたので、こう伝えたんです。『ほんとにごめんね。私たちにはもう、共通点がないと思ってるだけなんだ。一緒にいるときに、厳しいなと思うことが時々あったの』。嫌だったし、彼女は深く傷ついてました。でも、こう言うしかできませんでしたね。『ほんとにごめんなさい。あなたには幸せになってほしいと思ってる。ただ、友達としてつきあうのはよくないと思ってるだけで』。恋愛の別れ話をしてるときと同じ心境でした。別れるのが好きなんて人はいませんよね。心が痛みますから。

ドラマチックな出来事に思えるかもしれないし、世代の違う私の母が知ったら、ものすごくへんなことをしてると思うでしょうね。だけど、こういうことをしてるからこそ、いま続いている私の友情は質の高いものだと言えるんです」。

言語学者のデボラ・タネンは、著作『打ち明けられるのはあなただけ（You're the Only One I Can Tell）』

（未訳）で、友情が終わるときの「なぜ」を双方向からまとめている。

「女友達から切られたと言っていた女性たちは……なぜなのかわからない、というケースがほとんど。でも、女友達を切り捨てた女性たちのほうは必ず、その理由をきっちり説明できた」。

この文章に、私ははっとさせられた。

いつもそんなに、はっきりしているものなんだろうか？

過去の友達づきあいのなかで、私は自然消滅だと思ってるけど、相手は切り捨てられたと認識しているケースはあるんだろうか？　反対のケースは？

私がサラと友達になったのは、六年生のころだった。インディ・ミュージック、マリブ、パイナップルジュースが好きという共通点があって、ふたりともワイドレッグド・ジーンズをはいて、裾を水たまりで濡らしていた。大学時代はずっとメールでやりとりし、休暇中に会っていた。〈ピザ・エクスプレス〉でドーボールも頼んで、学生にしては豪勢な食事をするのがいつものパターン。二十代前半でサラが仕事で海外に渡っても、連絡が途絶えることはなかった。サラの恋愛が大変だった時期には、励ましのメッセージを送ったことを覚えている。サラの望むようになりますようにと、心から祈りながら。

そして、どうなったか？

ちゃんと認識しているつもりだったけど、メールの受信箱を調べた結果、現実には、自分が思っていた顛末とは真逆のことが起きていたとわかった。

恋愛のゴタゴタがおさまると、サラは彼氏と一緒にロンドンへ戻ってきて、婚約した。結婚前の女性限《ヘン・》定パーティー《ナイト》が開かれて、私たちは一緒に宝探しをしたり、ペニス型のストローを用意したり。私にとって初めてのヘン・ナイトだったし、当時はいまみたいなくたびれた中年じゃなかったから、そんなノリにもしっかりついていけた。

挙式は海外で、となったところで、行こうかどうしようかためらいが生じた。いま思うと、最初にちゃんと断っておくべきだった。経済的に厳しかったし、ひとりで出席するのは心細いと思っていたのだから。でも、はっきり返事をしなかった。結婚するにはまだ若すぎるんじゃないかなあ、しかも海外で、私がほとんど知らない相手と。

ようするに私は、伴侶を見つけたサラに、見捨てられたような気がしていたのだ。実際には、全然そんなことなかったのに。だけど私は、物事が変わってしまうのが嫌だったし、もう変わっているのだと認めるのも嫌だった。

結局、結婚式には出席せず、恥ずかしながら、贈り物をしたかどうか思いだすことができない。私の記憶力が悪いせいであってほしい。カードくらいは送ったはずだ。絶対に。

私の記憶では、ここでサラとのつながりは終わっている。サラはすっかり動揺し、私は罪悪感を覚え、ふたりのあいだの気まずい空気が解消されることはなかった。

ところが、メールボックスをよく調べてみたところ（二〇〇一年から同じホットメールアドレスを使っててよかった）、実際にはそうじゃなかったことがわかった。私はあのあと、サラをいろんなことに誘っていたのだ、三十歳の誕生日パーティーなんかに。サラと夫は出席しなかったけど、サラから届いた最後のメールには、こう書かれていた。

〈いつか会えるとうれしいな。よかったら返事ちょうだい〉

私が確認できる限り、これに私は返信していない。

ということは、自然消滅？　それとも、返信しないという形で、私がこの友情を終わらせたってこと？

サラはそう思ってる？　いろんなことがごっちゃに混ざって、結局は、未熟さが大きく関わった結果なのだと思いたい。

「理由はひとつではありません」と、リズ・プライアーはきっぱり言っている。

「相手を不快に思わせる言動が積み重なった結果なんです。飲酒量が多すぎ、いつも遅刻する。こういうことがあっても、女友達にはなにも言いません。だって、女性はとっても『心が広い』から。夫や彼氏がなにか悪いことをしたらすぐに反応しますが、女友達にはかなり『寛容』なんです。ところが、思いやりと理解を示しているかというと、じつはそうではない。何年もつきあっているうちに、色々と積み重なって……ちょっとしたことが最後の一滴になって、グラスからあふれてしまうんですね」。

たしかに私も、夫ならたしなめるようなことを、友人たちがやってもたしなめたことはない。もっとも、使ったお皿を空っぽの食洗器の脇に放置するような真似を、女友達はしないけど。

女友達にいらっとすることがないわけじゃなくて、わざわざ言おうと思わないだけ。でも、女性同士の友情を、恋愛相手との関係と同じくらい愛情と敬意を持って扱うなら、女友達にもきちんと伝える責任があるんじゃないだろうか。私とサラがすべきだったような、気まずい会話をする責任が。

引き続き、リズ・プライアーの意見を聞いてみよう。

「親しい友達に傷つけられたのに、なにもせず放置するなんて。弱いし、意気地がない。これは優しさではありません。愚かさなんです。こういうことを繰り返すうちに、友情は終わりに向かっていくんですから」。

五十三歳のローマは、こうした問題にきちんと向き合った。遅刻魔の友達に、五分どころか一時間かそれ以上待たされるのがあたりまえ、という状況にうんざりしてたから。さすがに、自分との友情に敬意が払われていないと感じ、つきあいをやめようかという瀬戸際で、気が進まないながらも、自分の気持ちをはっきり伝えることにした。どれだけ怒っているかということを。

すると、その友達は泣きだして、遅刻してしまうのはローマとはなんの関係もなく、ある症状に特有の問題のせいで、それをやってしまわないように努力しているのだと語ってくれた。結果的に、ふたりの友情は深まった。力を合わせて、友達が抱えている問題に対処したおかげで。

それから数年たったいま、厄介な話し合いを避けたせいで大事な友達を失うはめにならなくてよかったと、ローマは安堵している。

これよりも先へ進んだのが、さきほど紹介したアイスリング・オリリーだ。

アイスリングと旧友は、久しぶりに同じ街に住むことになったものの、新しい暮らしにこの友達づきあいを物理的になじませることができず、ふたりで〈友情セラピー〉を受けたという。

「私たちの友情は、おかしな具合になっていました。意思疎通が上手くいかず、私のほうから行動を起こすべき状況でした。私のほうが大目に見ている立場だったので」。

たしかに、理屈で考えればおかしいことじゃない。長くつきあっている恋愛のパートナーと上手くいかなくなったら、なにか手を打とうとするはず。延命する価値のある関係だと思えるならば。経済的に余裕があれば、カップルでカウンセリングを受けるという手段だってある。

それじゃあ、つきあいの長い女友達と一緒にカウンセリングを受けるのも、ありなのでは？

友情も恋愛も、感情的な結びつきが強くて大事な人間関係だというのは同じだし、つきあっているうちに起きる問題だって同じだ。共依存だとか、コミュニケーションや関わりかたの問題だとか。

たしかに、「友情セラピー」とグーグル検索しても、あまり多くの結果は表示されない。これは、私たちがいかに友情を大切なものとして見ていないかを示す、具体例のひとつに過ぎない。

アイスリングは、友情に悩んでカウンセリングを受けたある女性たちのことを、私にも教えてくれた。一人目のカウンセラーは男性で、ふたりの性的指向を尋ねると、じつは愛しあっていることをおたがいに認めるべきだと、さとしてきたそうだ。

友情セラピーは途方もなく難しいものだったと、アイスリングは認めている。あまりにもきつすぎて、旧友のほうは、このことを誰にも打ち明けていないそうだ。

「ほんとに嫌な気持ちになるし、相手とがっつり向かい合わないといけないし。それでも、ほんのいくつかですけど、セラピーのおかげできちんと言語化できるようになったこともあります。友達づきあいでは、多くを言わずに逃げることができるけど、セラピーでは隠れる場所がない。ものすごく解放されるかもしれないけど、ものすごく怖くもあります。あそこまで行ったら、もう後戻りできませんからね」。

♧

これからは、縁切りの時代になるんだろうか？

なぜこんな疑問を投げかけるのかというと、女友達との仲たがいについて聞かせてもらっているうちに、思わず大号泣してしまったからというだけじゃない。女性たちはこんな集団的体験を共有しているのだなと、しみじみ実感したせいでもある。

新型コロナウイルスの世界的大流行をきっかけに、離婚した夫婦がたくさんいるように、価値観が同じだと思っていた相手との友情に亀裂が入った人たちもいたようだ。じつはこの数年、友達のタイムラインに違和感を覚えて、つい深いため息をついてしまったという人は、はたしてどのくらいいるだろう？

アメリカのマーケティング代理店〈デジタルサードコースト〉が二〇二〇年四月に実施した調査[27]により、二十四パーセントの人がコロナ流行中にSNSで誰かと口論し、二十パーセントが意見の不一致のため友達と縁切りしたことがわかった。

とはいえ、友達との縁切りは、SNSで〈友達から削除〉をクリックするみたいに簡単にできるとは限らない。コロラド大学デンバー校の学術研究によると、フェイスブックで友達を削除すると、現実の世界にも影響するという。[28]オンラインの世界で友達削除された人々のうち四十パーセントが、現実の世界でその相手を避けようとし、男性より女性のほうが忍耐強くないと判明しているのだ。

四十一歳のソフィー・マムフォードは、WhatsAppでグループから抜けようとしたら、すぐさま現実世界で影響がでたそうだ。ぶっちゃけてしまうと、それはもう甚大なインパクトだったとか。

新型コロナウイルスの世界的大流行がピークを迎えたころ、ソフィーは幼い息子三人と認知症の母親の世話に追われていた。詳しい事情はともあれ、エネルギーが枯渇しているときは、ほんの数通のメッセージさえ負担だというのは、私にもよくわかる。

ソフィーはいくつかのグループから同時に抜けることにして、そのひとつが、子どもたちの学校のママ友グループだった。数年来のつきあいの「いい友人たち」に、ソフィーはこんなメッセージを送った。〈みんないい人なんだけど、いまは余裕がなくて、このグループが負担になってしまってます……〉

送信ボタンを押してママ友グループから抜け、ほかのいくつかのグループからも抜けた。友人たちはわかってくれるだろうと思いながら。ほとんどの友人たちはわかってくれた。

「ママ友グループの人たちだけは、個人的なこととして受け止めてました」。

これは控えめすぎる表現だろう。ママ友たちのほとんどが、なにも言わずソフィーのSNSのフォローをやめ、直接顔を合わせても、話すことを避けるようになったのだから。

「ものすごくへんな感じでしたね。子ども同士が同じクラスなのに。休暇中も一緒に過ごす約束をしていたし。こんなふうに切り捨てられると、影響がでます。理由がわからないし、そこからどう進んでいけばいいかわからなくなるんです」。

ソフィーは結局、なにもせず、自分は友達を失ったのだと認めることにした。

「面と向かってなにかすると、もっと気まずくなりそうだったので。向こうから歩み寄ってほしいと思ってましたけど、そうしてくれたのはひとりだけ。『ごめんね、おおげさに反応しちゃって。私とはもう友達でいたくないんだと思っちゃったの』。ほかのママ友たちからの反応も待ってたんですけど、なにもありませんでした」。

友達から切り捨てられて、宙ぶらりんの状態で取り残されてしまったら、なにができるだろう？ できることはあまりない。

これが厳しい現実だ。

リズ・プライアーが提案しているのは、手紙を書くという対処法。ただしこれは、相手に出さない手紙だ。もしまた元友人に会うことがあったら、自分はこう言うだろうなということを、すべて書きだしてみる。元友人という表現をあえて使っているのは、結局これは、受け入れなければならないことだから。相手が去ることを選んだのなら、もう取り戻すことはできないのだ。

リズはこんなふうに、アドバイスしてくれた。

「手紙を書いてみましょう。私たちの友達づきあいはこうだった、真実はこうなんだ、ということを語るんです。『なにが起きたのかわからないけど、私たちがもう友達じゃないってことは、はっきりしてるよね。だから、この友情は終わった、とはっきり言葉にすることが、私にとっては重要だと思ったの』。相手の良くない行いを非難して、こう言いましょう。『だから、次は私が言う番だよね。私たちはもう友達じゃないって』。こうすれば、権限は自分にあるという体裁は整うでしょう。切り捨てられた側にできるのは、自分がコントロールできる部分を増やすことだけ……自分にコントロールできるのは、自分のことだけですから」。

ありきたりに思えるかもしれないけれど、手紙を書くのはいいアイデアなんじゃないだろうか。メールでもいいかもしれない。これなら、最後に反論して終わらせることができる。あとは、SNSから元友人を削除するとか、シャワーを浴びているときに、元友達がそこにいると思いながら話し合って、言いたいことをぶちまける。それから、けじめをつける。

大事なのは、いつものパターンに戻らないこと。

例えば、卵を投げつけられたときに一緒にいたあの友達に、私がしてしまいそうになったことだとか。

私はさらに、第1章で紹介したアナの父親が亡くなったという投稿を見て、オンラインで連絡してしまったことがある。十代のころにアナの自宅へよく遊びに行っていたので、手短にお悔やみを伝えたのだけど、返事はなかった。もしかしたら、プライバシーに立ち入りすぎだと思われたのかもしれない。返事がくると期待するほうが、馬鹿だったのかもしれない。

私たちの友情がアナによって終了させられてから、二十年。

この一件のおかげで、私はようやく、受け入れることができた。

アナが私を、人生から完全に締めだしたんだってことを。あの人が私のことをどう思っていようが、どうだっていいんだってこともわかった。いまの私のことを知らない人がどう思っていようが、どうだっていいんだってことが。相手に判断されてる基準は事実じゃなくて、思い込みだから。ある人はそう受け止めている、ただそれだけのこと。たぶんそれって、間違った選択だけど。

友達に捨てられた心の痛みを過去にぶち込んで、爆破する。

そのための最終手段にして、ひょっとしたら一番大切なことは、なにが起きたのか話すこと。失恋で傷ついたときなら、そのつらさを友達に打ち明けるはず。友達との別れだって、それとなにも変わらない。人生で築いてきた親密な人間関係は、どんなものだって、終わったときに「終わった」とはっきり認識されるべきだし、哀悼されるべき価値がある。

だけど、そうするためには、暗闇から引きずりださなければだめ。恥は表に出してしまえば、恥でなくなる。だから、いつまでも隠しておいて腐らせていくのは、もうやめよう。

じつは友達に切られちゃったんだよねと打ち明けて、こういうことを話題にするのは別に普通なんですけど、という顔をして、ほかの友人たちが支えてくれるだろうと信じる。

そして、自分はダメな子なんだ、なんて思わないこと。

私が経験から学んだことがあるのだとしたら、友達に切り捨てられるというのは、ほとんどすべての女性に起こりうる出来事だということ。

私たち女性はそろそろ、こういう経験を語り始めていいはずだ。

第10章

笑いあえる友達

——女同士ではふざけあわない？

俗説：女性同士ではわちゃわちゃとじゃれあったりしない？

メリーランド大学の元心理学者ロバート・R・プロヴァイン（故人）によると、人が一番よく笑うのは、社交的な場面で友達と一緒にいるときだそうだ。著作『笑う人：科学調査（Laughter: A Scientific Investigation）』（未訳）に、人は仲間がいると三十倍よく笑う可能性が高いと判明した、と記されている。プロヴァインによると、重要なのは冗談や会話の中身でなく、他者がそこにいるという事実。笑いはコミュニケーション手段であり、相手に好意を伝え、相手を惹きつける手段なのだ。笑いは絆を強める役割を果たし、女性同士の友情ほどこれが当てはまるものはない。

女性ががっつり笑いたいときは、プロセッコだとかシャルドネだとかのワインで酔っぱらわなくちゃだめなんていう、寝言みたいな思い込みが流布している。

男性同士の友達づきあいでよく見られる「わちゃわちゃとしたじゃれあい」みたいなものを女性同士でやれるのは、結婚前の女性限定パーティー《ヘン・ナイト》で酔っぱらってはしゃぐときだけ、という残念なステレオタイプもある。

すでに幾度も紹介している、ポッドキャスト『The Midult』の配信者エミリー・マクミーカンは、こう話してくれた。

「女性には〝ワインの時間〟的なものがあって、そんなときじゃないと絆を深められない、なんてイメージが浸透してます。私が人生で一番笑い倒した夜は、台所でテーブルを囲んで過ごした、なんてことないときだったんですけどね」。

友達づきあいで起きる笑いは、男性同士のほうがわかりやすいかもしれないけれど、だからと言って、それが女性同士の場合と同じくらい、底抜けに明るいものだとは限らない。女性同士だって気の利いた冗談を言いあって、わちゃわちゃとじゃれあって、尿漏れ寸前まで笑い崩れる。女性同士の友情では、わちゃわちゃとしたじゃれあい、というような呼びかたはされないのかもしれないけれど。

女性が女友達と一緒にいるときは、泣いたり、嘆いたり、毒づいたり、弱音を吐いたりするよりも、笑ってることのほうが多い。女性だってワイルドに騒げるのだ。「男同士のわちゃわちゃ」と同じものとして、世間に認識されていないだけで。

その証拠としてあげられるのが、カリフォルニア大学（ＵＣＬＡ）が二〇一六年に実施した大規模研究だ。世界各国二十四か所の社会で、笑いについて調査したところ、男性同士の友達グループや男女混合の友達グループよりも、女性同士のグループのほうが一緒によく笑うことがわかった。[29]

おなじみの進化人類学者アンナ・マシャン博士が、こう解説してくれた。

「笑いのセンスというのはどちらかというと男性のもので、女性のものではない、というのが世間一般の見方です。ですが、女性同士の友情には、とっても深くて親密な会話ができるし、本当にしょうもないおしゃべりだってできる、という素晴らしさがあるんです。女性たちはいつだって、わちゃわちゃとじゃれあいながらしゃべりますからね」。

たしかに、女友達とのつきあいについて語ってもらったときに、〝笑い〟という言葉を使った女性たちはすごくたくさんいた。

「それはいまでも、私たちの笑い草になってます」。

「大爆笑でした」。

「一緒にいると、いつも笑ってばかり」。

「わき腹が痛くなるまで笑わせてくる」。

「おかげで、自分のことやおたがいのことを笑えるようになりました」。

それでは、女友達と一緒に笑うことで、私たちはなにを得られるんだろう？

一番大きなメリットのひとつは、距離が近くなることだろう。

これまでに幾度か紹介している二十七歳のサメーハは、こう話してくれた。

「女性とつながりを深めたいときに、一番よく利用するのが笑いですね。笑いが一番強いんです。冗談を言いあうことほど、魔法みたいな効果をもたらすものはありません。はっきり言わないけど笑いのネタにするってことは、たくさんありますしね。笑いはもうひとつの言語みたいなもので、私にとっては、つながりを深めるために、これまで一番有効だった手段のひとつなんです」。

コメディを一緒に見て同じところで笑うというように、女友達と波長が合えば、絆がおおいに生まれやすい。私の場合、これおもしろいよねと、友達と意見が一致している対象をどこかで見かけると、その友達のことを思いだして温かい気持ちになる。その途端に、その友達との関係にポジティブさが生まれる。反対のケースでは、悲しいことが起きてしまうけど。

あるとき、箇条書きにされた条件を見て、私と相性抜群だと感じた女性がいた。この人のことをぜひもっとよく知りたい、きっと波長が合うはずだと期待していた。ところが、一緒に呑んだりディナーをしたりと、数回会っているうちに、なにか違うと思うようになった。笑い声があまりあがらないし、空気を軽くするために私がさらっと流そうとすると、彼女は真剣に食いついてくる。笑いのつぼがいまひとつ合わないというのは、私にとって、一緒にいて心からゆったり過ごせる関係とか、本音を打ち明けられるような関係にはなれそうもない、ということなのだ。

それで別に問題はない。笑いのセンスは合う／合わないがあるのだから。自分がおもしろいと思うことや思わないことを、わざわざ理解させようとしなくていい。センスの合う人と出会えたらパワーが生まれるし、そんなときは遠慮しなくていい、というだけのこと。

さらに、こういったことは、笑いかたにもあらわれている。UCLAの世界規模の研究によると、女性の笑いかたは、女友達と一緒にいるとき／他人と一緒にいるときで変わるのだそうだ。面識のない女性がいる状況では、笑いかたは相手の真似をしがちになる。友達が一緒にいると、笑い声は高さや音量などのバリエーションが豊富になり、自然で混じりけのない、はじけるような勢いのものになる。ようするに、解き放たれるということなのだろう。

なにかひとことぽろっと言っただけで、強烈な記憶がよみがえって、思わずぎゃーっと騒ぎだしたくなるような笑い。私にとって、あれほど楽しいものはない。

私とアガサは「薄汚ねえめす犬二匹」のひとことだけで、ふたりで一緒に行った怖いキャンプ地のことを思いだして、笑い転げながら涙を拭うはめになる。そのキャンプ地の所有者夫婦は、コメディドラマから抜けだしてきたような、なんとも濃いキャラの人たちなのだけど、シャワーから出てくるのが遅いという理由だけで、私たちに向かって「薄汚ねえめす犬二匹」とシャウトしていたのだ。

こういうのは、自分たち以外には意味が通じないものであれば、もっといい。

友達のイジーから、数か月前に〈説明するのがすごく難しいよ、ミスター・クルトン〉というメッセージが届いた。「ミスター・クルトン」というのは、十代のころに私がスープボウルからクルトンをこぼしてしまったときに始まった、ふたりだけの冗談だ。イジーが「あ、クレアがミスった、クルトン落っこちたよ」と言ったのを、私が聞き間違えて、「ミスター・クルトンって誰？」と素で聞き返したのだ。そう、あの場にいなかった人に説明したって、なにがおもしろいんだかさっぱり伝わらない。だけど、私とイジーにとっては、三十年来のつきあいのなかであれほどウケまくったことはない、最高の瞬間だったのだ。

この本のインタビューで盛りあがったもうひとつのテーマは、女友達とからかいあうこと。これは間違いなく、女性同士の友情で重要な鍵を握っているものだ。

私のある友達は、「からかうのは愛情を伝える手段」だと言っていた。実際、そのとおりなんじゃないだろうか。

私は、女性たちに友情記念日を設けてほしいと思っているし、「大好き」だと女友達に伝えてほしいと願っているし、ひどい切り捨てかたをするのはやめてほしいと思っている。それと同じくらい強く感じていることがもうひとつある。それは、女性同士の友情が持つよりシリアスな一面が、おたがいにからかいの言葉を引き出しあう、あのピュアな喜びを覆い隠してしまうことがあるんじゃないか、ということ。

例えば、友達のセシリアのことを思うたびに、私はこらえきれなくなる。

セシリアはとっても洗練された有能な女性だけど、よりによって結婚式当日、クラシックカーで式場へ向かう途中に、歯を磨いていないことに気づいた。象牙色の美しいドレスに、染みひとつない化粧、完璧にきまった無造作風のウェーブヘアに、前夜のガーリック臭が残る息。こんなネタは、一生忘れさせてあげないつもりでいる。

これまで幾度も紹介しているジェーン・ガーベイは、こう語っている。

「女性同士の友達づきあいでは、笑いがさかんに起こりますよね。イメージとしては、女性たちが集まると、ただ座ってめそめそ泣いてるとか、一緒にタペストリーを織るとか、ホルモンのことを話してるだとか。必要であれば、そういうこともするでしょうけど、女性たちの集まりですることの十パーセントにも満たないでしょうね」。

ジェーンによると、第4章で紹介したポッドキャスト共同配信者のファイ・グローバーとの友達づきあいは、ボクシングのスパークリングみたいなものなのだそうだ。

「ファイは私をからかうし、私もファイをからかう。だけど、ふたりで支え合ってもいます。女友達同士でからかいあうなんて、ごくあたりまえのことですよね。男性同士の激しい『わちゃわちゃとしたじゃれあい』みたいなものと、同じようには言われていないだけで」。

おなじみの進化人類学者アンナ・マシャン博士は、的を射たこんな指摘をしてくれた。

「からかってもまだ愛されているなら、その相手を信頼して大丈夫と判断できます。本物の親しみが本当に築かれているしるしですから」。

幾度も登場している国会議員ジェス・フィリップスもまた、「おたがいをからかうのは愛を伝える手段」だと言っている。

「三十年前にやらかしたほんのちょっとしたことなんかでも、会うたびに永遠に言われます。ちょっとだけお上品度の高いひとりが、ロックバンドの〈ストローブス〉の名前を口にしたことがあるんですけど、それ以来、カードを送るときでもみんなで集まるときでも、あのお上品な彼女が〈ストローブス〉って言った、というあれが、ネタにされないことはありません。一度たりとも」。

女性は自分の人生やなにかやらかしたことを茶化すのが、とても上手い。ちょっと悲惨なことから、とてつもなく悲劇的な出来事までがネタにされる。

これが真相だ。

だからこそ、ホームパーティーで一番盛りあがってたのが、台所に集まった女性たちの会話だった、なんてことがよく起こる。だからこそ、女性作家による最高傑作に、女性の日常で起こる馬鹿ばかしさが描かれていたりする。

ここでまた、エミリー・マクミーカンに登場してもらおう。

「女性は日々の暮らしを鋭く批判したり、日常に笑いを見つけたりするのがとても上手いんです。やばいことになりそうなちょっとしたなにかを、なんだこれ、って笑えるんですよね。ウケなかったら崖から飛び降りる、くらいに思ってるはずです。あんなふうに笑わせてくれるのは、女友達以外にいませんよ」。

私の意見では、女性同士の絆を深めてくれる最強のもののひとつは、人生が厳しい試練を迎えているときに、どこか突き放して自分を見られるあの能力だ。

歌手であり女優でもあるドリー・パートンは、女性の友情を描いた一九八九年の映画『マグノリアの花たち』で、こんなせりふを言っている。

「泣きながら笑っちゃうって、なんかいいのよね」。

女性はそうやって、人生で喰らわされる打撃を吸収し、暗いなかでも笑える部分を見つけるのがじつに上手い。ブラックな笑いで、離婚から死別までのあらゆる出来事を乗り切ろうとする。

身体的なことだって、あたりまえのようにネタにされる。女性である限り、身体的なあれやこれやを避けて通れないのだから、それを笑いのネタにしないのは不自然というものだ。

私は子宮内膜症にかかっている。痛みと往々にして消耗が激しいあの病気に。つまり私は、寝室の床でのたうち回るほどの痛みが毎月起きる症状を、慢性的に抱えている。

子宮内膜症はあまりにも知られていなくて、恐ろしくなるくらいだ。女性の十人にひとりがかかるにもかかわらず、診断を受けるまでいまだに平均七年かかる。たいていは、子宮をえぐられるような苦悶を訴えても、医師に信じてもらえないのだ。

深刻で笑えない事態だが、だからといって、ひんやりしたコンドームをかぶせられた張り型のカメラ（専門用語だと思う）が使われるときのことを、友達と冗談ネタにしないわけじゃない。こういうことは、女性同士で笑い飛ばさなきゃだめ。そうしなかったら、ただ恐ろしいだけの経験ということになってしまう。

子宮内膜症仲間のエマ・バーネットは、こう言っている。

「タンポンを入れるか、詰まったタンポンを取りだす手伝いをしたことのある人なら、わかるはずですよ。あれをどうやって、笑いに落とし込めばいいのかを」。

セシリアが話してくれた娘の出産エピソードも、私の記憶に残っているネタである。森で動物がスクワットしてるみたいな恰好で、肺から「原始の叫び」を絞りだしてた数分後には、ベッドで上半身を起こして、陶器のお皿にのせられたジャム付きの白パントーストを一杯の紅茶と共にいただいていた、というあのネタ。人生を一変させるようなシュールな体験は、悶絶するほどおもしろいのだ。

おなじみの言語学者デボラ・タネンが話してくれたのは、友人グループが集まったときに、拭く前にトイレットペーパーをどう折り畳むかについて、ひと晩かけて一人ひとり詳しく検討しあったときのこと。議論は白熱し、集まりの主催者がトイレットペーパーを取ってきて、各人がそれぞれのやりかたを実演するほど盛りあがったそうだ。

「あの晩のことを覚えてるのは、すごくおもしろかったからです。それに、あのとっても親密な雰囲気。ああいう場がもたらす空気は、友情では貴重なものです。同じ人間なんだなということを、あらためて確認できる出来事でしたね」。

こういう馬鹿ばかしいおしゃべりを、みなさんも絶対に女友達と一緒にしているはずだ。

私は確実にしてる。ビキニラインの脱毛をするときに、お尻の毛も一緒にやるのが普通なのかどうかとか、夫がペッサリーを「ケツポン」と呼ぶのをゆるすかどうかとか。

私とアガサが好きなゲームはむかしからずっと『Desert Island Dicks』（二〇〇四年に特許取得）だ。最悪の状況下で最悪の人たちと一緒に孤島に取り残されるゲームだけど、本当に熱心なRadio 4の視聴者なら、登場する八人の男性たちとその股間の付属物を品定めして、自分ならどの人／股間と一緒に遭難したいか、とっくに検討してることだろう。これはまさしく、女性たちみんなが女友達とするようなおしゃべりそのもの。誰かに聞かれたら拘束衣を着せられちゃうかもと、突然不安になるようなたぐいのおしゃべりである。

笑いは、映画やテレビの女性同士の友情で、正しく描かれていることのひとつである。コメディ番組『Broad City』や『パークス・アンド・レクリエーション』、ドラマ『NYガールズ・ダイアリー 大胆不敵な私たち』や映画『ブックスマート 卒業前夜のパーティーデビュー』では、少なくとも、女性たちがおたがいのことを愉快な相手だと思う姿や、女性たちの人生の大きな部分を占めている奇怪なおもしろみが描かれている。

私が一番ぴんとくるのは、映画『ブリジット・ジョーンズの日記』で、誕生日を迎えたブリジットが、友人たちにディナーを振舞う場面かもしれない。

バラマーケットにあるフラットが、出版社のアシスタントの賃金でまかなわれているらしき設定は、あくまでイマジネーションを飛躍させた世界と見ていいだろう。だけど、青いスープ、オムレツとマーマレードという晩餐と、それを見た友達たちの反応は、リアルそのものだ。一瞬の間のあと、全員が笑い崩れる。ジョーンズは爆笑ネタにされているのに、自分も笑わずにいられない。ジョーンズの愛すべきやらかしっぷりは、女友達にとっておなじみのことで、それをからかうのがうれしくて仕方ないのだ。

こういう混じりけのない笑いは、幸福ホルモンのエンドロフィンを分泌させ、女性にいい効果をもたらす。それに、女性たちの心を開きやすくする。

ユニバーシティ・カレッジ・ロンドンのアラン・グレイ教授が、二〇一五年に実施した研究で、誰かと一緒に笑うと、その相手と秘密を共有する可能性が高くなることがわかっている。[30] グレイ教授の結論では、エンドロフィンがネガティブ思考に抗うなんらかの役割を果たし、外向性を促すとされている。

この理論を実証するために、被験者に見せられたのがマイケル・マッキンタイアの動画ではあったものの、教授が導いた結論は、非の打ちどころがないほど理にかなっている。笑うことは絆を強める行為だ。

秘密を打ち明けさせたいと思ったら、相手を笑わせさえすればいい。

作家のネル・フリッツェルは、これと関わりのあることを話してくれた。この女性とは笑いのつぼが合う、とぴんときたら、友達として全面的につきあいたいと思うはずだと。

「笑いのつぼが一致する相手なら、言いたいことをなんでも言えるような気がするし、かなり親密な関係でずっといられるんじゃないかと思います。どこまで踏み込んでいいかという境界が、すっかりなくなるというか。だけど、同じことで笑えるから親友かというと、そうではないでしょうね」。

私はこれに、深い罪悪感を覚えてしまう。SNSでフォローしている女性たちのなかには、冗談と本心のバランスが私とそっくりなおもしろい人たちがいる。だからつい、友達のような存在に思えてしまって、たまにリプライすると、なれなれしくしすぎたかなと、すぐ後悔するはめになるのだ。

恥ずかしすぎることをやってしまうのは、女性向けのイベントに出席したときが多い。女性たちが集まって、心の弱さや挑戦、失敗について語りあい、いくらかの笑いが起きる。そして懇談したあとは、ついうっかり、数年来の知り合いみたいな気分になってしまって、デイムの称号を授けられているヘレナ・モリッシーのことを「仲間」と呼ぶ、なんてことをやらかすはめになる。

突き詰めていくと、上手くバランスを取りながら、自分の弱さや素の姿をさらけだす、ということなのだろう。つまり、私たちは、女友達と強烈な感情的親密さを分かち合いたいと思っているし、それだけじゃなく、一緒になって尿漏れするほど笑いあいたいとも思っているのだ。

おなじみのデイジー・ブキャナンは、自分がこうしたバランスを上手く取れていると、これまでになく自覚しているという。

「いい友達って、『悪いときでも、いつだってそばにいてくれる』というイメージですよね。つらい時期にとても優しくしてくれた友人たちに対する恩は、一生忘れません。だけど、友達には、おもしろくて陽気で愛すべき人でいてほしいですね。私はセラピーを受けてから、友達づきあいでの優先順位が変わって、いいときやおめでたいことがあったときに、友人たちにどれだけそばにいてほしいと思っているか気づいたんです」。

真相はこれ。

女性同士の友情は、わちゃわちゃとしたにぎやかなじゃれあいだとか、ワインだとかがなくたって、微妙な匙加減で、とっくのむかしから、笑いを糧にして育まれている。ただし、女性同士の友達づきあいでは、ロッカールームにいるときよりも、お茶を飲みながらだとか、公園を散歩中だとか、ビデオ通話だとか、台所でテーブルに集まったときだとか、自分の結婚式に向かう車のなかにいるときだとかのほうが、笑いが起きやすいのだ。

笑いは元気づけてくれるものだし、不安を感じているときや落ちこんでいるとき、つらいとき、そして誰とも話したくないような気分のときに励ましてくれるのは、往々にして友人たちだ。ちょっと機知を利かせた笑いでも、そこまでネタにするかというくらいの突っ込みでも、友達がもたらしてくれる笑いは、絆を強める接着剤としての役割を果たすし、脇腹がよじれるほど笑わせてくれるし、そういう出来事はずっと心に残るし、喜びをもたらしてくれるし、そういう記憶は長く残る。

第7章でも紹介した作家のジリー・クーパーは、私をおおいに笑わせてくれた。そんな彼女の言っていたことが、いまも私の心に残っている。

女性同士の友達づきあいで一番大事にしていることはなにかと尋ねたら、自分が「笑わせる側」でいたいと答えてくれたのだ。そして、自分のことをいい友達だと思うかと尋ねたら、「私は友達を笑わせたいと思ってる」というシンプルな答えが返ってきた。
これはおもしろい。なんやかや言っても、すべての鍵はそこにあるのかもしれない。

第11章 家族だけど友達 ——家族とは友達になれない？

俗説：血縁者と友達になることはできない？（とくにむかつく妹とは）

そう、姉妹だ。

姉妹が親友になれないなんて、誰が言ったのか？

それが一九九七年九月の出来事じゃなかったことは、確かだろう。

十三歳だった私は、怒り心頭で日記を書き、オレンジ色のマーカーで強調線を引いた。要点をはっきりさせる必要があるくらい、深刻な事態だったから。

〈RとFが私の人生をめちゃくちゃにしてる。私のことをチクって小馬鹿にして笑って、私のたまごっちを殺す〉

それから数週間後の日記。

〈妹たち（ガキども）が私の日記を勝手に読んだ。大切な日記を。あいつらのことは一生信じない〉

裏切られた怒りで血が逆流しそうになり、それからは、日記をマットレスのもっと奥に押し込むようになったことを覚えている。

そしていま、私たちはWhatsAppで〈姉妹〉グループをつくり、庭にあるピンクと白のパラソルの下で一緒に撮った写真を載せている。一九八〇年代の袖が膨らんだ立て襟付きのドレスを着て、茶色の髪は前髪を下ろして三つ編みにしている、お揃いのスタイル。母が愛情をこめつつも、爪切りばさみで適当に切っていた前髪は、耳の後ろまでつながっていて、なんだかきのこヘアみたいになっている。

とっても愛らしくて幸福そうな娘たち。だけどあのころは、双子の妹フェリシティとロザンナと友達になれるなんて、夢にも思っていなかった。私より三歳半年下で、十倍むかつく妹たちと。

腹立たしいのは、あのお花の妖精みたいな名前だ。ロマンチックだしミステリアスだし、クリスティーナ・ロセッティの詩に出てきそう。かたや、クレアという私の名前は、お花より書類ファイルのほうが似合いそうな響きだ。

妹たちは、母と父の次に愛する相手であり、腕をつねって泣かせてやりたい相手でもある。あのふたりのためならなんだってやるけど、私のシルバニアファミリーを馬鹿にするなら孤児院送りにしてやる、と思ったこともある。

子どものころはとにかく、プライバシーがなかった。トイレで読書中は必ず誰かが入ってこようとするし、妹たちに鍵穴から部屋をのぞかれるし、年の離れた兄のティムが帰省したときにも邪魔される。兄は時々、いかにも大人が行くような旅行先で買ったおみやげを持ってきてくれて、ライブだとか彼女のことだとか、いつもいろんな話を聞かせてくれた。

じゃあ、妹たちとの関係はどのようにして変わったのか？

家族とほんとに「友達になる」なんて、できるんだろうか？

おなじみの進化人類学教授ロビン・ダンバーの意見では、結局のところ、家族には「親族特典」のようなものがある。血は基本的に水より濃いのだ。近親者は友達ほど簡単に振り落とすことができないから、生きている限り、生物学上のフジツボみたいにずっとくっついて離れない。さらに、家族はいてくれてあたりまえの存在扱いしても、自分のことをたぶん好きでいてくれる。

「親族というのは、なんともおかしな関係です。本物の友達になることが可能ですし、実際にそうなることが非常によくありますが、これは人によって異なります。ですが、親族特典があることはきわめて明白です。従来の友達より家族のほうが労力をかけなくて済むし頼りになる、というわけですね。

家族のほうが一般的に、欠点を大目に見てくれますし、なんやかやで味方にもなってくれる。これは社交ネットワーク全般に当てはまることです。親しい関係にある家族は、いい友達よりもベターな存在で頼りになるし、疎遠な家族は疎遠な友達より頼りになります」。

だからといって、近親者と友達になることが、あらかじめ運命づけられているわけではない。それに、若い時期は、近親者を本物の友達として見るよりも、友情の実験台として利用することのほうが多いのだ。兄弟姉妹がいる人にとって、彼らとの友情は、学校へ通い始める前に初めて友達づくりに取り組む機会となる。将来の友情のスタイルを決めるのが、兄弟姉妹なのだ。

私の基本的な性格は、典型的な長女そのものだ。なんでも一番にならなきゃだめだと思ってしまうのは、偶発的な生まれ順によるもの。両親にいつも言われていたように、よき見本にならなきゃいけない。いい成績を取って、いい大学へ進んで。先駆者としてあらゆる闘いにのぞみ、妹たちがちょっと楽に思春期を切り抜けられる可能性を高める。兄弟姉妹がいる人なら、自分が何番目であれ、長子から涙ぐましい苦労話（実話）を聞かされたことがあるんじゃないだろうか。

双子がいると、長子にはまた別の力関係がもたらされる。両親の関心を浴びるのはもう自分ひとりじゃない、という立場の変化が、二倍の呪いになるのだ。上の子だからという大きな責任を負っているのに、それに伴う大きな権力が、あっさりくつがえされてしまう。妹たちはチームだから。双子はひとつの子宮を共有する関係だ。順番の優位性なんて、数的優位に打ち消されてしまう。コメディ番組『シスター・シスター』を見れば、ティアとタマラが別々のときより一緒にいるときのほうがどれだけパワフルになるか、見てとることができるだろう。

書籍『兄弟姉妹（Siblings）』（未訳）の著者リンダ・ブレアは、生まれ順は重要だと断言しており、これについて、私はまったく不満を感じていない。

「長子は、ほかの兄弟姉妹よりも面倒を見る係になりやすいですね。厄介な赤ん坊があらわれたときに失った両親からの関心を取り戻すためには、助けてあげるのがいい方法なのだとすぐに学ぶからです。中間子は調整役ですね。物事を落ち着かせる、先に進める、上手く機能させる、といったスキルを身につけます。末子は忍耐力がなく、他人に面倒を見てもらう、片づけをしてもらう、という依存心があります。非常におおまかな型ですから、必ずしも当てはまるわけではありません。ですが、これは一番ありがちなパターンではあるのです」。

みなさんもご存じのとおり、長子であることと、すてきな小さい暮らしを下の兄弟姉妹にぶち壊される代償として得られるもののひとつに、両親のために劇を披露するときに、特権を利用できることがある。私はいつも、好きな役を手にしていた。配役や脚本、振付も同時に担当していたからだろう。シンデレラ？　ベル？　ドロシー？　私がやる。妹たちは、意地悪な姉とか野獣のカジモドとか、私に押しつけられたいろんな脇役。

だから妹たちは、英国ドラマ『フリーバッグ』に出てくる姉のクレアを私になぞらえているのだろう。支配的で、失敗を恐れていて、口が堅い。よき手本になりたがり、妹がそれに従わないとすごく怒る。妹たちは、〈英国アカデミー賞おめでとう！〉だとかひやかしてくるし、私が美容院へ行くたびに、へんな髪型にされたクレアが絶叫しているGIF動画を送ってくる。

女性の友人たちもこういうことをするけど、妹たちのほうが密度が濃い。姉をむかつかせたとしても、無条件の絆で結ばれているからおおごとにはならない、と心から確信しているためだ。

それでも兄弟姉妹は、女友達相手ではないような、強い感情をかきたてることがある。おたがいカンに触る部分を知っているし、そこに触れることを恐れないから。子どものころはそうやって、親と揉めてる姉妹を挑発していたのだ。そうやって、姉妹との口喧嘩に勝ち、ひと泡もふた泡もかかせていたのだ。

作家のデリア・エフロンは、一九七八年の著作『コドモ感覚―大人にならないための19レッスン』（研究社出版刊、一九八七年）で、「妹のいじめかた」について、ひとつの章を設けている。デリアは四人姉妹のひとりで、一番上の姉ノーラは、映画『心みだれて』『めぐり逢えたら』『恋人たちの予感』といった名作を手がけた大物脚本家・監督。デリアはきっと、姉の陰に追いやられる苦痛を知っているのだろう。私はこの本をとても気に入っている。お昼ごはんのドーナツを取っておき、あとで姉妹たちの前で見せびらかしながら食べるとか、ベッドの下に透明人間がいるよと言って脅かすとか、電話中ずっとそばにいてマネしてからかうとか、あんたは養子なんだよと信じ込ませようとするとか。

きっとみなさんも、子どものころには、兄弟姉妹との攻防があっただろう。私は歯みがき粉と水道水を混ぜたものを「体にいいんだよ」と、妹たちに飲ませたことがあるし、吸血鬼を怖がってるフェリシティの寝室へ夜に忍び込んで、ダケーラというドラキュラっぽい怪物のふりをしたことがある。あの悲鳴はいまでも時々、ぼんやりしているときに思いだすことがあり、そのたびに至福を味わっている。

あのころ、私たち姉妹のあいだで、平和条約的な役割を果たしたものがふたつある。ひとつは、たくさん見過ぎて劣化していた、BBCテレビの『ナルニア国物語』の録画ビデオテープ。私たちは主題歌を口ずさみ、ターキッシュ・デライトというお菓子の入った銀色の箱を夢見た。そして、父のハワードが『銀のいす』を録画したビデオテープの後半に、当時大人気だったドラマ『イーストエンダーズ』のクリスマス回（シャロンとフィルの関係が明るみに出た回）を上から録画したときは、姉妹一丸となって抗議した。ちなみにこの父は、私が幼稚園でやったキリスト降誕劇の上から、一九八八年のサッカーワールドカップ決勝戦を録画した人でもある。

そしてふたつめの平和条約は、父が〝コーニー〟と呼んでいた、コーンウォールへの家族旅行。定宿にしていたあの農場は、第二の我が家だった。夏休みになると、グーグルマップで所要四時間四十分の車の旅に出るのだけれど、我が家はその旅程に八時間かけていた。なつかしの青いボルボ・エステートにぎゅう詰めになって。あの車は売却後に、ランベス地区の麻薬密売に利用され、BBCドキュメント『クライムウォッチ』に出てきたことがあった。

両親は長旅に飽きないように、私たちが好きなおはなしのテープをかけてくれた。児童書作家イーニッド・ブライトンの〈スリッパリーワン〉。最後には、村を騒がせた泥棒が逮捕される。ヨークシャー地方の警官の「逃げられるのはここまでだ」という名ぜりふと共に。私たちはこのせりふを、大きな声で繰り返したものだった。きゃあきゃあはしゃいで、いつもの姉妹喧嘩は忘れて、夏休みの訪れを迎えた。

それに、理由があれば、私たち姉妹は団結できる。あの家を売ると両親が言いだしたら、一致団結して交渉するはずだ。引っ越しするなんてひどいと訴えて、不動産業者の目につきそうな庭の小道で抗議してやると脅しただろう。だから父と母は、まだあの家に住んでいるのかもしれない。

それでも私たちは、おたがいを友達だとは思っていなかった。友達なら学校にいたし、あの年頃だと、姉妹はいてあたりまえ、ないがしろにされる存在で、むかつくし、小競《こぜ》りあいをする相手だし、だけど愛すべきかわいがる存在で、威張り散らす相手でもある。

おなじみの心理学者テリ・アプターは、こんなふうに表現している。

「兄弟姉妹をどんなふうにからかって、バカにして、コントロールするかは、みなさんご存じのとおりです……そこには深い親しみと、どんなことにも発揮されるライバル心があります」。

姉妹と一緒に育つということは、家でたえず比べられて育つということだ。すでにお伝えしたとおり、女性や少女たちは、おたがいをライバルと見なすよう促されている。誰かと比べて自分の容姿を評価するように。男性や仕事、友達をめぐるライバルだと見なしあうように。だから、年若いころに、おたがいを引きずり下ろしあう立場に置かれてしまい、もしかしたら結べたかもしれない心からの絆を結べないようにされてしまう。その結果、自分が相手にとってだけでなく、自分自身にとっても最悪の敵になってしまうのだ。つまり、女性同士の友情と同じように、姉妹の関係にもいいときと悪いときの波があるのだ。

さきほど紹介したリンダ・ブレアは、こう語っている。

「遊園地のバンパーカーにちょっと似てますね。近づいてぶつかり、また離れて。姉妹が一番の友達になれる可能性はたしかにありますが、ほとんどが大人になってからです。大人になるとライバル心をあおられる理由が減って、個人性が育っていますから」。

自分の関心事を追い求めたり、友達と親交を深めたり、仕事に没頭したりしていれば、基本的には、姉妹たちが持っているものがあまり気にならなくなる。気づけば、自分自身で築いたネットワークが張り巡らされていて、家族がいないところで自分の世界が築かれている。おかげで、肩ひじを張らなくなり、兄弟姉妹ならではのライバル心が緩んでくるのだ。

そこで気になったのが、元テニスプレイヤーのヴィーナス・ウィリアムズとセリーナ・ウィリアムズの関係。この姉妹は同じ世界で闘い、そこには家族も関わっていた。いったい、どう対処していたのだろう。インタビューでは、ふたりは親友だと繰り返していたけれど、ずっと表舞台で競ってきたのは事実なのだ。ヴィーナスは二〇二一年七月に、ポッドキャスト『グープ』にグウィネス・パルトロウと共に出演し、こう語っていた。

「幼いころから、ふたりは姉妹で親友なんだよと、両親から言われていました。それがルールです。だから私たちは、姉妹で親友になったんです。よかったと思ってますよ、いまはもっと親しくなって……いつでも電話できる相手、いつでも寄り添ってくれる相手がいるんですから」。

私たち姉妹も、親友だよと言われて育ったら、すぐ行動に移して、本当に親友になれただろうか。私にはわからない。だからコーエン姉妹は、誰ひとりウィンブルドンで優勝できなかったのかもしれない。あの会場のセンターコートのすぐ裏で育ったというのに。

文学の世界には、ライバルで不仲で裏切るものの骨の髄まで愛しあっている、という設定の姉妹があふれている。

『高慢と偏見』のベネット姉妹、『若草物語』のメグ、ジョー、エイミー、ベスのマーチ姉妹。児童書

『バレエシューズ』（ノエル・ストレトフィールド著、福音館書店刊、二〇一九年）のポーリーン、ペトロヴァ、ポージーのフォッシー姉妹。同じく児童書『大草原の小さな家』のインガルス姉妹。学園小説『スイート・ヴァレー・ハイ』シリーズ（フランシーン・パスカル著、早川書房刊、一九八六～八八年）のジェシカとエリザベス。

こういう物語の姉妹関係は、ちょっと平面的で先が読めてしまうパターンが多いというのが、率直な感想だ。賢くて忍耐強い子に、騒動を起こす子、無口でおとなしそうな子。実際には、ひとりの子がその時々で、こういう一面を見せるのが現実なのだけれど。女性同士の友情と同じで、姉妹の絆もまた、大きく簡素化されてしまっているのだ。

現実に一番近いのは、ジェーン・オースティンじゃないだろうか。とくに、『高慢と偏見』のエリザベスとジェーンのベネット姉妹の関係なんかは。

プロローグでも紹介した、友情の歴史研究家バーバラ・カインは、ベネット姉妹をこう評している。

「姉妹は家族のことや、なにかと強引な母親に対処しなければなりませんが、信頼関係で結ばれていて、それが非常に大きな強靭さをもたらしています」。

六人姉妹の作家デイジー・ブキャナンは、大人数の姉妹という力関係のなかで、それぞれと個人的なつながりを育む難しさを語ってくれた。

「私たちはみんなでひとつなんだし、と不安になるんですよね。女友達グループでも同じなんじゃないかと思います。一人ひとりと個別に関係を築くのが、とても大変。グループ外で個人的につきあうのは、ものすごく実りあることだから、それぞれと関係を築ける時間がもっと欲しかったです。姉妹たちに『私のことを特別な友達だと思うか、それとも大勢いるひとりに過ぎないか』と尋ねたら、どういう答えが返ってくるかわかりませんね」。

私も正直に言うと、妹たちがどう答えるかわからない。

姉妹全員が三十代のいま、私はふたりのことを友達だし妹でもあると思っている。だけど、ふたりはもう子どもじゃないし、自分で人生を築ける年齢になり、それだけの知恵も身につけている。私に助言を求めにくるとしても、あくまで確認のためということが多い。これでいいんだよね、という同意が欲しいだけで、私になにか役立つことを言ってほしいわけじゃない。

私たち姉妹は、心配ごとについて話したりする。ある程度までは。私にはまだ、本心を打ち明けられないところがあるのだ。もうお手本でいる必要はないと、妹たちにいつも気づかされるのだけれど、やっぱり、あの娘たちには負担をかけたくない。子どものころに規範を示さなきゃいけなかった姉としては。私には、こういう小さいところがあるのだ。

妹たちにはそれぞれ、あらゆる形でみずから見つけた親しい女友達がいる。私の知らない妹たちの一面を知っている女性たち、妹たちが私より先に相談しに行く相手が。それは私も同じだ。だから妹たちは、私の結婚前の女性限定パーティー《ヘン・ナイト》で、私がとある有名歌手とデートしたことがあり、彼の自宅で一緒に〈ハロッズ〉のステーキを食べたことを私の友達から聞かされて、仰天していたのだ。

だからといって、親しい女友達がいることで、妹たちとの関係になにか影響しているとは思っていない。むしろ、ある意味ではそれが役に立っている。

どういうことなのか、ここから詳しくお話しさせてもらいたい。

私たち姉妹の距離が近づいたのは、二十代のころ、ある衝撃的な出来事がきっかけだったと思う。

二〇一五年三月のある日の午後に、母が敗血症で病院へ救急搬送されたのだ。あと少し遅かったら命が危なかったほどで、母は集中治療室から数週間、出られなかった。

あのころの記憶はぼんやりしている。毎晩、仕事が終わるとお見舞いに行って、看護師にもう時間ですよと優しく促されて、目を腫らしながら夫に抱きかかえられて、遅い時間に帰宅して。疲労、不安、恐れ。頭のなかがごちゃごちゃだった。母を励ますとか、楽にしてあげるために、なにを持っていけばいいの？本心が表情に出てる？　母はいつ家に戻れるの？　父は協力的？　母はよくなるの？

気持ちが楽になったのは、妹たちも同じだとわかったから。電話やメッセージでやりとりし、〈愛してるよ〉と伝え、妹たちも不安を感じながらお見舞いに行ってるんだと知った。それだけで、私の緊張感は緩んだのだ。

いつか、ひょっとしたら近い将来、私たちが両親を世話する側になる。その実感が迫ってきて、頭から振り払うのに必死だった。あれは情け容赦ない、厳しい時期だった。

それから二年後、私は昼休みに、ラフバラージャンクションで奇妙奇天烈なマンションを見学し、職場へ戻る電車に乗っていた。ティムと暮らし始めて二年たち、家の購入を考えていたのだけれど、物件探しは難航中。四十件以上見ても、まともな物件はほとんどなく、一度は業者に閉じ込められそうになって、窓から脱出する始末。この日に見た物件も似たり寄ったりで、居住者に渋られながら、どうにかなかに入れても、寝室を見せてもらえなかった。足首にギプスをはめていて、服を着ていないからという理由で。

がっかりして帰社する途中に、母から電話がかかってきた。兄のティムが危篤で、母と父はいま、スコットランドへ向かっているという。

たしかに、ティムはがんを患っていた。けれども、数週間前に姿を見るまで、私たちは厳しい現実を実感できていなかった。希望を持てる理由がいつも必ずあったから。私たちはお見舞いで疲れ切り、ティムは化学療法に耐える日々だったけど、治験、手術の成功と続き、病状が楽観視されていたのだ。

ティムはすっかり老け込んでいた。背が高くてひょろっとした兄。私たち姉妹が子どものころは、革ジャンを着てシルバーのフープイヤリングをつけ、ミュージシャンのデーモン・アルバーンみたいな姿で帰省してきた兄。プロディジーのライブではベースが爆音すぎて、足元が崩れ落ちるんじゃないかと思ったという話。私たちが子どもだった時期に、少し一緒に暮らしたこともあった。十年前に、スコットランドの都市インヴァネスの古木の下で、夢のようにすてきな女性と結婚して、セイリッドを夜通し踊れと、私をけしかけてきた。素晴らしいふたりの子どもたちの父親。ひとりは男の子で、ひとりは女の子。学校時代の親友グループとまだ親交があった。世界貿易センターのてっぺんに登ったことがある。映画『スター・ウォーズ』が大好きで、サッカーチームのアーセナルの熱烈なサポーターで、中古レコードを集めていて、〈ハンマー〉みたいにへんな車を買っていた。

母の電話から数日後に、兄は亡くなった。四十八歳で。

この本のテーマは女性同士の友情だ。

だけど兄の死は、こと妹たちに関して、人生でもっとも手痛い教訓を授けてくれた。妹たちとの関係をいますぐ盤石にすることが、どれだけ重要かという教訓を。いつか両親の記憶と共に残されるのは、私たち三人だけ。でも、この単純な事実が姉妹の距離を自然と近づけるはず、なんて思ってるだけじゃだめだ。現実はわからないものだし、思い込みだけで大丈夫だと信じるなんて愚かすぎる。私は愚かだったし、かつて思い描いていたような大人同士の友情を、兄と築くことはもうない。

私たちはあらゆる手段で、いまもこの現実に対処している最中だ。我が家は元々、会話の多い家族ではない。だけどこれを機に、姉妹の関係に変化が起きた。姉妹としてだけでなく、同等な存在として、おたがいが必要になってきたのだ。

つまり、それぞれが親しい女友達とのつきあいで学んできた教訓を、姉妹との関係で生かすときがきたということ。

微妙な言葉づかい、共感、思いやり、言葉にはされない暗黙の支え合い。こういう諸々を還元する取り組みはいまも行われているけれど、かつてないほど、私たち姉妹に大きな意味をもたらしている。

引き続き、リンダ・ブレアの意見を聞いてみよう。

「兄弟姉妹との関係は、とてつもなく重要なものです。両親との関係より重要かもしれませんし、少なくとも同じくらいには重要ですね。人生でもっとも長く続く人間関係ですから。普通に考えれば親が先に死ぬので、兄弟姉妹が非常に重要になるわけです。兄弟姉妹という関係の大きな長所は、抜けだせないことにあります。長所と思えないかもしれませんが……兄弟姉妹とは離婚できないので、なんらかの取捨選択をしないといけないんです」。

家族にはありとあらゆる複雑な力関係や、どうにもならない問題があるから、それを事実として認めるのはもちろん重要だ。兄弟姉妹やいとこ、両親とは友達にならないということだって、現実にありうる。ある年は近づいて次の年には離れる、ということもある。家族の絆が深まることはないかもしれないし、重要じゃないという可能性だってある。

おなじみのテリ・アプター教授によると、姉妹が仲たがいするというのは一般的に、屈辱、拒絶、あるいは、けなしあいの長い歴史の産物だという。

「ですが、喧嘩が一番激しくなるのは、家族に関して、言っていることが姉妹でまるで違うときでしょう。なんらかの出来事があったことを両者が覚えていたとしても、受け取りかたが全然違っている、というケースがあるんです。そこで数多くの亀裂が生じるかもしれません。記憶で家族を裏切るなんて、と非難しあうんですね」。

続いて、おなじみロビン・ダンバー教授の意見。

「あらゆる人間関係を最終的にだめにするものは、怠慢あるいはなにも考えないという行為を通じて、相手に投げつけたゴミの総量です。ですが、家族は一般的に、もっと耐性があるものです。家族の関係という蜘蛛の巣をつなぐことで、その場に留まる。それでも、これはやりすぎだというレベルには到達します。そして、恋愛と同じように、取り返しのつかないところまで徹底的に壊れるわけです」。

♧

話を聞かせてもらった女性たちのなかで、友達が家族だと言う人は大勢いた。両親や兄弟姉妹と上手くいっていない、家族と疎遠だから家族みたいなサポート体制を築ける友達を積極的に探した、というのがその理由だ。

ここでまた、歴史家のバーバラ・カイン教授の意見を聞いてみよう。

「友達グループが家族だという人は、とても多いです。友達が家族だなんて、以前は無理でしたけど、いまの女性たちにはその自由があるんじゃないでしょうか。経済的に独立していますからね。両親や兄弟姉妹とまずまず良好な関係だけれど、あまり共通点がないと思っている人もいるかもしれません。そういう人たちが、もう家族と一緒に過ごさなくていい状況になった、家族が感情的なエネルギーを注ぐ相手ではなくなった、というふうになるんですね」。

「選ばれた家族」という言葉は、LGBTQ+コミュニティで生まれた。生物学的な家族に拒絶された大勢の人たちが、家族以外のところでつながりを求めている。アイデンティティの共有から生じる、家族の絆を。これは現代でも、きわめて重要なものなのだ。

アメリカのイリノイ州で二〇一三年に実施された、十代の若者を対象にした研究[31]で判明したのは、セクシャリティに関わる悩みを打ち明ける相手として、やはり「選ばれた家族」がもっとも重要な存在であるということ。そして、トランスジェンダー、従来のジェンダー規範に当てはまらない人、ジェンダークィアの若者にとって、友人たちのネットワークがもっとも重要であるということだった。

第6章で紹介したアビー・ナッシュは、レズビアンだから将来子どもを持つことはない、だから人生で友達が重要になる、とずっと認識してきたという。

「大勢の人たちに囲まれていなくちゃだめだし、選ばれた家族が必要だろうなと、むかしから思ってました。たしかに、いずれも私の人生で大きな場所を占めていますね。年をとったときに一緒にいてくれるのは、誰なんでしょうね。友達？」。

ところが最近では、「選ばれた家族」は、「あなたの仲間（your people）」というシンプルな言葉に吸収されつつある。つまり、忠実でなにかあったらいつでも飛んできてくれる人だとか、生物学的な家族が満たせないニーズを満たしてくれるあらゆる人、という意味の言葉に。私の調査では、この言葉は依存症と闘うグループや、シングルマザーのネットワーク、故郷を捨てざるをえなかった難民のコミュニティ、家庭内暴力から逃げてきた女性向けの施設でクリスマスのランチをふるまう慈善活動、ニューヨーク市ブルックリンのロフトで暮らすヒップスター集団などに使用されていた。

おなじみの進化人類学者アンナ・マシャン博士から、意見を聞いてみよう。

「生物学的な家族よりも意味のある、自分で選んだグループがあるということが、大きな力をもたらすようになっているのは間違いありません。本当の自分になれる場ですし、選ばれた家族からは、決めつけでものを言われることもありません」。

そして、私たちが成人という標識に達する時期になると（標識どおりに生きることを選ぶと仮定するなら）、「不適合者」だと決めつけてこない、選ばれた家族の役割が、人生において重要性を増してくる。つまりこれは、共にいる相手として、感情的エネルギーを費やす相手としてみずから選んだ女友達が、姉妹のような存在に思える感覚が増してくるかもしれない、ということでもあるのだ。

♧

母親と良好な関係を築いている幸運な女性は、母親を友達と呼ぶだろうか？

家族間の女性同士の友情については、これが一番、答えづらい質問なんじゃないだろうか。

母親とどれだけ親しくても、基本は母と娘だという事実が、ふたりのあいだに壁を築くのでは？　娘は母親の過去を知ることができないし、娘が洗いざらい打ち明けない限り、母親は娘の現在を知ることがまずできないのだから。

私は母のジェーンと親しい。なんやかや言っても、母は私が友達に求めるすべてを備えている。親切さ、思慮深さ、私の人生に対する尽きない関心、そして車。

だけど、ジェーンは私の母親で、私よりずっと長く生きている。母には私が生まれる以前の人生がある。私がほとんど知らない人生が。母と週に数回は話せるなんて、幸運なことだと思ってる。スパイス・ガールズの『フー・ドゥ・ユー・シンク・ユー・アー』に対する熱い思いをぶつけられる相手は母だけだし、母方の家系図について色々想像するだけで、何時間でも一緒に過ごせる。芸術や本、そしてロマンチックコメディについては母の好みがヘンだということについても色々話すし、お願いだからベン・アフレック主演の映画『恋のクリスマス大作戦』は観ないでほしいと思っている。ジェーンは私にとって一番親しい友達（父さん、女友達のみんな、ごめん）だけど、母親でもあるし……本当の意味では友達じゃないのかも？

ふたたび、心理学者のテリ・アプターに解説してもらおう。

「母親―娘の関係は、完全な友情ではないと思います。母はいい友達なの、と言う人がいますが、一緒にいると落ち着くという意味なんでしょうね。思っていることや悩みごとをさらけだせる相手なんです。ですが、母親相手にそれができない人は大勢います。決めつけでものを言われるのが嫌だとか、母親が抱えている不安について心配しているからだとか。母親の本心をあまり見せられたくない、と思ってるんですね。上手く対応できなかったら重荷になるからというだけじゃなく、母親から個人的な感情を見せられるのはちょっと嫌だなと。母親だって性的な存在なんだということは受け入れられても、そういうこととはちょっと距離を置きたいと思っているんです」。

これは急展開だ。だけど、ある意味で、母親―娘の友情というテーマの核心に迫っている。母親は仲間じゃない。仲間というのは、言葉では説明しづらい文化的なことだとか、それまでの人生経験だとかを共有している相手だから。母親は、心の内をなんでもオープンに話せる、年齢の離れた友達でもない。じゃあ、どこらへんの位置におさまるのだろう?

三十二歳のケイトは、こんなことを話してくれた。

「母は私のことを親友だと言ってるけど、母は私の親友じゃありません。母親ですから。友達とは違うんですよね。友達は大勢いるからほかにいらないけど、母はひとりしかいない。私の友達づきあいは、母の世代とは違ってると思います。母は結婚して、引っ越して、ママ友をつくった。だけど、私が築いているような深い友情とは、違うものです。悩みや不安を打ち明けられる相手が、母にはいないんですよね。だから、私に打ち明ける。もちろん、母の支えにはなってますけど、母に友達がいればうれしいなとも思います。本物の友達がいないせいで、母はちょっと孤独を抱えているような気がするので」。

私の友達づきあいも、母の友達づきあいとは違っている。

母には、子どものころから連絡を取り合っている親しい友達が二~三人いて、ママ友がもう少し多いけど、人づきあいの範囲は、私が大人になったころはとても狭かった。子どもたちが家を出て、ラファエル前派美術好きが高じて、それがセカンドキャリアみたいになってからようやく、母は洗練されたサークルにすんなりなじんで、新しい友達をつくる才能を発揮した。生涯で一番親しい女友達もできて、私は誇らしい思いでその様子を見ているのだ。

ふたたび、心理学者テリ・アプターの見解を紹介したい。

「自分の母親を誰かの友達として見るようになるのは、成人早期から中年期にかけてというのが一般的です。友情の変動、新しい友達と去る友達、友達が往々にしてもたらす喜びと痛みを経験するうちに、『うそ、母さんが人間関係を切り捨ててる。自分を認めてくれないと思った相手にはそうするんだ』とか、『母さんは友達が最優先なんだな』というふうに思うんです」。

母親が娘を自分の友達みたいに扱えるかどうか。これこそが、真の母親―娘の友情の重要ポイントだと、おなじみの心理学者リンダ・ブレアは考えている。

「ですが、そうなるまでには、とても時間がかかるんですよね。母親は手放す側にならないといけませんから。母親が娘をひとりの人間として認め、一緒にいるときに娘をあれこれ分析せずにいられるようにならないとだめ。主導権は娘でなく、母親にあるんです」。

私にとって、家族間の友情の本質は、家族以外の人たちと同じ目線で家族のことを見られるかどうかにある。いつも支配的だった姉だとか、しつけの厳しい両親としてでなく、客観的に、独立した個人として、家族を見る。家族のことをおたがいにわかりあえていて、家族を新しい目で見ようと努力でき、固定観念を捨て過去を切り離しておくことができれば、本物の友情と同じような絆を家族と築けるかもしれない。敬意、程よい距離感、率直さ。遺伝子を共有しているからおたがいのためにそこにいる、という義務感を超えた、なんらかの存在に。

それに、日記を勝手に読まれても、たまごっちを殺されても、家族であり友達でもある存在が、世界一あるわけない意外な友情を結べる相手になることだってあるのだ。

第12章 長いつきあいの友達

――いまからつくるのは無理？

俗説：長いつきあいの友達がいまいなければ、これからつくるのは遅すぎ？

日曜の夜七時四十五分。

メールボックスを十回リフレッシュしてようやく、それが表示された。二十年間、私が気に病んでいたことに対する返事。

旧友に謝りたいと思っていながら、これだけの年月が過ぎてしまった。十代のころにしてしまったあの出来事は、私の心のどこかにずっと巣食っていた。

クリック。

開く。

短い文章。これっていい兆候？

まずは、文章の最後をさっと見て、文末が「キスを送ります」みたいな好意的な定型句で結ばれているか確認しようとして、うっかり最後の一文を最初に読んでしまった。

〈謝らなきゃいけないことがクレアにあるんだか、よくわかんないけど、ともかくありがとね！〉

へ？

私は椅子の背もたれにどさっと倒れ込んだ。自分がなにを期待していたのかわからないけど、これじゃない。

旧友とは、変化球を投げてこないもの。誠実さと愛情、安心感の塊みたいな存在。純粋な郷愁が人の姿をしたもの。旧友にはそんなイメージがある。私の故郷や家庭環境を知ってる人。私の母や父とも面識がある。私が子どものころに持ってたクマのぬいぐるみを覚えてるし、私の実家の固定電話番号をいまでも暗唱できる。旧友とは、友情の大切さや威力が軽んじられがちなこの世界で生き残った、サバイバーなのだ。

だからつい、いてくれてあたりまえの存在だと思ってしまう。もっと気をつかわなくちゃいけない相手だからと、旧友よりも新しくできた友達のほうを優先してしまう。いつも決まった言動パターンを繰り返してしまう。旧友がいつものふたりのパターンから外れたことをすると腹を立て、相手を箱に押し込めてしまう。

旧友は、女性同士の友情で理想化されがちなもののひとつである。「新しい友達をつくって、旧友との関係も続ける。新しい友達は銀、旧友は金！」。

旧友は映画で好まれるテーマでもある。ハリウッドで描かれる旧友像は、そこにいてくれるのがあたりまえだと思ってもいい存在で、毒を盛られても（映画『ブライズメイズ　史上最悪のウェディングプラン』

のように)、肝心なときにはまた戻ってきてくれる人。映画『テルマ&ルイーズ』のように、死がふたりを分かつまで一緒にいて、『永遠《とわ》に美しく……』のように、死を超えた世界でもまだ一緒、というケースもある。

私にとって説得力あるフィクションの旧友像のひとつが、エレナ・フェッランテの『ナポリの物語』シリーズ(早川書房刊、二〇一七〜一九年)で描かれている。

これは、電車で読んでいるとうっかり乗り過ごしてしまうような小説で、ふたりの女性の六十年間にわたる友情が描かれている。リラは反抗的でエネルギーあふれる少女で、エレナは暴力がはびこるナポリの下町から抜けだして、学問の世界をめざす少女。ふたりの友情は、恋愛や仲たがい、情熱といったありとあらゆる盛衰に耐えるのだが、その多くは、私たちが現実世界で旧友と体験しているものでもある。あの筆致が共感を呼び、本シリーズは四十五言語に翻訳され、累計千五百万部超の売り上げを記録している。女性同士の長年にわたる友情が、真実のまま率直に言語化された描写は普遍的で、私を含む大勢の読者が、読み終わるころには登場人物を自分の旧友のように思っている。

著者のエレナ・フェッランテは、二〇一八年四月に英国の『ガーディアン』紙に寄稿したコラムで、こう記している。

「イタリア語で友情を意味する〝アミチツィア(amicizia)〟は、愛するという意味の動詞〝アマーレ(amare)〟と語源が同じです。友達との関係には豊饒さ、複雑さ、矛盾、愛の不一致があるものです。誇張を恐れずに言うなら、女友達に抱く愛情は、私が人生最愛の男性に抱いている愛にきわめてよく似たものではないかと思えるのです」。

アミチツィア。ピザのトッピングみたいなおいしそうな響きで、旧友とのあいだに育まれる真の深い恋愛感情が表現されている。こんな言葉を編みだしたイタリア人の感覚を、信頼するとしよう。

私の女友達のなかには、三十年近くつきあってきた人もいる。

私が夫婦の歩みを夫と祝うときは、シャンパンの栓を抜いて、贈り物をして、ふたりの好きなレコードに合わせてリビングルームで踊りまくる。恋愛や結婚で関係を維持するための努力には、また違ったあれやこれやがあるのだ。

だけど、長いあいだ友情を維持していくというのは、まさに達成そのものなんじゃないだろうか？

現実を直視してみると、人生とは年齢を重ねるごとに、望みもしない節目を容赦なく投げつけてくる。閉経に遺言書の作成、ただつまずいただけとはわけが違う、初めての〝転倒〟。そろそろここに、もっとハッピーな節目をプラスしてもいいんじゃないだろうか？　結婚三十周年記念には、真珠を贈るものとされている。真珠は小さな粒として誕生し、時間をかけて、稀少な宝石へと成長する。そんな感傷を、旧友にも向けたっていいのでは？

友達十周年を迎えたとき、私はイジーと一緒に、恋人のいないワイルドな十九歳ふたり組っぽいお祝いをすることにした。チェーン店〈マークス・アンド・スペンサー〉のカフェで。紅茶を飲んで、でっかいチョコチップクッキーをかじって、マグカップを掲げて、おたがいの人生に十年つきあってきたことを祝したのだ。

だけど、友達と過ごした年月を言葉にして祝うようなことをしたのは、私の人生でこのとき一度だけ。このあとに彼氏が登場して、友達との記念日は、カフェレストラン〈カフェルージュ〉でキャンドルライト（っぽい細長い照明）を灯した男性とのディナーに取って代わられた。

私たちはどうして、こんなふうに友達との記念日を追いやってしまうんだろう？　私とイジーは、十五周年や二十周年や二十五周年を祝うために〈PG Tips〉のお茶を飲みに行く、なんてことにはならなかった。おたがいに記念日は忘れていなかった、と思いたいのだけど。

それもなんだか、〈BFF（ベスト・フレンド・フォーエバー）——生涯の大親友〉の刷り込みみたいで、ちょっと「完璧」すぎるかも、というのはわかる。

だけど私には、つきあいの長さはあくまで、旧友のひとつの要素に過ぎない。小説家のシルヴィア・プラスは別の基準を設け、こう記している。

「一緒に吐くことほど、旧友になれるものはない」。

酔っぱらって吐いている人の長い髪を押さえてあげたことのある人なら、シルヴィアの言っていることがわかるはず。こうした絆を深める出来事から、親しさと「旧友」という感覚が生まれて、同じ小学校へ通ってたかどうかなんて関係がなくなるケースもあるのだ。

おなじみのロビン・ダンバー教授は、なにをもって「旧友」となるのかはっきり言えないとしながらも、こんなことを話してくれた。

「友達になる時期が関わっていそうです。例えば、大学時代に友達になって、一緒に呑んだり歌ったり踊ったり、深夜まで悩みを語りあったり。どれもエンドロフィンを分泌させることばかりなので、友情が深まる、というように」。

こういうことを一緒にたくさんしたら、過ごした時間の長さに関係なく、「古いつきあいの」友情という感覚になるという想定。これは、幾度も紹介しているシャスタ・ネルソンの、「親友とは量でなく質」という理論に似ている。

この定義に従うと、私たち全員に「旧友」と呼べる相手か、まだ「旧友」になっていない相手がいる、ということになるのかもしれない。それに、定義上で旧友だからその人が一番親密な相手、とも限らないのだ。

おなじみの進化人類学者アンナ・マシャン博士の調査により、過去の共有が、女性同士の友達づきあいの親しさにネガティブな影響をもたらす可能性があるとわかった。

この調査で示唆されているのは、過去よりいま自分の感じている感情的な親密さのほうが重要、ということだ。過去の共有は、男性同士の友情のほうでもっと重視されている。たしかに、私の夫と友人たちは、二〇一六年に一緒に参加したトライアスロンのことをしょっちゅう話している。

これまで幾度か紹介しているジリー・クーパーは、誰に対しても旧友だと感じさせる稀有な才能の持ち主だ。電話中に私を持ちあげて、ランチに誘ってくれるジリーが（列車の手配をしなくちゃ）、旧友だと感じさせた相手全員とつながっていられるプロだとしても、別に驚きではないかもしれない。ジリーの場合、旧友との関係を続けるコツは、笑いとうわさ話にあるという。

「また会ったときにすぐ、『ねえ、あの件どうなったの？』『あの人たち、結婚したの？』『えー離婚したの、ひどいわねえ』なんていうふうになりますからね。私は八十四歳ですけど、十七歳のころにタイピング学校で知り合った三人を、つい最近、昼食に招いたら、会うなりすぐ、クスクス笑いが起きたくらいでした。相手をテニスボールみたいにひょいと拾いあげて、一緒にまた、愛をこめつつ楽しむだけでいいんですよ」。

ジリーにとっては、「犬だっていつも最良の友」だということも、ぜひ付け加えておこう。

新型コロナウイルスが世界的に大流行していた時期に、ジリーは友人たちに宛てて、バレンタインカードを七十通送ったそうだ。

「こう書いたんです。『冷酷なコロナに引き裂かれたままだけど、また会いたいと思ってるわ。忘れないでね』。ほんとに大勢の旧友たちに送りましたね、シェアハウスをしていた娘時代のお友達にまで。若い女性だけで暮らすのは楽しかったですよ。みんなが夫探しに夢中な年頃でしたから、共通点がたくさんあったんです」。

こんなふうに友達にカードを贈って愛を伝えるなんて、とってもすてき。こういう思慮深さと古風なスタイルは、ある意味で、友情を意義ある地位に固めてくれる。私の手元には、イジーがこれまで送ってくれたカードやはがきがどっさりある。つきあいの長さだけでなく、これまでふたりが重ねてきた努力も思いださせてくれる、形ある品々だ。

私は九歳のときに、イジーと運動場で初めて会ったときのことを覚えている。ユニフォームが新品みたいにきれいで、いまではすっかり見慣れた、恥ずかしそうだけどなにか期待しているようなあの表情。

イジーとはそれから六年間、毎週土曜を一緒に過ごした。コンカーズという、糸に吊るした木の実をぶつけて壊しあうゲームで遊び、そのあとはボードゲーム。少し大きくなったら、キングストンアポンテムズ・ハイストリートへ繰りだして、宇宙人のバルーンとベルベット製のチョーカーを見て回って。十代になってからは、ふたりだけでバスに乗って行っていいことになったので、大人の付き添いなしで楽しんだ。エンドロフィンが放出されて、絆が深まる行動を。軍隊の任務みたいな感じで。

洋服屋の〈トップショップ〉、〈タミー〉、C&Aのブランド〈クロックハウス〉、〈マッドハウス〉、〈ヘネス〉。そのあとは〈HMV〉、〈ウーリーズ〉、〈タワーレコード〉。ポスターをちらっとチェックするために、〈アテナ〉にも寄った。

「ランチする」のも忘れなかった。〈ブーツ〉のミールディール。あのフラットブレッド・ラップサンドはからからに乾いていて、サンダルとして履けそうなくらいだったけど、私たちはそれを墓地で食べた。お金があるときは、百貨店の〈ジョン・ルイス〉で栄養補給。最上階のカフェに行き、手を出せるただひとつのメニューを求めて、列に並んだ。レンズ豆のスープとロールパン、バターのセット。クルトンは好きなだけ。めちゃくちゃ大人になったような気分だった。

土曜の晩をイジーの家で過ごすときは、カレーを食べさせてもらった。我が家で過ごすときは、母のグラタンを食べて、ラジオ『トップ40』の録音テープを聴いた。夏休みの旅行も一緒に行ったし、おたがいの家や家族を、自宅や自分の家族の延長みたいに思うようになった。夫には申しわけないけど、あれは人生で一番幸せな時期だった。あのころは、自分がどれだけ恵まれているかなんて、気づいてなかったけど。

女性たちから旧友について聞かせてもらえたことも、また、この本の執筆中に大きな喜びを感じたことのひとつだ。とくにうれしかったのが、「出会いのきっかけ」を話したがる女性たちがとても多かったこと。

十代で初めて恋愛をしたときから、カップルは「どこで知り合ったの?」と尋ねられる。ところが、友達に関しては、こんな質問がされる傾向はない。なんだかおかしな感じだ。女性たちは、友達とのなれそめを話したがっているのに。ある日突然出会ったというストーリーは好まれるものだけど、友情ほど、そのいい例があふれている人間関係はないんじゃないだろうか。問題はおそらく、女性同士の友情が恋愛ほどドラマチックな展開になりにくいことや、無一文から大金持ちに、というようなパターンも見られないことだろう。女性同士の友情は、止まっては動くという流れを繰り返すことが多いから、ハリウッドの脚本家陣をいらっとさせるんじゃないだろうか。

二十八歳のパオラは、旧友との出会いについて話してくれた。

パオラ本人にとっては、いわゆる黒歴史ではあるけれど、こういうユニークな女性同士の友情エピソードは、恥ずかしいけど愛すべきものとして、祝福されるべきなんじゃないかと思う。

「大学の最終学年のときにつるんでいたグループに彼女がいて、少し話したことがある程度の関係でした。だけど、あるとき同時に失恋したことがわかり、今日はもう帰って、一緒に悲しみに浸ろう、ということになったんです。ふたりで午後いっぱい、彼女の部屋にこもって、それぞれ自己憐憫に沈んでました。めそめそしているうちに、ひとつの学期が過ぎて、私は情けないくらいずっと、落ちこみっぱなしでした。

ちなみに、私たちが失恋した相手は、彼氏ですらない男性たちです。恥ずかしくてたまらないのは、そこなんです。酔った勢いの出来事で、私たちが特別な存在だと思われてなかったのは明らかでしたから。夏休み中に彼女とやりとりした手紙は、まだどこかにあるはずですよ。あらゆる手段で悲しみに浸ってましたね。あれを平気で読めるようになるまで、あと二十年はかかるんじゃないかと思います」。

この本を執筆するためにメールの受信箱を見直していて、私が希望を感じたのは、自分には思っていたより旧友がたくさんいるんだと気づけたこと。イジー。マリーは十二歳のときからのつきあい。アガサは二十一歳、イブは二十二歳のときに知り合ったけど、ごく普通の感覚で考えて、もう旧友と見ていいだろう。

いつからなんだろう？　彼女たちが私の人生でかけがえのない存在になったのは。これまで幾度か紹介してきた、ジェーン・ガーベイが言っていたように、「旧友は獲得できるようなものじゃありません。すでに手に入れているか、いないかのどちらかですから」。

だけど……本当にそうなんだろうか。

九十一歳のヘルガ・ルビンスタインは、人生のかなり遅い時期に入ってから「旧友」ができたそうだ。ただの知り合いだった人たちが、あるときから、もっと大事な役割を果たす相手になったのだという。

「私くらいの年齢になると、友人たちが次々と亡くなっていきます。これまでの人生全体が、崩れ落ちてしまうような気がして。怖いですよ。これまでの人生全体が、崩れ落ちてしまうような気がして。だから、もっとほかに友達がいないかと、あたりをよく見回すようになる。私がやっているのは、新しい友達ではなく、旧友をつくること。知り合いで、過去にディナーをしたことがあるかもしれないけどよくは知らない、という人たちと友達になったんです。おかしなことだけど、なかなか楽しくやってますよ」。

ヘルガとは、リベラル政治家にしてヘルガの親友でもあるシャーリー・ウィリアムズも交えて、話をしたかったのだけれど、残念ながら、ウィリアムズ男爵夫人は二〇二一年四月に亡くなった。ふたりがどうやって、七十年以上も友情を保ってきたのか、ヘルガが話してくれた。

ふたりはオックスフォードで出会い、二十代でシェアハウスメイトとして一緒に暮らし、その後なんと、夫や子どもたちも一緒に、ケンジントンにある大邸宅で十五年ほど同居生活を送り、その後も旅行をするような関係だったそうだ。

そんな友情の秘訣は？

ヘルガは「おたがいに多くを求めないこと」だと、シンプルにまとめてくれた。

「おたがいに、そこにいるのがあたりまえという関係でしたね。つまり、私が彼女を必要とするときに、そこにいてくれるとわかってましたし、彼女も同じように思っていました。それで上手くいくものだと、当然のように思っていましたよ。

距離が近づくこともあれば、離れることもある。後退したり、前進したり。だけど、完全に離れるなんて、考えたこともありませんでした。実際に、完全に離れることはありませんでしたね。一緒にいれば大丈夫だと思っていたんです」。

ふたりは友情にプレッシャーをかけないという、シンプルなことを実践していたのだ。

「ふたりで一緒にいたら素晴らしい、一緒にいなくても問題なし。世間一般の娘同士の友達づきあいとは、違っていたでしょうね。私たちは分析しあったりしませんでしたから、それがよかったのかもしれません。一緒に暮らしていても、べったりせず、それぞれに独立した生活を送っていたので、衝突することも競うことも、まったくなし。

私には姉妹がいませんけど、もしいたら、ああいう関係を望んだでしょうね。親しいけど、相手を放っておくこともできる関係を」。

だからといって、ふたりが友情を育むためになにもしなかった、というわけではない。シャーリーの最初の結婚がだめになったときに、ヘルガはどう支えになったか話してくれた。

「なにかものすごく親密な会話をした、ということはありませんでしたね。『ちょっと楽にしてあげるために、自分にできることは？』『こんなときに一番いいのはどんなこと？』なんて考えたくらいで。それで結局、とっても長い歳月を共に過ごすことになったんです」。

こうやって「気をつかいすぎない」というのは、いかにも戦争世代らしい、旧友に対する接しかただ。だけどここには、長いつきあいの友情ならではの、あるものが見てとれるんじゃないだろうか。そう、友達に、あるがままでいてもらえるということ。ビートルズの名曲、『Let it be』(なるがままに) みたいに。

七十四歳の心理療法士クリスティン・ウェバーは、こんな話をしてくれた。

「一九六〇年代に知り合った友達とは、毎週電話をかけあってます。彼女はイングランド北部、私はサフォーク在住だけど、多くを説明しなくていい関係なんですよね。自分がどんな人間か、わざわざ話す必要がない。大事なことだと思いますよ。人は生きているあいだに、いろんなものをまとっていきますけど、本来の自分に戻るときだって必要ですからね……」。

だからといって、旧友はいてくれてあたりまえの存在だと思っていい、というわけじゃない。旧友とはもっと深いものだから。相手にとって必要なら、自分は一歩引いて成長を見守るとか、距離を置くことができるし、それでも人生で求められるときがきたら、いつだってすぐに関係を深められる。さらに深いのは、友情にどんな変化が起きようとも、旧友は仲間としてそこにいてくれること。生きているうちに積み重なってくるものや、人生によって貼られるレッテルをはがして、すべてが始まったところに近い状態へ戻してくれるのが旧友なのだ。

これは、マトリョーシカ人形みたいなものかもしれない。奥にある一番小さい人形が、旧友とのつきあいが始まったときの自分。郷愁という繭《まゆ》に引き戻してくれる相手がいるというのは、考えるだけで本当に心が安らぐ。〈学校で何色の筆箱使ってたっけ?〉だとか、〈お母さまのクリスマスケーキって、マジパンで包んでるの、それとも、マジパンは上にのっけるだけ?〉なんていうメッセージを、いきなり送ってもいいのだから。

そして、この一番小さいマトリョーシカ人形の外側に、大人になってから加わった層が次々と積み重なっていく。層は外側へ行くほど大きくなっていき、自分の成長を促してくれるけど、前の層に置き換わることはできない。どんどん積み重なっていくだけだ。一番外側の層のなかにすべての層が残っていて、積み重なった層をぜんぶはがして、一番奥の小さい人形である本来の自分に引き戻してくれるのが、旧友という存在だ。

旧友とのつきあいで難しいのは、相手を小さい箱にしまっておいてはだめ、ということ。幼いころからの知り合いだと、絶対に結婚なんかしないもんねと誓いあった、十二歳のころのイメージを取り去るのが難しい。だから、旧友が変わったときや、自分が抱いている印象に合わないことをされると、つい、いらっとしてしまう。

すでに幾度か登場しているパンドラ・サイクスは、こんな話をしてくれた。

「私はいま三十五歳で、四歳のころからの友人たちがいます。私は誠実さを重視してますけど、これが危険になることもあるんですよね。友達づきあいが長くなると、引き戻されるような感覚になることがあります。例えば、望んでいる自分になれないとき。二十五歳にもなれば、十四歳のときの将来像をそのままなぞれるとも限りませんからね。そういう意味で成長することをゆるしてくれる幼なじみだから、ほんとに幸運だと思ってます。所有欲の強い関係じゃないんですよね。私は幼なじみから、たくさん学ばせてもらってます。彼女たちが彼女たちでいてくれるから、私は私でいられるんです」。

こういう感傷ってすてきだ。私の好きな友情に関することわざ「自分ひとりでは自分になれない」を思いだす。そういう意味で、旧友は自己を形成するためにとても重要な存在だけど、ずっと同じままでいなきゃだめ、なんて求めてこない存在なのだ。

「友情は自分の人生をどのくらい変えると思いますか?」。

これは、さきほど紹介した作家のエレナ・フェッランテが、英国紙『ガーディアン』で二〇二一年に読者から尋ねられた質問だ。回答は以下のとおり。

「友達が私たちを変えるのではなく、友達のなかで生じる変化と合わせて、私たちのなかでも静かに変化が起きるんです。適応するための、継続的な、おたがいの取り組みのなかで」。

生まれ持った資質か育ちかという議論では、子どものころは両親や社交環境、育った社会階層や文化の影響を間違いなく受けている、という意味がこめられる傾向がある。育成というのは、ざっくり言うと、家族や幼少期のしつけが自己を形成する、というような意味だ。

けれども、自己の形成には、四歳だとか十四歳だとか二十四歳からだとか、現在までに関わった友達も関わっている。こういう友人たちは、両親の知らない大きな節目に達したときに、そこにいる存在だ。初恋、初キス、お酒の飲みすぎで初めて吐いたとき。育成期では、友達が両親と同じくらいか、ある意味では両親より重要なのかもしれない。

三十六歳のカットは、こんなことを話してくれた。

「一番つきあいの長い旧友は、私たちが十三歳のときに初体験を済ませました。日記に書きましたよ、私たちふたりの人生で起きた大きな出来事としてね。なんだか自分のことみたいだったし、いまでもそんなふうに思ってます」。

新しくできた友達を、すでにある人間関係に組み込もうとすると、境界が曖昧になることがある。これについては、ジャスティン・タバックの考えかたが正しいのかもしれない。

ジャスティンには五十七歳の友達がいるが、その友情は、ほかの人間関係から切り離されたつきあいなのだそうだ。

「パートナー同伴で食事をするような友達ではなくて……ふたりきりの関係なんです。誰かを交えることなく、ほかの人間関係とは切り離した友達づきあいを続けています」。

ふたりは以前、仲の良さを彼氏に嫉妬されたことがあったらしい。

「二十代、三十代のころは……すごく気をつかわなきゃいけないことがありましたね。彼氏に『なんで自分じゃなく彼女に話すんだろう？』と思わせないように。それで学んだんです。恋人にちょっと気をつかって、この女友達を最優先にしないようにしなくちゃと。彼女はすごくいい友達で、おたがいに別離経験者です。だから、ふたりともこう考えてるんですよね。これまでおたがいに投資してきた労力のいくらかを、恋愛にもっと投じるべきだったのかもしれないって」。

ジャスティンによると、ふたりの友情をほかの人間関係から切り離すというのは、意識的な判断ではなかった。私と話すまで、考えてみたこともなかったそうだ。旧友が相手だと一定のコミュニケーションパターンに簡単にはまりやすい、ということを示す例である。そして、時折そのことに気づかされてはっとする、ということを示している例でもある。

言ってしまえば、法的な責任や血縁上の義務のない相手に、数十年の年月とエネルギーを注ぐためには、信頼が欠かせない。ましてその相手は、この社会で、恋愛相手と比べて軽んじられがちな相手なのだから。

さて、旧友は心のどこかで、ほんのちょっと〝重い〟存在だと思われているんだろうか？

たしかに、マッチングアプリで、コッカープー犬三匹とヘビ一匹を飼ってるなんてわざわざ書かなくていいのと同じで（二回目のデートで言うことだろう）、おそらくすぐには、「どんな恋愛パートナーより大事な数十年来のつきあいの友達がいて、なにか問題が起きたらまっさきに彼女を頼る」なんてことは打ち明けないだろう。問題が起きたらまず旧友を頼るというのは、女性同士ではありがちなことだけど。

私の母のジェーンもこう言っている。

「旧友というのは、ひどい出来事が起きたときや、確実に信頼できて気ままに話せる友達の支えが必要なときに、連絡してくるものなんですね。相手に電話をかけて、支えてもらってる、なんでも話せるといまでも思えたら、それは長続きする意義ある友情です。心を慰められるような会話を求めているときに、女友達のことがまだ頭に浮かぶようなら、どれだけ時間がたっていても、それはいまでも真の友情だと言えるんです」。

♧

長年の友情がつまずく理由のひとつに、旧友をかばってしまうことがあげられる。新しい友達と旧友には、別の基準を当てはめてしまいがちなのだ。

考えてみると、新しい友達ができるのは、相手と価値観が同じだからという理由が多い。ところが、幼なじみとは、それが逆になるケースが多いのだ。ふたりは同じ場所で生まれ育っているから、価値観も同じだと思い込む。だから、旧友には疑問を投げかけない。旧友が悪いことをしても、「そうする理由がわかってる」し、どんな困難があっていまの旧友があるか知っているから、悪行を正当化してしまう。

相手としっかり向き合わなければ、記憶が道徳を妨害しかねないのだ。

コロラド大学のクリストファー・シボーナが二〇一四年に行った研究[32]により、友達と意見が対立した場合、フェイスブックでまず削除されるのは旧友で、それ以外の友人たちが削除されるのは、旧友よりあとになる傾向があるとわかった。つきあいの短い友達が削除されるのは、現実世界でむかつくことがあったときだけ、という傾向があるという。

私の友達のパオラも、こう言っている。

「つきあいが短くてもなかよくなれるのは、中核となる価値観が似ている友達です。ものすごく大事な部分で、ほとんど同じような感じかたをする。だけどこれって、幼なじみにはまったく求めていない基準なんですよね」。

ところで、みなさんは、人生のバランスに満足しているだろうか？　ちょっと考えてみてほしい。この本を読むのをひとまずやめて。

みなさんは、旧友と新しい友達を同じように扱っているだろうか？　旧友だったらゆるすけど、こんな言動を新しい友達がやったらだめ、なんてことがあるのでは？

私自身は、旧友たちから甘いジャッジで大目に見てほしいと思っているのか、よくわからない。これは間違いなく、怒りや恨みにつながるきっかけとなる。私にとって旧友とは、耳の痛いことでも、本当のことをはっきり言ってほしい相手だ。

むかし、地下鉄のオックスフォード・サーカス駅から出たところで、電話でアガサに厳しく叱られたことがある。〈リバティ百貨店〉の外で、いまも耳に残っているあのせりふを言われて、頬がかっと熱くなったのを覚えている。

〈もう子どもじゃないんだから、相手かまわず抱きしめてキスしてまわっちゃだめでしょう〉

言われた瞬間、そのとおりだと思った。ぐさっときたけど、アガサの実直さに敬意を抱いた。

言いづらいことをあえて言ってくれる旧友がいることを、私はうれしく思ってる。私が調子に乗っていたら、旧友たちには見過ごしてほしくない。怒られた瞬間は、友達に背をそむけられちゃった、どうしようと、パニックに陥るかもしれないけど。

アガサに叱られてから私も大人になった、と言いたいところだけど、この本を書いている最中に、旧友の怒りを招いたことを思いだすと自分がどれだけ憂鬱になるか、あらためて思い知らされた。

こんなふうに、友達づきあいでつい考えすぎてパニックになってしまう、ということも、じつは多くの女性が経験しているんじゃないかと思う。メッセージのやりとりで、ノリがいつもと微妙に違ってるとか、いつもならテキストメッセージをくれる友達からの電話を取りそこなったときだとか。ひょっとして、なにか怒らせちゃった？ と、直近のやりとりをスクロールしながら、手がかりを探す。それならすぐ電話をかけて、本人に確認すればいいだけなのに。だけど、私たちは、友達とこういう率直な会話をするのがとっても苦手なのだ。

相手が旧友となると、こうした不安は膨らみがちだ。旧友は、そう頻繁に顔を合わせる相手じゃない場合もあるから。友情の安心感はいつも言動が変わらないことから生まれるので、相手から音沙汰がなかったり、はっきりしない状態になったりすると、相手が自分のことをどう思ってるのか、必死になって探るはめになる。こういうときは、相手から送られてきたごく普通の他愛のないメッセージを、もう嫌われちゃった兆候だと思い込む、なんてことをしがちなのだ。

ジャーナリストのジュリア・カーペンターは、私の気持ちをツイッター（現X）でこうまとめてくれた。〈『私のこと怒ってる?』っていうポッドキャスト番組をすごくやってみたい。友達をひとりずつインタビューして、ほんとに怒ってるのかどうか確かめる、それなりの理由ができるから〉

私がまさしくそう思ったのは、この前、マリーからの電話を取りそこなったときだ。

マリーは海外在住で、電話をよくかけあっているから、おたがい取りそこなうのは珍しいことじゃない。ところが、あのとき私は、マリーを動揺させてしまったにちがいないと思い込んでしまった。折り返し電話をかける前に、飛行機のチケットの値段と最速のスケジュールをネットでチェックして、自分がなにかやらかしたせいで旧友との関係がだめになったわけじゃないと、いつ確認しに行けるか見込みを立てた。

パスポートはどこにしまったっけ？

　もちろんこれは、友達づきあいでやりがちな思い込みに過ぎず、マリーが電話してきたのは、私の意見を聞きたかったから。つきあいの長い旧友をいまさら疑うなんて、馬鹿なことをしてしまった。ましてマリーとは、絆がこれまでになく深まってるときなのに。一緒にイングランド内戦にはまってた、子どものころよりも。いまでも毎年、一月三十日になると、チャールズ一世が断頭台で処刑された日として、ふたりでメッセージを交わしている。これは私とマリーなりの、友情の確認作業なのだと思う。

　住んでいる場所は遠く離れているけど、悲しみ、病気、成功、不安、喜びのときに、そして人生の節目の時期に寄り添うすべを、私とマリーは築いている。いまこうしてマリーのことを書いていて、今年は友達になって二十五年目だと気づいた。四半世紀。真珠婚とほぼ同じ。

　なんでいままで気づかなかった？

　ぎゃーっと叫びだしそうになった。


友情の節目となる時期を覚えておく。

　これくらいのことをするのは私の責務だし、みなさんにとってもそうであってほしいと思っている。恋愛のパートナーと同じように、新旧問わず友達のことを意識的に考えて、特別な出来事やつきあいだしてからの年数を、恋愛と同じようにしっかり記憶しておくべきだろう。

　私の働きかけにより意識を改めてくれた一人目は、すでに幾度か紹介してきたジェーン・ガーベイだ。

「友情を祝うという発想を吹き込んでくれたのは、この本の著者ですよ。六十歳になったら絶対に、学校時代の友人たちと祝うべきだと思います。こういう節目のお祝いは、もっともっと普及させるべきですよね」。

そう遠くない将来に、イジーと私は友達三十周年を迎える。これが記念すべき価値のない友情だというなら、記念すべき価値のある友情ってなんなのかわからない。その理由は、あれがだめなら私の十代が丸ごとだめってことになってしまう、というだけじゃない。

じつは、イジーと友達でいた年月のうち二十年ほどのあいだ、私の心には、十代のころにしてしまったあることに対する罪悪感が、ずっと引っかかっていた。それは私が十二歳で転校し、すべてが変わってしまったことに端を発している。転校先で新しい友達をつくらなきゃいけなくなって、私は土曜をイジーと一緒に過ごすことがだんだんとなくなり、クラスの女子グループと過ごすようになっていった。私がいようがいまいが、たいして気にもかけない人たちと。この娘たちも知ってる男の子とつきあうようになり、多少は見直してもらえるといいな、なんて思ってた。彼は見事なブロンドヘアで、おしゃれなイタリアブランド〈カッパ〉の白いトラックスーツを着ていたけど、私は普通の娘だったから。

ようするに私は、イジーを捨てたようなもの。これほど後悔していることがあるだろうか、というくらいの出来事だ。私の友情史上で最大の過ちだし、どれだけイジーを傷つけたのかと、私はずっと思い悩んでいた。これについてイジーと話したことはない。一緒にお酒を飲んでいるときも、散歩だとかディナーをしてるときも。必ずやりとりしてるクリスマスカードにも、書いたことはない。二十年以上も前に学校からの帰り道で、一緒に作詞した歌は書いてるけど。なのにイジーは、この本の調査のために私から送られた、ちょっとした質問票に答えるときに、私との関係は一番ハッピーな友情だと書いてくれた。もはや、私の罪悪感は耐えられそうになかった。

という次第で、私はデスクについて深く息を吸い込み、とっくのむかしに言ってなきゃいけなかったことを文章にしたためた。

〈十代のころ、イジーが友達でいてくれるのがあたりまえだと思ってたんだ。あんなことしちゃって、ものすごく後悔してる。謝らなきゃってずっと思ってた。でも、こういうことを切りだすのってすごくヘンだし、すごく難しくて。転校先で感じてた不安を言いわけにして、イジーとの友情をおろそかにすべきじゃなかった。これはもっと早く、直接会って、言わなきゃいけなかったことだと思ってる〉

送信ボタンを押して、ごくりとつばを呑んだ。

日曜の午後四時五十三分。

虫の詰まったでっかい缶のふたを開けちゃったよ。あーどうしよう？

三時間後、ノートパソコンの通知音が鳴った。

目を泳がせながらそれを開いて、あのよくわからない最後の文章を読み、眉間にしわを寄せながら画面をスクロールアップして、最初から読みだした。

〈まったく思いもよらないメールだったよ。どんだけ認識が違ってるんだって、びっくりした。クレアの転校がそんなにきつかったなんて思ってなかったし（そりゃあ大変だっていまならわかるよ）、だけどあのときは、ふたりとも新しい友達をつくらなきゃいけなかったんだもんね。謝らなきゃいけないことがクレアにあるんだか、よくわかんないけど、ともかくありがとね！〉

旧友はときとして、自分をしかるべき基準に留めてくれる存在であり、自分に厳しくしすぎだよと、気づかせてくれる存在でもある。言わなくても察してくれるし、「元気だった？」なんていう近況報告じゃできないくらい、深く理解してくれる。ありのままの自分でいさせてくれる。

旧友との絆は、いつもはっきり見えるものじゃないかもしれないけど、いったん見えたら、女性同士の友情でもっとも安心できる環境を差し出してくれるんじゃないだろうか。それは、自分でいられて、学べて、愛されているとか、守られてるだとか、気にかけられてると感じられる場所なんだと思う。そして、私みたいな人間には、自分がいつもそういう環境にいることをわからせてくれる。これが記念すべき価値のないものだというなら、記念すべき価値のあるものってなんなのか、私にはわからない。

コラム

コロナ禍に支えてくれたオンライン読書クラブ

あるWhatsAppグループのメッセージは、スマートフォンですべて欠かさず読むようにしている。「BC」、つまり「ブッククラブ」のメッセージは。

私が所属しているブッククラブのメンバーは、この十年くらいに知り合った女性たちで、毎月一回、持ち回りでそれぞれの自宅に集まっている。主催者が料理とワインを用意して、新たに書籍を購入し、クラブ専用の移動型ライブラリーとして使われてる永続利用可能な麻の大袋に入れておき、そこからメンバー一人ひとりが読みたいものを選ぶ。「シリーズもの」がないのは、人生短すぎるから。

各メンバーは、一か月でどうにか読み終えた本（テレビで見たというケースもぶっちゃけある）について、意見を発表する。こうして、良書が七人のあいだで回されるのだけど、じつは、世の中をよりよくするための議論に費やされる時間のほうが長い。メンバーの五人がジャーナリストなのだから、当然と言えば当然だろう。

新型コロナウイルスの世界的大流行中には、「BCエキストラズ」というグループが誕生した。集まったのは、BCメンバーのなかで子どものいない四人。危機感が高まっていたあの状況下で、このグループはとてつもなく高い価値を発揮したのだ。

そもそも、あの七人が集まったのは、全員がロンドン在住で、前菜としてチーズを食べるのが好きで（罪悪感もなくて）、体のある部位がスゴいともっぱらうわさの、ある現役議員に恐ろしく夢中だから。

そのなかの四人がクラブの歴史に新たなページを加えたのは、時間があり余っていたから。私たちは家にいても、メッセージのやりとり以外にすることがあまりなく、ほかの三人は、自宅で子どもの勉強のフォローをするという、想定外のタスクに追われていた。あの長い日々のなかで、かつて楽しいものだった活動が、生きていくために欠かせない活動に変わった。過去に幾度も不信感や失望を味わってきた私にとって、女友達のグループであんなに心からくつろいで気楽に過ごせたのは、生まれて初めてだったかもしれない。

友情のありかたをじっくり見直すことを強いられていたようなあの時期に、似たような経験をした方もいるかもしれない。ビデオ通話で定期的に顔を合わせることができる相手は誰なのか、義務感から連絡を取り合っているような気がするのは、誰だろう。感情的なつながりを求めているときに連絡する相手、笑いが希薄になってしまったみたいな世界で笑わせてくれる相手は、誰なんだろう。

女友達と同じ体験を共有しているうちに（感染症の世界的大流行は共有体験のお手本みたいな出来事）、私は突如、なんの不安もなく、心の内をさらけだせるようになっていた。友人たちから誤解されたり、上から目線で決めつけられたりする心配がないと思えたのは、友人たちもまた、それぞれの暮らしのなかでもがき苦しみながら、私の苦しみにも理解を示そうとしてくれるとわかっていたからだ。

ＢＣエキストラズでは、ペット写真をシェアした。ねこ二匹、犬一匹、レイチェルの夫が罠にかけたばかでかいネズミ一匹。それに、ハリーとメーガンのアメリカ生活をこと細かに分析しあったけど、ＣＮＮからトークショーのお誘いがあってもいいくらい徹底討論した。ほかにも、おたがいに新しいトレーナーを選びあったり、自宅の玄関扉に塗るペンキの色を選んだり。世の中が暗い空気に包まれたときは、恐怖心が多少なりともましになるまで、自分たちを、そしておたがいを、容赦なく徹底的にからかいあうことで乗り切った。

仕事が壊滅的な打撃を受け、なにがなんだかわからないまま、世界が不穏な雰囲気に包まれたあの時期に、私たちはそこにいた。悲劇が起きているあいだ、私たちはそこにいた。二回目のロックダウンに入る直前、十一月に私のおばである父の妹が肺がんと診断されて、二か月後に亡くなったときも、気持ちをぶちまけたいと心から感じたのは、あの四人の友人たちだけだった。あの気持ちを話せると思ったのは、彼女たちだけだった。おばの暮らしていたフラット、一生のあいだに増えていった所有物で、床から天井まで埋まっているあの場所の片づけを手伝ったときに、どれだけ心が痛んだか。あれを見て、家に帰って自分の持ち物をひとつ残らずぜんぶ放りだしてしまいたいと、どれだけ思ったか。

一回目のロックダウン期間中は、週に一回、BCエキストラズでビデオ通話をした。あれのおかげで私は進み続けることができた、と言っても過言じゃない。あまりにも多くの個人的な人間関係が自然消滅しそうに思えたあの時期、彼女たちとの会話はライフラインだった。ある日突然、愛する人たちと肩を抱きあうことができなくなり、今度いつ会えるのかわからないという現実が訪れたのだから。

BCエキストラズは解毒剤だった。ご機嫌伺いされたときに、「元気よ、ありがとう!」なんて返さなくていい友人たちがいてくれた。私は健康で庭つきの家があって夫がいて仕事があって、〝在宅勤務〟用の〈ビルケンシュトック〉のサンダルを買えるくらいの経済的余裕があるんだから、嘆く権利なんかないのに、それでも嘆かせてくれる友人たちが。

週一回のビデオ通話が一度も中止されなかったのは、昼のあいだどれだけ不吉な空気に包まれていたとしても、夜になれば明るさが増して、もっとばか騒ぎできるとわかっていたから。友人たちとのグループチャットには、特別ななにかがあった。活気に満ちあふれ、気の利いた冗談が飛び交い、脱線しまくりの会話に花が咲き、もろに自分をさらけださなくちゃついていけない。

こういう週一回の悪ふざけが同じ役割を果たしたという人たちは、ほかにもいるだろう。バーチャルの世界で笑い、哀れみあい、近況を報告しあうあの時間。この経験を通じて、私たちは実感させられた。友情を深めていく手段としてデジタルコミュニケーションがいかに強いか、そして、友情で大事なのは基本的に、どんな形でもいいから時間と労力を割くことなんだと。

さて、私たちがどんな手段で友情を深めたかというと、まず、オーストラリアのリアリティ番組『Married At First Sight Australia』を毎晩のように見て、それが生きる糧なのかというくらい内容をこと細かに精査して、大量のメッセージをやりとりしながら詳しく検討しあった。ほかにも、自宅の前に食料を届けあって、画像のやりとりで皮膚の異変を診断しあった。ありとあらゆる重要な問題についても討論した。婦人科の男性主治医にあそこを検査されてるときにおっと思うのはありだよね、とか（「向こうは診察中だから懸念に満ちた表情なんだけどね」）。

対面で会えたときは、ソーシャルディスタンスを保って散歩し、錆びたロイヤルウエディング記念缶に入れて持ってきた、手作りケーキでおたがいの誕生日を祝って、公園のベンチのそばに立って震えながら食べた。オンラインで女性カンファレンスに参加して、「インフルエンサーたちが使ってるようなリングライトを当てると画面で映えるから、買ったほうがいいよ」と教えてもらったときは……誕生日になにを贈ってもらえたか、想像がつくだろう。トロール人形である。

制限が解除されてからは、週末の小旅行で海辺の町ドーセットへ行った。雨がほぼ降りっぱなしで、車の旅のあいだ、同行した犬は放屁臭を浴びて過ごすはめになった。マスクの別の効用が発揮されたというわけだ。現地では、イーニッド・ブライトンの児童書『フェイマス・ファイブ』（実業之日本社、二〇〇三‐〇四年）シリーズごっこで遊んだ。赤くないりんごを摘んで、野原を歩きまわって、西洋すももの木で遊んで、火をおこして。友達じゃなかったら、もうやだこんな人たち、と思ってたかもしれない。

私たちは女子のなかよしグループじゃない。ブッククラブにはそもそも、あと三人メンバーがいて、あの心から愛しい友人たちがいないのは、寂しいことなのだ。それに、メンバーたちはそれぞれ、クラブ外でも大切な友情を築いている。だけど、この四人のあいだには絆が築かれているし、その絆がこれからも続くことを私は知っている。というか、そうなることを望んでいる。寝言じゃなくて現実的な視点で考えると、一日に二百六十五通のメッセージ送信を毎日ずっと続けられる可能性は低い。どんなグループもそうだけど、私たちの関係にも波がある。だけど、私にとっては、少なくとも困惑させられることのない関係だ。女性同士の友達づきあいに長いこと恐怖心を抱いてきた私にとっては、一緒に過ごすためだけの相手とか、義務感でつきあっているような相手よりも、うんと大きな存在なのだ。

つまり、私はやっと、自分自身でいられるようになったということ。それはリングライトより、なにより大きな贈り物であり、大きな驚きでもあるのだ。

エピローグ

女性同士の友情は、自分次第で始まる。

他人任せのことではない。

他人のことをあれこれ読ませておきながら、なんでいまさら、と思われてしまうかもしれない……だけど、ぜひ考えてみてほしい。親切で、心が温かくて広くて、おもしろくて、支えてくれて、思慮深くて、率直で、与えることを嫌がらない友達をつくるなら、まずは、自分がそういう人にならなくてはならない。自分の友達になってくれる人の姿というのは、たいてい、自分が自分自身にとってどんな友達であるかを、そのまま反映しているものなのだ。

そんなのあたりまえだと思われるかもしれないけど、それじゃあ、そんな「あたりまえ」のことについて考えたり、言葉にしたりする機会が、はたしてどのくらいあるだろう？ 本書で見てきたような、女性の人生でもっとも感情的に親密で充実している人間関係ってどんなものか考えることが、はたしてどのくらいあるだろう？ そんな素晴らしい人間関係が、女性にとって最大の目標と刷り込まれてきた恋愛や、「幸せに暮らしましたとさ、で終わるハッピーエンド」の二の次にされていることについて考える機会は？

女性同士の友情はおとぎばなしじゃない。めちゃくちゃきついけど、じつはとっても素晴らしいもの。それが真相なんだから、私たち女性を押し止めているあの刷り込みを、そろそろ拒否していい頃合いだ。

現実離れしたハリウッド映画の女性の友情像だとか、女性たちを小さな箱へきっちり押し込めるために設計された、ステレオタイプや押しつけなんかを。

女性同士の友情はいま、黄金時代を迎えているのだから、これからは女性同士の友達づきあいについて、しっかり言葉にしていこう。率直さは精神的な解放につながるだけじゃなく、友情にもいいことだから。

私がいま、なによりもよく理解していて、みなさんもそうだといいなと思っていること。

それは、女性同士の友達づきあいを上手くやるための完全マニュアルだとか、ミスを防ぐための手段なんかない、ということ。秘密の暗号も魔法の杖もない。

本書で紹介した大勢の女性たちが語ってくれたように、女性同士の友情を突き詰めると、同じ価値観や関心事を共有でき、笑いのつぼや感動するポイントが同じ相手を見つけること、というふうにまとめられる。重要なのは時間と労力、相性、エネルギー、自分の弱さや素の姿を見せること、そして信頼すること。つまり、自分を信じるということだ。

自分自身ができる限り最高の親友になって（いつも完璧でいなきゃだめという意味じゃない）、できる限り自分をたくさん差し出して、思いやりと理解、忍耐心をもって自分とつきあう。

それができれば、相手だってそうしてくれる可能性が高まるのだ。

それでも、苦労はするはず。

対処すべき友情の溝、癒すべき心の傷、どうにかしなきゃいけない不健全な力関係。だけど、新しい友達ができるし、旧友がいるし、〝あり〟だと思ってなかった意外な相手や家族と友達になることだってある。喜びや節目、笑い、おたがいを尊重する気持ち、支え合い、こうしたすべてが人生にもたらしてくれるものだってある。

そう、女性同士の友情は上手くいけば、人生でもっとも決定的で貴重な人間関係になる。女性同士の友情は、人生における愛なのだ。

本書で紹介した、私を含む女性たちの体験談が、女性同士の友情をいままでとは違う角度から見るために役立つことを願っている。自分がもっと与えられるものはなにか、自分にもっと与えてくれるのが誰なのかを理解するために。あるいは、本書の前半で紹介したように、毒友《フレネミー》は人生のあらゆる場所にいるのだと認識するために。

私は自分の過去の友達づきあいをつなぎあわせながら、これまで自分がどれだけ現実味のない物語を受け入れてきたか、そのせいでどれだけ友達づくりが妨げられてきたか、つくづく痛感させられた。〈ＢＦＦ（ベスト・フレンド・フォーエバー）――生涯の大親友〉なんていう刷り込みを信じず、色々な場所に色々な友達を持つことの威力を理解していたら、同性の〈心の底から通じあってる親友《ソウルメイト》〉探しに時間を費やすことも、学校時代の友達から絶交されることもなかったかもしれない。友達とのあいだに溝ができたらもうおしまいだなんて思ってなかったら、大事な友情を自然消滅させることもなかったかもしれない。新しい友達をつくるにはもう遅すぎるなんて思ってなかったら、もっと早く、自信を持って、新しい友達づくりにのぞめたかもしれない。

偽の友情のイメージ、つまりあの息苦しい刷り込みから、自尊心を切り離すことができ、いまいる友人たちと最大限に上手くやることができたら？

いつか、自分を信じることができるようになるはずだ。

完璧な女子グループに属していなくたっていいし、双子みたいな〈生涯の大親友〉や、選ばれた家族、姉妹、同じ目的を持つ仲間がいなくたっていい。女性同士の友情って、もっと微妙で繊細なものなんだから。親しい友達が生涯にひとりいるだとか、人工授精の妖精みたいな相手とごく短いけれど特別な時間を過ごすだとか、私みたいに人間関係を広く浅く築くだとか。

この本の冒頭で紹介した、朝の通勤電車のママ友通勤チームの女性たちを見ていて、私は思った。スマートフォンが壊れてしまっても、予備を貸してくれる友達が私にも間違いなくいると。率直だけど、ためになる仕事のアドバイスをしてくれる人が。しょうもないおしゃべりで、気さくに笑いあえる相手が。

私の友情は完成されてるわけじゃない。女友達とのつきあいは、いまも進行中なのだから。だけどいまは、自分がなにをめざしているかわかってるし、五十時間、九十時間、二百時間とかけて、どうやってそれをめざせばいいかもわかっている。こうしたすべてを、私たち女性は実行することができるのだ。

最後に、女性同士の友情の「本当のところ」をまとめておきたい。

怖いと認めてとりあえずやってみる

女友達に本心を打ち明けても、びびって逃げられることはない。相手を信頼しているなら、話してみたらどうだろう。悪いことも、いいことも。素晴らしいことがあったと打ち明けても、ひとりよがりな人だと思われなかったら、その相手こそが一緒にいたいと思える人だ。耳を傾けてくれる人だ。そんな相手に、傷ついた心を差し出すのを恐れないでほしい。

時間を割く

生活に追われているときに、友達はないがしろにされやすい。愛情の階層の一番下に置かれて、ペット以下の地位にされる。友達をいつもまっさきに手放す対象にしないこと。

“完璧”なんてどうでもよし

完璧に見えるものってたぶん、ほんとは完璧じゃない。ミュージシャンのディヴ・グロールもそう（冗談。彼はパーフェクト）。ここまで読んだみなさんが、そのことにもう気づいていることを願っている。〈生涯の大親友〉という刷り込み、SNSのなかよし女子グループ、友情の一時的な問題を致命的な欠陥と思い込むこと。これはぜんぶ、女性同士の友情が虹やらユニコーンやらのファンタジーな世界だと思い込ませるために書かれた、物語の一部に過ぎない。現実はそんなわけない。どんな関係であれ、感情的に親密な人間関係を実りあるものにするためには、労力を費やす必要があるのだから。

言葉で伝える

女友達に本心を言わないのは、毒を一滴ずつ飲みながら、万事が問題なしとなるのを期待するようなもの。こうして友情は終わりを迎える。相手を愛し尊重しているなら、覚悟を決めて、厳しい話し合いにのぞんでみよう。

電話する

「ご機嫌伺い」のテキストメッセージを送るだけで十分なこともある。だけど、十分じゃないことが多い。

溝ができても気にしない

友達とのあいだにはいつでも溝ができる可能性があるから、いままさに、体験中の人がいるかもしれない。

でも、あきらめないこと。相手が必要としているなら距離や時間を置くか、必要としているのが自分なら、相手にそう伝える。溝にどうやって橋を渡せるか、話し合ってみる。その溝は一時的なもので、ずっと埋まらないままの溝ではないかもしれない。

笑う

「女性同士のわちゃわちゃとしたじゃれあい」がいつか、ごく自然なこととして認識されるようになることを願っている（もっといい呼びかたのほうがいいけど）。そうなれば、いい影響が生まれる。友達との距離が近づくし、「ミスター・クルトン」みたいなネタほど楽しいものはない、というのは、みなさんご存じのとおり。

一方的に切り捨てるのは絶対なし

残酷で卑怯な行為。社会病質者《ソシオパス》じゃあるまいし。言い過ぎだったらごめんなさい。

前へ進む

友達づきあいで傷つくなんて一生経験しないほうがいいけど、これはほかの傷と同じくらい痛い。気持ちを吐きだし、現実を受け入れて、前へ進もう。

旧友を大事にする

自分ひとりで自分になったわけじゃない。

……だけど、新しい友達はいつでもできると思っていること

新しい友達をつくるのに、遅すぎることはない。九十代のすてきな女性たちがそう言っている。

節目を祝う

好きなように、どんな方法でもいい。〝ギャレンタインデー〟的なことじゃなく、自分たちでそれぞれお祝いを設定して、商業主義にのっかったプレッシャーをかけないこと。カード、電話、テキストメッセージ、ビール、お茶やコーヒー、ポテチ。相手と自分の友情に見合ったものならなんだっていいし、それが一番いい。

ありのままの自分でいる

「いい娘」の型をなぞることは、友達から求められていない。「完璧なお友達ごっこ」をしてるような人は。友達はこちらの欠点を知った上で愛してくれる。友達が本当に望んでいるものを与えよう。それは、ありのままのあなた。

それじゃあ、あとは実行に移すだけ。

さっそく動いて、友達を増やしていこう。自分のしたいやりかたで、友情の輪をできるだけハッピーで充実したものにしていこう。女性同士の友達づくりには、マニュアルなんてないんだから。あるのは、自分に見合ったやりかただけ。

謝辞

友達についての本を執筆することで、なにかひとつはっきりわかるものがあるとしたら、自分の友達が誰かということ。そして、大きな声で感謝すべき相手が誰かということです。

まず、私の友人たちに。しばらく家にこもって執筆に励んでいるうちに、友達がひとり残らずいなくなってしまうんじゃないかと思ったことは、幾度もありました。友人たち全員に感謝します。旧友たち、新しい友人たち、〈エキストラズ〉〈アースホールズ〉〈レディース〉〈シーリング〉のみなさん、私がお誘いを断っても、メッセージに返信するのが申しわけないくらい遅くなっても、お誕生日までにカードを投函できなくても、変わらずそばにいてくれてありがとう。まだ私と話したがってくれていることに、未来永劫、感謝します。

いつも最大限に支えてくれるエージェントのジェームズ・ギルに感謝します。私に書籍のアイデアを求めて、私が提案するまで逃がしてくれなくてありがとう。私だけじゃなくどのジャーナリストにも締め切りは必要だけど、私に締め切りを設けてくれたのはあなたです。

本書に膨大なエネルギーを注いで、いまある形に仕上げてくれた、ペンギン・ブックスのみなさんに感謝します。とくに、優秀な担当編集者のヘレナ・ゴンダは、繊細さと編集スキルと率直なアドバイスを優雅に混ぜ込んで、本書を見事にまとめあげてくれました。素晴らしい手腕で統率してくれたケイト・フォックス、美しく装丁してくれた（私のターコイズブルーに対する普通じゃない執着につきあってくれた）

ベシ・ケリー、剛腕マーケティング担当者のソフィー・ブルース、そしてPRの妖精アリソン・バローと仕事ができる作家は、誰もが幸運だと心から思うはずです。

友達づきあいの体験談を語ってくれた女性たち（と変わり者の男性）の寛大さと自分をさらけだせる率直さがなければ、私はいまここにいなかったでしょう。インタビュー、お茶やコーヒー、電話、Ｚｏｏｍ、そしてワインにおつきあいくださった女性たちは、お名前をあげられないくらい大勢いますが、私はお一人おひとりのことをしっかり覚えています。気持ち悪かったらごめんなさい。みなさんに心の底から感謝します。みなさんの体験談を公正に扱えたことを願うばかりですが、本書に盛り込めなかった方々には申しわけなく思っています。

名前をあげられていない友人たちに感謝します。本書の執筆では、みなさんが想像している以上に助けてもらったと言わせてください。元友人たちも同様です。あなたたちがいなかったら、女性同士の友情という刷り込みが全女性の人生にもたらしかねない影響について、私が理解することはなかったかもしれません。

ですが、最大の感謝は私の素晴らしい両親、ジェーンとハワードに捧げます。私をつねに信じ、惜しみなくサポート、愛、寛大さを与えてくれ、いつも関心を寄せてくれてありがとう。

親愛なる妹たち、ロザンナとフェリシティにも感謝します。あの娘たちにとっては、私の究極の日記を読むようなものかもしれませんね。

そして、夫のティム。私の揺るぎないヒーローに感謝を捧げます。すべての草稿に一字一句目を通し、私のためにお茶をエンドレスに淹れてくれて、毎日キーボードを打ちたくなるような、きらきらのローズゴールドのノートパソコンを買ってくれました。私が思う（男性の）〈ＢＦＦ（ベスト・フレンド・フォーエバー）――生涯の大親友〉にもっとも近い存在があなたです。あなたなしでこの本は書けませんでした。

ラジオおよび楽曲

Fortunately … with Fi and Jane, BBC Radio 4

'Wannabe', Spice Girls（1996）［『ワナビー』（スパイス・ガールズ）］

'Girl', Destiny's Child（2004）［『ガール』（デスティニーズ・チャイルド）］

'You've Got a Friend', Carole King（1971）［『君の友だち』（キャロル・キング）］

The High Low, Pandora Sykes and Dolly Alderton (*2017–20*)

グレタ・ガーウィグ)]
Waiting to Exhale(1995, dir. Forest Whitaker)[『ため息つかせて』(監督:フォレスト・ウィテカー)]
Frances Ha(2012, dir. Noah Baumbach)[『フランシス・ハ』(監督:ノア・バームバック)]
Bridget Jones's Diary(2001, dir. Sharon Maguire)[『ブリジット・ジョーンズの日記』(監督:シャロン・マグワイア)]
Beaches(2017, TV Movie dir. Allison Anders)
Broad City(2014-19, 5 TV Series, written by and starring Ilana Glazer and Abbi Jacobson)
Girls(2012-17, 6 TV Series, created by and starring Lena Dunham, executive-produced by Judd Apatow)[『ガールズ』(製作主演:レナ・ダナム、製作総指揮:ジャド・アパトー、全6シリーズ)]
Fleabag(2016-19, TV Series, written by and starring Phoebe Waller-Bridge)[『フリーバッグ』(監督・脚本・総指揮・主演:フィービー・ウォーラー=ブリッジ)]
Motherland(2016- present, written by Sharon Horgan, Holly Walsh, Graham Linehan, Helen Serafinowicz and Barunka O'Shaughnessy)
Sex and the City(1998-2004, created by Michael Patrick King, Darren Star and Sarah Jessica Parker);[『セックス・アンド・ザ・シティ』(製作:マイケル・パトリック・キング、ダレン・スター、サラ・ジェシカ・パーカー)]
And Just Like That(2021, created by Michael Patrick King and Darren Star)[『AND JUST LIKE THAT... / セックス・アンド・ザ・シティ新章』(製作:マイケル・パトリック・キング、ダレン・スター)]

Those Who Leave and Those Who Stay (2014) [『逃れる者と留まる者(ナポリの物語3)』(2019年)]
The Story of the Lost Child (2015) [『失われた女の子(ナポリの物語4)』(2019年)]
Between the Covers: Sex, Socialising and Survival, Jilly Cooper (Bantam Press, 2020)
Are You There God? It's Me, Margaret, Judy Blume (1970) [『神さま、わたしマーガレットです』(ジュディ・ブルーム著、長田敏子訳、偕成社、1982年)]
The Panic Years: Dates, Doubts, and the Mother of All Decisions, Nell Frizzell (Bantam Press, 2021)
Ballet Shoes, Noel Streatfeild (1936) [『バレエシューズ』(ノエル・ストレトフィールド著、朽木祥訳、金子恵画、福音館書店、2019年)]
The Sisterhood: A Love Letter to the Women Who Have Shaped Me, Daisy Buchanan (Headline, 2019)
Thirty Things I Love About Myself, Radhika Sanghani (Headline, 2022)

映画・ドラマ

Girls Trip (2017, dir. Malcolm D. Lee) [『ガールズ・トリップ』(監督:マルコム・D・リー)]
Steel Magnolias (1989, dir. Herbert Ross) [『マグノリアの花たち』(監督:ハーバート・ロス)]
Booksmart (2019, dir. Olivia Wilde) [『ブックスマート 卒業前夜のパーティーデビュー』(監督:オリヴィア・ワイルド)]
Animals (2019, dir. Sophie Hyde, from the 2014 book written by Emma Jane Unsworth)
Lady Bird (2017, dir. Greta Gerwig) [『レディ・バード』(監督:

ing_on_Facebook_Context_Collapse_and_Unfriending_Behaviors

【参考文献および資料一覧】

書籍

Friends: Understanding the Power of Our Most Important Relationships, Robin Dunbar (Little Brown, 2021) [『なぜ私たちは友だちをつくるのか――進化心理学から考える人類にとって一番重要な関係』(ロビン・ダンバー著、吉嶺英美訳、青土社、2021年)]

Why We Love: The New Science Behind Our Closest Relationships, Anna Machin (Weidenfeld & Nicolson, 2022)

What Did I Do Wrong?: When Women Don't Tell Each Other the Friendship Is Over, Liz Pryor (Simon & Schuster, 2006)

You're the Only One I Can Tell: Inside the Language of Women's Friendships, Deborah Tannen (Ballantine Books, 2017)

The Business of Friendship: Making the Most of Our Relationships Where We Spend Most of Our Time, Shasta Nelson (HarperCollins Leadership, 2020)

Les inséparables, Simone de Beauvoir (L'Herne, 2020) [『離れがたき二人』(シモーヌ・ド・ボーヴォワール著、関口涼子訳、早川書房、2021年)]

Pride and Prejudice, Jane Austen (1813) [『高慢と偏見』[(ジェイン・オースティン著、大島一彦訳、中公文庫、2017年)]

The Neopolitan Novels, Elena Ferrante [「ナポリの物語シリーズ」(エレナ・フェッランテ著、飯田亮介訳、早川書房)]

My Brilliant Friend (2012) [『リラとわたし (ナポリの物語1)』(2017年)]

The Story of a New Name (2013) [『新しい名字 (ナポリの物語2)』(2018年)]

workers-to-quit-their-jobs（2024年現在はアクセス不可）
19 https://www.researchgate.net/publication/323783184_How_many_hours_does_it_take_to_make_a_friend
20 https://www.ncbi.nlm.nih.gov/pmc/articles/PMC4852646/
21 https://www.researchgate.net/publication/323783184_How_many_hours_does_it_take_to_make_a_friend
22 https://807e0053-e54f-4d86-836f-f42a938cfc4c.filesusr.com/ugd/ca3202_51e49dd36f0f4328935720c4ebb29f02.pdf
23 http://papers.ssm.com/sol3/papers.cfm?abstract_id=1490708（2024年現在はアクセス不可）
24 https://www.wsj.com/articles/looking-for-a-friend-withoutbenefits-try-match-bumble-and-tinder-11625675336（2024年現在はアクセス不可）
25 https://statista.com/statistics/1040236/uk-stress-levels-ofgenerations/
26 https://academic.oup.com/cardiovascres/advance-article/doi/10.1093/cvr/cvab210/6307454
27 https://www.digitalthirdcoast.com/blog/newsconsumption-during-covid-19（2024年現在はアクセス不可）
28 https://news.ucdenver.edu/study-shows-facebookunfriending-can-have-offline-consequences/（2024年現在はアクセス不可）
29 https://www.pnas.org/content/pnas/early/2016/04/05/1524993113.full.pdf?sid= 6b4259a2-1494-4ed8-8a76-f76d05f47940
30 https://www.sciencedaily.com/releases/2015/03/150316160747.htm
31 https://static1.squarespace.com/static/58dd82141b10e3ddf316781f/t/591802cbf5e2317b6a318c2f/1494745818158/ICAH-Given-Chosen-Fams-Research-Report-YLC-2013.pdf
32 https://www.researchgate.net/publication/261961408_Unfriend

【原注】

1 https://www.ukonward.com/wp-content/uploads/2021/09/Age-of-Alienation-Onward.pdf
2 https://www.childrensociety.org.uk/sites/default/files/2020-09/good-childhood-report-2020-summary.pdf
3 https://www.sciencedirect.com/science/article/abs/pii/S1090513812001225
4 https://pubmed.ncbi.nlm.nih.gov/21991328/
5 https://www.pnas.org/content/113/3/578.abstract
6 https://pubmed.ncbi.nlm.nih.gov/16758315/
7 https://pubmed.ncbi.nlm.nih.gov/15564353/
8 https://pubmed.ncbi.nlm.nih.gov/9200634/
9 https://psycnet.apa.org/record/2011-19550-001
10 https://www.jneurosci.org/content/37/25/6125
11 https://www.nature.com/articles/srep25267
12 https://scholar.harvard.edu/marianabockarova/files/tend-and-befriend.pdf
13 https://www.researchgate.net/publication/345319031_Sex_Differences_in_Intimacy_Levels_in_Best_Friendships_and_Romantic_Partnerships
14 https://www.researchgate.net/publication/323783184_How_many_hours_does_it_take_to_make_a_friend
15 https://tandfonline.com/doi/abs/10.1080/01463379809370099
16 https://www.milkround.com/advice/why-workplacefriendships-are-worth-the-effort（2024年現在はアクセス不可）
17 https://www.glassdoor.com/blog/glassdoor-survey-revealsten-love-office/（2024年現在はアクセス不可）
18 https://www.totaljobs.com/media-centre/lonelinesscausing-uk-

クレア・コーエン（Claire Cohen）

ロンドン出身のミレニアル世代ジャーナリスト。2021年に英国雑誌編集者協会（BSME）の「今年の女性ジャーナリスト」に選出される。『タイムズ』紙、『ヴォーグ』誌、『ガーディアン』紙、『グラツィア』誌などに執筆し、BBCラジオに定期出演。ポッドキャスト『Imposters』と『クレア・コーエンのBFF（ベスト・フレンド・フォーエバー――生涯の大親友）』を運営し、著名な女性たちにキャリアと友情について語ってもらっている。平等に関わる取り組みにより「英国のジェンダー先駆者50人」にあげられている。

安齋奈津子（あんざい・なつこ）

翻訳家。立命館大学国際関係学部国際関係学科卒。訳書に『男の子の品格』（ゴマブックス）、『MILK 写真で見るハーヴィー・ミルクの生涯』（AC BOOKS）、『エリック・クラプトン全記録』（共訳／ヤマハミュージックエンタテインメントホールディングス）、『キース・リチャーズ、かく語りき』（共訳／音楽専科社）、『亡霊ゲーム　悪夢のゲームソフト』『「幸福」と「人生の意味」について』（KADOKAWA）などがある。

女友達ってむずかしい？

2024年5月20日　初版印刷
2024年5月30日　初版発行

著　者　クレア・コーエン
訳　者　安齋奈津子
装　幀　佐藤亜沙美
装　画　ばったん
発行者　小野寺優
発行所　株式会社河出書房新社
〒162-8544
東京都新宿区東五軒町2-13
電話03-3404-1201（営業）
03-3404-8611（編集）
https://www.kawade.co.jp/

組　版　株式会社創都
印　刷　株式会社亨有堂印刷所
製　本　小泉製本株式会社

Printed in Japan　ISBN978-4-309-23154-9